古斯塔夫·拉德布鲁赫传

——法律思想家、哲学家和社会民主主义者

【当代德国法学名著】

当 代 德 国 法 学 名 著
Repräsentative Deutsche Rechtsliteratur der Gegenwart
Reihe des Rechtskulturellen Hintergrunds

古斯塔夫·拉德布鲁赫传

——法律思想家、哲学家和社会民主主义者

Gustav Radbruch:

Rechtsdenker, Philosoph, Sozialdemokrat

[德] 阿图尔·考夫曼/著
Arthur Kaufmann
舒国滢/译

法律出版社

本书翻译得到德意志学术交流中心
和德国科学基金协会的支持

**Die Übersetzung erfolgte mit
Unterstützung des DAAD und
des Stifterverbandes der Deutschen Wissenschaft**

当代德国法学名著总序

当代德国法学名著译事之缘起，在乎“取法人际，天道归一”之理念。

天地渺渺，众生芸芸；然天地何以长存不灭，众生何以繁衍不息？此中必有亘古于今之一般法则。天地者，自然之谓；众生者，乃自然所赋生灵之长，人也。而人所以居万物之首而为生灵之长，概因其不仅是生于自然，而且还能领悟于自然，进而以理性和智慧的劳动创造受益于自然。由此而论，天地间至真至善至美，莫过于人与自然之和谐融合。正如庄子所说：“知天之所为，知人之所为者，至也。”而中国哲人所言“天人合一”，实际表明着人类的最高智慧和境界。但是，最高的智慧未必是功利的智慧，最高的境界往往不是现实的境界，此乃人类虽为万物灵长，但又归于万物的本性使然。尽管不无缺憾，但却理所当然。纵观古往今来，可知人类始终是在理想与现实、理性与物性的矛盾状态中存在发展。不过，人出于其自然本性但又以其理性确认的社会秩序，又使之在这种永远不会解消的矛盾状态中生存发展成为可能。

自古以来，食色之性、交往之需、名利之求、功德之义，无论国人洋人、权贵庶民，众生莫不有之;惟每人认取之价值,或此或彼因人因地因时而异。但基于人之本性所产生的社会,无论东方西方,必然有其共性。于是有老子的古训:“人法地,地法天,天法道,道法自然。”而希腊的斯多噶哲人也说:“按照自然而生活。”由此可知,同属自然之人类,本有其共同的理念与法则。以法律而言,中国、西方法律虽文化传统各异,然毕竟都是人类社会的法律;必然有其共同的人性内涵。所以,考察法律,应着眼超越地域、国度和民族,甚至超越时空的人际层面,努力发现本来属于整个人类的理念和规范,并在此基础上寻求并促进人与人、民族与民族、国家与国家之间越来越普遍深入的交往。吾人之规可为他人所取,他人之法可为吾人所用,概其皆出乎人之本性。所以“取法人际,天道归一”,当为人类社会法律进步之最高思想境界。以迄今历史度之,人类生存发展的必然趋势是越来越普遍深入地相互结合和依赖,经济的全球化和文化的世界化正在相辅相成地迅速演进。在人类发展进程中,产生于人类本性的共性愈多愈充分地为人所认识,则人与人之间、国家与国家之间的交往就愈可能有效和平地进行。作为人类社会的行为规范,任何国家的法律都是人与人之间实现交往、确定关系及秩序的最重要途径。就此而论,可断言未来人类的发展与和平,很大程度上将取决于全人类在法律法则上的沟通与趋同。

本着取法人际或取法自然的理念,当代德国法学名著译事拟系统全面地翻译当代德国法学具有代表性的学术成果。因为德国法不仅为可取之一方法律,而且还与当代中国法制有着特殊的关联。事实上,当代中国大陆、台湾的法制是基于清末民初之际的法律改制发展而来。当时采纳了欧洲大陆法系法制模式,而其中又以汲取德国法律,特别是民法、刑法居多。不仅如此,20 世纪以来中国法制和法学的发展还颇受德国法制和法学的影响,现今中国法制和法学的不少思路实际都与后者有关联。因而,中国法制建设和法学进步自然更容易从德国法制与法学中获得启发。此外,由于近代德国历史法学派和学说汇纂学派对罗马法和罗马普通法的系统研究与整理,近现代德国法学形成并获得了其本身独有的特色,其丰富成熟的法律理论与教条,恰恰是目前乃至21世纪我国法学与法制建设所迫切需要的。

当代德国法学名著的选题范围包括法哲学和法的基本理论、国家法、法律史、民法和商法、经济法、刑法、国际私法等内容。选题标准是:德国乃至欧洲法律界已经普遍公认为经典的名著,或在德国普遍使用的有代表性的教科书。与此同时,亦根据我国的实际需要翻译介绍一些有关法律文化背景方面的工具书和著名法学家的传记。初步选题首先由德国学者提出,然后由编委会综合各方面意见,最后根据我国实际需要确定翻译选题。为保证翻译质量,翻译工作严格采取译、校和三审程序。每部译著由一责任编委审阅或校对。译稿一审通过后,编委会和编辑部就一审提出的问题召开由德国教授和有关译者参加的翻译工作会议;在此基础上,译者还专程前往德国与作者或有关学者探讨翻译的疑难和细节问题。在此方面,德意志学术交流中心(DAAD)提供了有力的支持。在赴德改稿基础上提出的第二稿通过二审后,由译者进一步修改、润色定稿,复经审阅后交付出版社。

系统翻译德国法学名著的想法由来已久,但正式酝酿于1997年秋,经过近一年的准备筹划,于1998年秋开始实施,拟于2005年完成全部选定书目的翻译。应该说,德意志学术交流中心的霍恩贝格尔先生(U. Hornberger)和法律出版社社长贾京平先生对促成此项翻译计划起了重要作用,黄闽总编辑亦助之鼎力。而此项翻译计划能够顺利实施,亦诚有赖编委会和编辑部各位同仁的共同志趣和辛勤工作。六位德国著名学者:考夫曼(A. Kaufmann)、克茨(H. Kötz)、克努特尔(R. Knütel)、何意志(R. Heuser)、孟文理(U. Manthe)和胜雅律(H. von Senger)教授在计划拟定、选题推荐和具体翻译工作中均给了我们以宝贵帮助。德国大使馆柯灵博士

(T. Klinner)和李雅思先生(M. Licharz)以多种方式推动此项翻译计划。德意志学术交流中心驻京办事处主任史翰功先生(H. Schmidt.)、施密特-多尔博士(T. Schmidt-Dörr)和该中心波恩总部的比尔克(Klaus Birk)博士亦对此计划给予了热情和有力的支持。德国跨国基金会(Inter Nationes)对部分书目的出版提供了支持。特别要提及的是,江平、谢怀栻、潘汉典等法学界前辈对于此项工作始终给予着关注和支持,中国政法大学有关部门亦对我们的工作提供了帮助。法律出版社张波、卞学琪先生对出版工作兢兢业业、认真负责。在此,谨对上述所有法律界同仁和有关机构表示由衷的谢意。我之所愿,所有参与此项计划和给予该计划关注和支持的人,都能从此处呈献的工作成果中得到虽非物质的但却真实诚恳并有长久价值的酬劳。因为,倘若这些成果能够在21世纪和中华崛起之际被赋予些微历史和现实意义的话,那么它将胜于所有致谢和嘉言。

米　健

2003年于京城蓟门

翻译凡例

《当代德国法学名著》丛书的翻译工作依下述规范进行：

一、结构

以原著标题编码为基础，采取国内学术著作与译著通常采用的标题编码顺序，如：编、章、节、一、(一)、1、(1)、a(a)。

二、译名

1. 人名

外国人人名以音译为原则，依次参照商务印书馆的《德语姓名译名手册》、大百科全书出版社的《简明大不列颠百科全书》中文版、上海译文出版社的《德汉词典》所附的人名译名表和《外国人名词典》确定；上述工具书中没有的，参照商务印书馆的《德语姓名译名手册》所附的人名音译表确定译名。但上述工具书所确定的人名译名与学界通行的译法不一致时，以后者为准，如：T. Mommsen——蒙森；Kierkegaarde——克尔凯戈尔；Schopenhauer——叔本华；Justinianus——优士丁尼……按照上述方法仍然难以确定的译名，由“当代德国法学名著”编译委员会和编辑部讨论确定。

2. 地名

外国地名以音译为原则:一律根据中国地名委员会编、商务印书馆出版的《联邦德国地名译名手册》和中国大百科全书出版社出版的《世界地名录》确定译名。

3. 其他译名

书名、学派名、机构和团体名称一律以意译为原则,并且参照《简明不列颠百科全书》中文版和有关工具书确定译名。依照工具书未能确定者,依照通行译名确定。如:Digesten——学说汇纂、usus modernus pandectarum——学说汇纂现代实用、Historische Rechtsschule——历史法学派、Pandenktenwissenschaft——学说汇纂法学……

所有人名、地名、书名、专用术语及机构名称第一次出现时,均在圆括号内注明原文,重复出现时不再标明原文;人名重复出现时,仅取其姓氏中译或附加其名字中译的首字,如:迪·克斯勒(Dirk Käsler)。

三、相关规范

1. 重要概念或原文提示词句

原文正文中采用斜体或其他特殊字体的重要概念或提示文字,译文一律使用楷体,并用圆括号注明原文。原文中说明性文字或阐释性文字一律用小一号宋体排出。

2. 注释

(1)原文注释一律采用脚注,按原著注释顺序编码。一般采用连续编码或以章为单位连续编码的方法。

(2)译者注亦采用脚注,以“*”号标出,如:*、**、……凡译者注均列于原文脚注之后。

3. 补充性或说明性文字

原文中使用不同字体,具有注释、补充或说明性的字句或段落依据原文体例,或采用楷体,或提行采用小一号宋体,以示区别。

4. 争议名词和箴言或谚语

(1)有争议的名词在译文后用圆括号注明原文;

(2)箴言或谚语亦在译文后用圆括号注明原文;

(3)对争议名词、箴言和谚语附加必要的译者注并注明依据或来源。

5. 原文有边码者,译文按照窄著标明边码。

四、标点符号

1. 书名号

著作、论文和期刊的名称均冠以书名号。

法律、法规名称使用全称的,使用书名号;使用简称的,不加书名号。

2. 引号

引号(包括单引号和双引号)的使用与原著一致。

3. 方括号

标明作者国籍,一般采用该国译名的第一个汉字,加方括号。

有必要重复使用括号时,方括号内使用圆括号。

4. 星号

仅在译者说明文字场合使用。

五、缩略语表

原著缩略语表均依原著体例译出以双语列于篇首。

六、索引和附录

1. 原著索引以双语形式保留,先外文后中文,并采用原著使用的顺序;索引文字所在页码以原著为线索,原则上按译文页码注明。

2. 原著的附录一般均作相应的译文附录。

目　　录

献给黑尔加·艾因塞勒

并以此纪念我们的恩师

致读者

我猜想，大部分读者不知道古斯塔夫·拉德布鲁赫或对其了解甚少。故此，我经常谈论他，以便让读者能够直接熟悉他的为人及其倍受称赞的语言。拉德布鲁赫栩栩如生的形象至今仍深深映入我的眼帘，我总是一次又一次地走进我的主人公那鲜为人知的世界。

阿图尔·考夫曼

与古斯塔夫·拉德布鲁赫初遇

我们就从1945年写起吧。那一年的夏天,我从战场上归来,最终打算上学,有点作为,安身立命。但我应该学点什么呢?此前,在1941年中学毕业时,我曾在美茵河畔的法兰克福大学注册学习数学和物理,但旋即就被迫应征参战。要不是由于受伤不能做仪器观察(至少当时是如此),我本来可以继续完成学业的。于是我打算时不时地换一换地方听课、考试,也许碰巧让我赶上,哪些东西可能符合我的兴趣。当时我几乎没有考虑过选择学习法律。我于是从一个大学城转到另一个大学城,不过当时行动异常不便,就像现在去日本旅行一样艰难。在弗莱堡,我拜见过海德格尔*,但他没有给我留下多少印象(不是由于我意识到他在纳粹时期的某些表现)。最后我来到海德堡,这所大学的校门于1945年9月重新开启——这意味着,首先有某些个别的学院(其中包括法学院)应该在冬季学期恢复教学活动。

我并不十分清楚,自己为什么会排着长长

---

* 海德格尔(Martin Heidegger,1889—1976),德国著名哲学家。著有《存在与时间》(1927年)、《林中路》(1950年)等。

的队伍,在法学院院长办公室门前等待(法学院位于老校的旧楼内,这里的一切都还没有遭到毁坏)。我只能说,我并未抱多大希望,也不再有什么好奇。在战争期间,我已经学会在办公室门前等候,对于上司公事公办的、甚至简单打发了事的态度早已习以为常(更何况法学院院长在我看来是一位高高在上的领导!)

当我走进房间时,面对我的是一位年迈的老者,他身体和视力患有重病,身材不高而有些敦实。我只想有事找院长,除此之外我一点儿也不知道面前的这位老人是谁。没有人告诉过我古斯塔夫·拉德布鲁赫的名字——在纳粹时期,谁会在中学课堂上告诉我们知道那些"可憎的"魏玛共和国时代的名人或"体制政治家"(Systempolitiker*)呢!故此,我没有意识到,我面前站着的是德国当代重要的法哲学家,他的著作以多种文字在许多国家流行。我没有意识到,这位老人曾经是一位十分了不起的刑法改革家,他的笔下曾经诞生过一部大胆设计、浸润着进步社会和人道精神的刑法草案。同时,我还没有意识到,拉德布鲁赫在二十多年的生涯中,作为政治家,即作为德国议会的议员和国家的司法部长,曾经扮演过重要的角色。他由于面对纳粹党勇敢正直地坚持民主和自由观点而获得极高的声誉,1933年他是第一位被(当局)解职的德国大学教师。

所有这一切当时我都不知晓。不过我很快意识到一件事情:我眼下遇到了一位重要的人物。到底从何产生这一瞬间的想法,很难用语言完全说得清楚。我上面讲过,拉德布鲁赫身患重病,但其精神矍铄,透射出纯真安详。他的神情表现出生命跳动的睿智,有一种令人不可抵御的魅力。我们之间谈了些什么,我已经不再详细记得起来。但拉德布鲁赫讲话的神态,已经深深映入我的脑海,就好像现在刚刚发生的一样。他的声调中带有某种独特的

* Systempolitiker是纳粹时期对魏玛共和国政治家的贬称。

宽和,给我印象至深。但那完全不是柔弱的、多愁善感气质的宽和,而是透现某种刚性的善的宽和——这种善来自坚强的、洞悉万类的灵魂。认识拉德布鲁赫的人,都会理解这句话的含义——这句话是他一度从其先师弗朗茨·冯·李斯特那里获得的印象:"传统的道德学说习惯于把理智与性情* 完全尖锐地对立起来,太喜欢赞美纯真灵魂之善。其实,善的完美程度只有在达到机智的最大限度时才有可能实现。"(《法学导论》**,第7页)

而且,特别令我感到惊讶的是:拉德布鲁赫在接见和告别时都主动站起身来同我握手。根据以往我见上司的经历,这是意想不到的。不过我察觉到,应当说是在以后的几年里感受到的,这不纯粹是一种虚假的客套,而是一种发自肺腑的态度。我离开房间时已清醒地意识到,我一定得听这位老人的课程。

于是,我第一次选修了他的《法学导论》课程,该课程以及此前的其他一些课程,就成了我学术生涯的开端。在这个学期,我懂得了:法是什么,它有什么价值;我们要为法律做出贡献——我之所以豁然明朗,是因为拉德布鲁赫并不狂热地把法绝对化,而是直观地说明其中深刻的问题性(Fragwürdigkeit)。

这样的印象也可由一些学生的记述得以见证。黑尔加·艾因塞勒(Helga Einsele),后来成为一所女子监狱的监狱长。她对1930年5月1日在刑法讲堂上初次见到古斯塔夫·拉德布鲁赫时的情形作了这样的描述:"大讲堂里挤得水泄不通。讲课老师必须从讲坛斜对着的边门经过狭长的通道才能走上讲台。他个子不算太高,圆阔的大脑几近秃顶,举止稍稍有些拘谨。然后,他开始讲话。但他的话题并不是刑法总论,而是关于法到底是什么,它在激

---

* 本书日译本将德文 Intellekt(理智)与 Charakter(性情)译作"知性"与"性格",似也有道理。参见中义胜、山中敬一译:《グスタフ·ラ　トズルフ》,成文堂 1992 年版,第10页。

** 此处引著述皆为附录中之参考文献的缩写,全书下同。

烈的阶级斗争的政治现实中到底有什么功能。在阶级斗争中，不是要去寻找某种毫无意义的、毫无约束力的平衡或完全掩盖现实，而是必须寻找冲突利益的斗争形式，这样，被剥削阶级才能获得自己的‘法(权利)’。他根据法的基础对劳动法作了这样一种解释，并说明5月1日作为劳工运动政治斗争日所具有的涵义。迄今在大学教学活动中对所有其他人试图掩盖的现实哪里还讲这样的党派观点？……眼前的这位学者，以其贴近现实的态度和信仰者的勇气，并且基于其著作中的理论这个素材，而形成了自己个人的风格。他正是通过这种风格给他的学生以强烈的影响。这就是一个女学生在整个求学期间印象最为深刻的个人体验……”〔1〕关于拉德布鲁赫的人格方面，即追求真知、勇持信仰的精神，我们还要在后文中加以详述。

在这里，我还想摘引拉德布鲁赫的另一位女学生所写的一段话，在我看来也是颇有代表性的。她* 名叫阿格尼丝·史瓦西(Agnes Schwarzschild)，其全家后来为躲避纳粹(统治)而被迫逃亡至英国。史瓦西写道：“越是进一步熟悉拉德布鲁赫，我越是觉得他像是正义的化身，特别是像追求正义的典范。他简直是一位‘高耸云天’的人，而正因为他是一个人，他就既不可能有全知、也不能有全能，完美而无限地掌握正义并实现正义。”〔2〕

事实上，拉德布鲁赫是一位“正义之人”(Vir iustus)，是一位不仅传授正义而且首先履践正义的人。对此，我在后文中还将多说几句。——顺便提一下，这里拉德布鲁赫的两位女学生所讲的话，绝对是有代表性的。也就是说，除了拉德布鲁赫，决没有第二个

〔1〕 黑尔加·艾因塞勒：《回忆恩师古斯塔夫·拉德布鲁赫》，载阿图尔·考夫曼编：《古斯塔夫·拉德布鲁赫追悼论文集》，哥廷根，1968年版，第38页及以下页。

〔2〕 阿格尼丝·史瓦西：《论正义》，载《古斯塔夫·拉德布鲁赫追悼论文集》，第69页。

* 此处，德文原版使用阳性代词 er(他)，根据上下文看，显系笔误或排版错误。

人,在20世纪20年代初担任司法部长时,就采取措施准许妇女们从事所有的法律职业。这也只是最近的事。

我最后一次见到古斯塔夫·拉德布鲁赫是1949年11月。那是在他71岁生日的前几天,我来到他舒适的住所向他表达我的问候。其住所位于海德堡旧城堡下的弗里森贝格(Friesenberg)。对我而言,那一次的谈话至今仍像眼前刚发生的事情,尽管我以前同拉德布鲁赫有过多次的谈话,尽管我当时不可能知道此后不再会有这种谈话了。几个月之前,我在拉德布鲁赫指导下博士已经毕业,正准备确定申请教授资格的论文题目。我原打算撰写有关西塞罗论“事物的本性”问题的思想,这也是拉德布鲁赫在当代法哲学中所发现的一个基本的关切点。在这几年中,我对他的学养和兴趣的广泛度是非常了解的——他对艺术、文化领域的问题就像对法和政治领域的问题一样如数家珍——,不过这次我还是对其博学多才感到惊讶,这不是一种纯粹的业余爱好,也不是为了消磨时光,而是在一切相关的场合都以中庸为根据,就好像在拉德布鲁赫那里总有一个整体在起作用,因为他常常是超出老本行以外发散思考,因为他的一切思想都有着持久的相互关联。在这次谈话时也是如此,他把西塞罗完全置于当代哲学和法学的问题域(Problematik)中来认识。人道主义教养到底还待发掘哪些宝贵财富(就像在世纪之交时所表现出的那样),对此我们通过这次谈话就越来越清楚了。我们也还谈及宗教问题。拉德布鲁赫在少年和青年时期几乎没有接触过宗教和教会,但在后半生尤其是晚年特别投身于宗教领域,尽管此时他仍然不亲近教会。德尔图良*说:“灵魂由基督本性而生(anima naturaliter christiana)。”** 对于此点,

---

* 德尔图良(Tertulian,约160—230),基督教著作家和思想家。著有《护教篇》、《论基督的肉体复活》、《论灵魂》、《论洗礼》等。

** 这一句话德文翻译为:“die Seele ist von Natur aus christlich”。

拉德布鲁赫在1948年7月13日令人难忘的告别讲坛的演讲中已经作了表白,在我们的这次谈话中再一次流露出来了。他对于这一信仰,即使在最后一篇出版物——《社会主义文化论》(Kulturlehre des Sozialismus)一书的"后跋"中也没有加以削弱(《社会主义文化论》,第82页)。不过他补充说道,——这是我亲自从他口中听到的最后一句话,即:一切都最终要被宽赦,走向宗教,归于某个基督教堂。没过几天,即1949年11月23日,拉德布鲁赫就去世了。

古斯塔夫·拉德布鲁赫是一位颇有天分的人。在我最初与最后一次与他相见的这4年中,他作为大学教师,作为有创见的学问人,作为大学生活的革新者,作为当时肇始于纳粹时期的法律危机的克服者,开展了许多有益社会的不同凡响的活动。他不顾自己身患重病,孜孜不倦地奉献给经历过纳粹独裁统治和战争的一代青年学生,他把这一代学生称为"前所未有的""播种地"。今天,当这一代法律学生赋闲之后,大家必定会提出疑问:这个国家是否站立起来了?我们今天到哪里去寻找拉德布鲁赫的革故鼎新的干劲呢?拉德布鲁赫如此坚决地呼吁复兴自由并亲自指引道路,这种法律革新到底又怎么样呢?最重要的是,我们到哪里去寻求实现拉德布鲁赫曾为此亲身经历并付出过代价、目前在大多数场合已由责任蜕变为空洞口号的社会正义呢?

拉德布鲁赫在任何情况下都极尽完美,他树立了具有伟大的人格力量的楷模,因为他总是以其完整的人格来做出奉献。在讲课时,他的语言充满古典美感,对思想的引述简明透辟,表达挥洒自如,为听讲者进入正确思考做出示范,直接生动,一目了然。在他的讲台下坐着来自各个学院的学生,同样,他的著作也总是有数不清的非法律专业的读者。这是因为他的讲解摆脱了枯燥无味的学究气,其内容贴近现实,贴近具体的人,而且它们也总是切中事物的根本。拉德布鲁赫所进行的是一种真正的大学教育(Studium

Generale),* 所谓真正的,是因为它源出于事物自身,在一定程度上是顺其自然产生的,而不是有意逼迫出来的。即使是像刑事诉讼法这样琐碎的内容,在拉德布鲁赫的解说中也成了法的理论和法哲学的教学素材。他的著名课程——《法学导论》和《法哲学》更是为无数的人理解法律职业开启了门径。

拉德布鲁赫的人格令人信服的一点是:在他身上,为人与为学形成不可分割的统一整体。著述总是同时透现着做人,而做人也总是著述。在这方面,谁若不了解拉德布鲁赫的为人,那么他也就不可能完全理解拉德布鲁赫的学说。好多次,他的相对主义法哲学被曲解成一种怀疑的和听天由命的态度,但人们没有觉察到这一法哲学要求其信奉者有最大限度的决断力和牺牲(精神)。而且,拉德布鲁赫还明确勇敢地同独裁的不法(Unrecht)进行斗争,他由此而使自己的理论变得可贵,这是许多指责他是怀疑主义者的人们所不曾发现的。他不否认伦理价值的约束力,但他也略微地考虑到理性的价值认识的可能性。这说明,他有意把无限的信仰依赖(Ueberzeugungstreue)与深邃的人类理智和高尚的宽容结合在一起。假如我们想对拉德布鲁赫的本性用一句话来刻画,那么最好是这样说:他是一位歌德式的人。他忘我地投身于活生生的现实,努力探索可探索之物,而对不可探索者也静静地予以尊重。他带着泰然自若的喜悦而不是一切廉价的乐观,去迎接每一天(日常)的使命。

这就是我所遇见的拉德布鲁赫, 同时也是其他很多学生和学

---

* 根据 Otto Springer 编《朗根沙伊特百科辞典》(德—英卷,第 2 册)和《杜登德语通用词典》释义:Studium Generale 是从中世纪开始的面向所有学院学生的普及训练的授课。也有学者考证,studium generale,是指“一个接纳来自世界各地的学生的地方”,而不是指“一个教授所有课程的地方”。到了 15 世纪,studium generale 与 universitas 二字变成同义词,均指“大学”(英语 university)。(引自金耀基:《大学之理念》,三联书店 2001 年版,第 1—2 页。)

界同道(Weggefährten)所了解的拉德布鲁赫。在认识拉德布鲁赫的这些人的叙述里,一再被提及的是其特定的人格特性,即:正直,敦厚,忠于自己和他人,睿智和善良,热爱真理而不固执己见,厌弃一切专断(绝对主义),对未成就的事情和尚在形成中的事物比较开通,思维和语言清晰,对公平竞争和宽容具有鲜明的善感性,以及他的共同体感。尤其是,他的勇气特别突出,这使他总能够即使在极度困难的情况下也会保守其正派的作风。但正如他在1917年5月13日在《法兰克福报》(Die Frankfurte Zeitung)写的一篇文章中所承认的,他身上所特有的不是那种不知害怕的蛮气,不是冷若冰霜的残酷之气(这是一种神经质),他所追求的是另一种勇气,一种征服恐惧而又与自然给予的恐惧感非常恰当地协调一致的那种勇气,一种蕴涵着自由行为的勇气。

不过,这是不是有些过于吹捧呢?不难理解,某些从未与拉德布鲁赫谋面的年轻人,在研究他的著作时会对这一切表面上看起来太过于理想化的拉德布鲁赫形象表示怀疑。他们中间的一位,即保罗·波恩兹曼(Paul Bonsmann)就曾提出疑问:“今天我们把拉德布鲁赫法哲学作品附加(那么多的)意义是否合适?”他对此的回答简单直白:不合适。他认为:“他(拉德布鲁赫)哲学思想的巨大影响只有基于某种感动人心、充满仁爱的人格之辐射力才理解得了。”〔3〕

这种说法值得考虑。我们必须承认,我们今天根据与拉德布鲁赫相隔太短的距离还不能够就此做出断言说,他实际上是否属于那种永垂不朽的人。但我们的确也不能够说,拉德布鲁赫只有受到那些为其道路划界的当代人的重视,才是具有意义的。针对波恩兹曼的评论首先要说的是,拉德布鲁赫研究在最近一段时间

〔3〕保罗·波恩兹曼:《古斯塔夫·拉德布鲁赫的法与国家哲学》,波恩,1970年第2版,第107页。

都正在进行之中,从事研究的人绝大多数是年轻学者,其中多数来自远东,他们肯定都没有获得过拉德布鲁赫的人格辐射力的(实际)影响。而且,仅仅把(研究的)注意力放在拉德布鲁赫的法哲学作品上,也是太简化了。几乎所有关于拉德布鲁赫的评价谈到他在魏玛时期的影响都太简单。然而,正是他这一段的学问和行为,还有许多能够为我们非常近距离触及。我们可以大胆从容地说,我们今天在政治(生活)中所犯的许多错误,早在帝制时代和魏玛共和国时期已经早就犯过了——尽管有拉德布鲁赫的忠告。

在这里,我只想举出一例:避难者问题。在我写这一行文字的当下,人们正在试图弱化《基本法》第16条第2款第2项明文规定的政治犯的避难权。毫无疑问,这一权利是被滥用了——但哪一项权利不是这样呢?拉德布鲁赫在第一次海德堡任教时期就一再提出,要保护那些在国家和大学不想接纳的俄国和犹太移民;他因这一态度还曾遭到人们公开尖锐的攻击(《心灵之路》,第68页及以下页)。我们看到,在当时就有同样的人群,他们作为不受欢迎的外国人受到污蔑并被剥夺权利。

在动荡时期,拉德布鲁赫在许多其他问题上也树立了榜样,这值得努力地去加以流传。正如衮特·施本德尔(Günter Spendel)非常中肯地指出,拉德布鲁赫是一位“身处时代转折的法学家”(Jurist in einer Zeitenwende)。他经历过德国的四个时期*——而且不仅仅是一般地经历这些时期。在此期间,他同历史事件一起形成和发展,这并不是无足轻重的。古斯塔夫·拉德布鲁赫是一座桥,他为从过去的思考方向至未来的思考方向接通了路径。

就此而言,还有一些其他方面,要对波恩兹曼的言论提出质疑。拉德布鲁赫绝不仅仅具有一切均消融为纯然一致的和谐人

---

* 这里是指拉德布鲁赫生活经历帝制(1919年以前)、魏玛共和国(1919—1933年)、纳粹统治时期(1933—1945年)和战后时期(1945年后)。

格。上已述及,拉德布鲁赫像是一位歌德式的人。这的确没有错,但它只对了一半。在他身上也还有席勒的一半。此外,歌德—席勒这样的学人对子(Gegensatzpaar)在法学史上还有类似的情形,而且是同时出现的:一方为弗里德里希·卡尔·冯·萨维尼(Friderich Carl von Savigny),* 另一方即保罗·约翰内斯·安塞尔姆·冯·费尔巴哈(Paul Johannes Anselm von Feuerbach)。** 拉德布鲁赫成为卓越的费尔巴哈传记作者,是很有道理的。的确,他不具有费尔巴哈那火山喷发一样的、激情奔放的、轰轰烈烈的性情,但在他身上隐含着其传记人物的许多矛盾性和脾性。这些法学家作为性格对立者,同等程度地、但又是在相互对立的意义上影响着德国法学,拉德布鲁赫以自己独有的隽美语言对这两类大法学家的对立作了如下描述:

"费尔巴哈的风格近似席勒的风格那样具有对立性的紧张,而他的对立面萨维尼却是近似歌德风格的写手,像奥林比亚山一样静穆。费尔巴哈和席勒的风格类似一座桥,以突兀的紧张一跃而过一个一个的桥墩,萨维尼和歌德的文体则更像是桥下奔涌的河流平静庄严。"(《费尔巴哈纪念演讲》,第 11 页)"一个植根于康德续造的启蒙运动,另一个更接近浪漫主义;*** 一个像是笃信理性和乐于行动的立法者,另一个像是以敬畏的心情洞察历史演变反对立法专制的旗手;一个内心充满矛盾、外在生活面临各种各样的

---

* 弗里德里希·卡尔·冯·萨维尼(Friderich Carl von Savigny,1779—1861),德国著名法学家。著有《我们时代立法与法学的使命》(1814 年)、《当代罗马法体系》(1840—1849 年)等。

** 保罗·约翰内斯·安塞尔姆·冯·费尔巴哈(Paul Johannes Anselm von Feuerbach,1775—1833),德国刑法学家。著名哲学家路德维希·费尔巴哈之父。著有《实在刑法基本原则和基本概念修订》(2 卷本,1799—1800 年)等。

*** 浪漫主义(Romantik),指 19 世纪上半叶欧洲尤指德国 1794—1830 年间的一个文学、哲学派别,其注重个性,特别是强调主观性和自我表现。

窘迫而极尽消耗自己的效能,另一个则自幼能神奇般保持平衡,天生和善而灵敏,勤谨而昂扬——一个是泰坦,* 另一个是奥林匹亚神。"(《费尔巴哈》,第51页)

在这幅图景中,拉德布鲁赫本人该如何归结呢?的确,他既不属于泰坦,也不属于奥林匹亚神。他的语言是贴近歌德的,只是这种亲缘具有一些局限。大家总是一再赞叹其语言的美感、其表达方式的简洁扼要和行文措辞的纯真朴实。然而,只有极少数人知道,他做到这一步,并不是自动地流入笔端的,而通常要付出巨大的努力。在这里,拉德布鲁赫更类同于费尔巴哈,其本性绝不会是单一的,而是相当复杂多变的,他不是一条平静庄严奔涌的河流。我曾经讲过,他的宽厚绝不是那种无关痛痒的冷漠,而是一种对周围的人表示尊重的仁爱的表现,这不是排斥人,而是对人的包容,因为他对卑鄙无耻深恶痛绝,有时甚至可能对此极为愤怒,口诛笔伐。另一方面,他对费尔巴哈所写的下面这一句话并不适用他自己:"在躁狂—忧郁的交替变化中,他总是从狂喜体验的高峰跌入极度绝望的深渊,成为着魔之人,一个泰坦式的内心分裂之人。"(《费尔巴哈纪念演讲》,第12页)但当拉德布鲁赫继续讲到:我们可以发现作为学者和写手的费尔巴哈这个人其实是一个"中庸之人",因为他拥有"权衡的艺术",拥有"在党派间和超越党派的通达的立场";那么此时,我们又自然将费尔巴哈与拉德布鲁赫相提并论了。

拉德布鲁赫没有,也从不提出廉价的答案;这些廉价的答案,一如向人们——学者、政治家和教会人士所呈现出来的那样,总是只能片面地看待事物。而拉德布鲁赫所看到的是事物的多重交织,是问题的难点,是没有除尽的余数。他不会天真地相信:世界

---

* Titan(泰坦),本为希腊神话中的巨神,因反抗宙斯而被宙斯推入地狱的巨神族成员,后转义为"巨人"。

是由理性(无限)切分的,没有除不尽的余数。但他也发现,一如他已表白的:“他的使命在于理性地揭示最终的矛盾,而不是陷入其非理性的迷雾之中。”(《法哲学》,第8章)拉德布鲁赫在充满矛盾的世界中要找到一条可以通行的道路。

人生的困惑

根据指导人们的世界图景,大体上可以把哲学家以及绝大多数人分为两大对立的阵营:一部分应归属于一元论、同一性哲学,另一部分应归属于二元论或一定程度上作为二元论之发展的哲学多元论。一元论(巴门尼德*即持该论,近代如斯宾诺莎、莱布尼兹、谢林、叔本华,也包括黑格尔在内均同此说)把所有的对立——存在与思维、自然与精神、客观与主观、现实与理想——都追溯至某个惟一的、绝对的原理,也就是最终归结为(自身)同一性,以满足人类追求纯粹、除尽余数之答案的渴望。与此相反,二元论(在古代持该论的,主要是柏拉图,其后有奥康、** 笛卡儿、康德、柏格森*** 以及克

---

* 巴门尼德(Parmenides,约前540—约前470),古希腊哲学爱利亚学派的创始人。

** 奥康,又称"奥康的威廉"(William of Occam,约1300—1350),14世纪经院哲学惟名论的代表。生于英国苏莱郡的奥康。著有《逻辑大全》、《辩论集7篇》等。

*** 柏格森(Henri Bergson,1859—1941),法国哲学家、生命哲学和直觉主义的代表。

拉格斯*)则建立在这样一种信念的基础之上:理念与现象、信仰与知识、意识与外界、理性与感性、责任与欲望、实然与应然等等之间的分界是互不倚赖的,也是不可相互还原的本质矛盾;因此,二元论符合科学对清晰区分和划界的需要。

一元论想把世界及附属于此的人类归入和谐的秩序,消除分异,使所有的事件和现象可以计算、可以掌握,并在一个封闭的体系中可以阐释,这一努力主要与惟理主义的思维世界相一致(无独有偶,我们今天在计算机时代再次面临着这一现象)。不过,它的起源却相当深远。归根结底,这种不懈地追求和谐是人类原本渴望得到其自身完美的、固有的同一性之结果,是不断梦寐以求地像普罗米修斯似的既接近神却又与神竞争的结果,是两个半圆致力达到柏拉图式之完美的圆形及完人(Kugelmenschen,完美的人)的结果;是其以封闭和自成一体的形式达到像神一样完善的结果。换言之,它就是对称性,在这个对称性中,不存在任何矛盾,定见和异见被扬弃,它把一切事物均视为同一。对称性是自在的形式(Form an sich),因而也是以其自身作为存在根据的形式——这就像"纯粹概念"只被理解为它自身,理解为绝对真理;就像"纯粹的应然"惟有从其自身引申出效力,因而是无规定性的、不可改变的。所以,对称性就是完美和绝对的另一种说法。但它也指明"没有窗户的"单子(莱布尼兹)的孤立性。因为在对称性中,不仅所有的对立关系和紧张关系(张力)被扬弃了,就连它自身与任何外部世界的任何联系都被扬弃了。这样一个被思维着的本质只不过是指向它自身,在它这里绝不存在意向性,它本身就是纯粹的、反思着的意识。

当然我们也因此面临着一元论的背面:对称性不仅是圆满性的表现,也是绝望的表现。(人)在对称中无以生存,平衡则导致

---

* 克拉格斯(Ludwig Klages,1872—1956),德国心理学家、哲学家,性格学领域的著名代表。著有《性格学原理》(1910年)、《心灵和生命》(1931年)等。

(医学上的)血停滞。“前定的和谐”(prästabilierte Harmonie,* 莱布尼兹)使人怀抱渴望,但同时也使人具有极大的恐惧:自己的死亡。

然而,我们的尘世世界的现实是另一回事。我们生活在充满矛盾、充满紧张关系、充满悖论的世界,而这恰好在根本上构成了人的生活,构成了人的巨大动力:(生活中)不存在直截了当的答案,那么我们就被迫不断地去应对各种处境,其中要紧的不是在 a 与非 a 中做出区别,而是在 a 、b 或 c 中做出决断。的确,我们天生地渴望同一性:“男人和女人,女人和男人都通达神性。”(莫扎特:《魔笛》)但这样一种圆融只有“瞬间”才做得到。我们不可能把它抓牢。我们不能够把我们自身抓牢。我们也从来不可能抓住我们自己的本性,把它作为静止的所有物绑在我们身上。在尘世间,半圆的融合只可能是瞬间产生的事件,该事件会再度陷入崩解,这恰好表现了人的现实存在。

如此看来,圆形或球形、绝对的对称并不能够作为合适的几何图形来揭示人的存在所具有的意义。“完美的爱”并不是你我的圆融,而只是我们人类均有独立自我的承认。它并不等于圆,而相当于椭圆或椭圆体。人生不是在独一无二的圆点上静止不动的,而是在轨道上运动着的,这一轨道离两个极点总体上具有相同的距离。椭圆有曲线的、但又不具有同心的性质,它所有的边不是对称的,但又不是完全不对称的;与圆不同,椭圆则表现出各式各样的形态。人生假如应当是所谓“圆满的”,它也具有与椭圆相同的特点:其不是归心于惟一的圆点,而是多侧面地置身于自己的关系结构(Beziehungsgefüge)之中。

上面的内容,尽管还只字未提古斯塔夫·拉德布鲁赫, 但很多

---

* 日本学者将 prästabilierte Harmonie 译为“预定和谐”。见中义胜、山中敬一译:《グスタフ·ラ トズルフ》,成文堂 1992 年版,第 25 页。

部分所谈的与他相关。拉德布鲁赫的思想无疑属于二元论的世界图景。对此我们有丰富的证据。不过,当他即使对二元论也不采取"二元论"的方式加以对待时,也就是说,当他以自己完全矛盾性的方式来理解二元论时,拉德布鲁赫似乎又不是拉德布鲁赫了。拉德布鲁赫对二元论原则所进行的思考,特别鲜明地表现在他对歌德的《威廉·迈斯特》* 所用心投力进行的一项研究上。该项研究的结尾处作为结论这样写道:只要我们还没有做到把歌德的思考整合成一个有机的思想结构,"只要我们还必定害怕矛盾,那么大家就会怀疑:矛盾并不总是意味着对思想工具的否定,毋宁说其本身就是一个思想工具,因为世界的充实太丰富了,为的是不让自己束手嵌入人类思维的种种形式之中。"(《人物与思想》,第110—111页)他还写过:"世界太丰富多彩了,太活泼生动了,不让自己陷入惟一真理的牢笼之中,尽管如此我总是为这并不模糊的世界图景的宽广性和灵动性感到高兴,我在这世界图景里思考和生活久已。"(《书信集一》,第51—52页)

啊,矛盾作为一种思维方式!拉德布鲁赫从不把它看做是非理性的东西,而看做是"一个逻辑范畴",该逻辑范畴只有透过"达致终极的思维"(Bis-zum-Ende-Denken)才可能得以把握(《书信集一》,第179页)。在本书里我们还会常常碰见这种思维方式,在一定程度上反映在两个层面。第一个层面,我们要忠实地阐释拉德布鲁赫的思维世界。另一个层面,即"*元层面*"(Metaebene),我们必须同时要做的是应当如何进行这种阐释;回答是:用拉德布鲁赫自己的二律背反的思维方式。传记作者自己只有努力像他所写的主人公一样去思考问题时,他才能胜任这项工作。

拉德布鲁赫天性不愿意成为法律职业人;但其父亲希望他这

---

* 《威廉·迈斯特》,全称《威廉·迈斯特的漫游时代》,是歌德于1821—1829年写成的一部著作。

样。经再三考虑转学,最终勉强做出决定:暂时先学习曾一度开始了的法律课程。在这方面的学业得以继续,主要是因为拉德布鲁赫遇到了一位伟大的导师:弗朗茨·冯·李斯特,* 他是为现代刑法而奋斗的天才的先驱者。回顾一生,拉德布鲁赫面临这样的处境:他从未失去对法律学术的疏离关系,总是保持作为“具有内疚之心的法律职业人”的品质,但他也从中找到了非常积极的一面。

他在 1948 年 6 月 3 日的一封信中写道:“正因为如此,我为法学找到了只属于我的观察角度,从另外一个立足点出发来审视法学。我的教学活动的成果也正好是以此为基础的:因为对我自己来讲,进入法律行当是很难受的,我做其他的事情可能会轻松一点。”(《书信集一》,第 222 页)在另一处他又这样讲:“但正是年轻时与法学的跤斗,我后来才会有那么多的法学(研究)成果:只因为我已亲身经历过法学为年轻人所准备的所有困难和阻力,我才能够写一本为无数初入法学之门的法科青年学生所用的书。只有透过自己灵魂上的经验,我才能够凸现法的二律背反和悖论,就像在我的《法哲学》中所做的那样。”(《心灵之路》,第 38—39 页)

拉德布鲁赫清楚地察觉到:他的创造力得益于他那复杂的、瞄准完全不同学科(哲学、艺术、历史、宗教)的本质特性。他不时流露出这一根本的感觉。一方面,他感受到“彻底的清晰达畅同时就是美”(《法律智慧警句集》,第 500 段),另一方面,当他说“答案的时髦常常只是答案正确性的一个非常骗人的标志”(《法哲学入门》,第 85 页)、“平庸也可能正确,聪明也可能错误”(《法律智慧警句集》,第 505 段)时,他又不过由于自己特有的怀疑而把上一句话收回了一半。

---

* 弗朗茨·冯·李斯特(Franz von Liszt,1851—1919),德国著名刑法学家,刑事社会学派创始人。著有《德意志刑法教科书》(1881 年)等。

拉德布鲁赫是不是受时时变化的情绪所左右，有点摇摆不定？如果有谁这样认为，那就在根本上误解了他。当然，他是一个相对主义者。他认为对最终的价值，也包括对正义，不可能有一种可靠的、理性的认识。但对他而言，这一见解并不会产生彼拉多*式的（根本不再能够从事积极的行为）道德冷漠，完全相反，它要求有果断的决定：

“倘若世界最终不是矛盾，人生最终不是抉择，那么一个人的此在将是多么的多余！”（《法的理念与法的质料》，第50页）而且：“哲学不应取代决定，而只应面对决定。哲学不应轻率地对待生活，而只应处理问题。一个哲学体系应等同于一个哥特式拱顶，由块块垒石相互支撑，又相互交错。不把世界视为理性的有目的创造，这样的哲学多么令人怀疑！而世界确实是无矛盾地被融入理性体系的！”（同上）针对那些总是只把某一见解视为绝对正确的人，他在一本书的题记中曾非常明确地写道：“只有误认为任何实践活动都是对极端对立事物进行平衡的教条主义者，才可能把两个首尾不一的原则按照各自的立场来加以妥协。”（《刑法的优雅》，第224页）

多么希望这一句来自民主生活实践的话，能够被人们，尤其是政治家，也包括教会的代表人物们牢记在心。

拉德布鲁赫对其思想和行为的这一根本的认识，曾在一首可爱的小诗（他在当学生时即已开始作诗）里给予了表达（《法律警句集要》，第30页）：

远古，让我们通过《诗篇》的作者**知情，

---

* 彼拉多（Pilatus，？—36以后），罗马皇帝提比略在位期间任犹太执政官，主持对耶稣的审判，并下令把耶稣钉死在十字架上。

** 德文Psalmist，是指《圣经·旧约》之“诗篇”的作者，尤指大卫王。

正义与和平彼此相亲。
尘世间，有二物难以统一并行：
一个是善法，一个是可爱的和平。
决没有中间之路，即使在这本书里——
一个真正、确然、冷峭的矛盾，
答案，托付给了果敢的心灵。
勇于决定，——这就是人生。

这首小诗所接引的是《圣经·诗篇》第 85 篇第 9—11 节，其内容是指：在居住的荣耀之地上，正义（公义）与和平（平安）彼此相亲。* 对拉德布鲁赫这位和平主义者而言，值得追求的状态原本就必须是：在前定的和谐中的正义与和平！不过，他也懂得，现实并不是与这样一个前定的和谐相一致的。故此，当把和平当作一个可以实现的永久状态来追求时，和平就不一定能够把握得住。只有当所有的人——绝对不只是政治家——有勇气时时刻刻在具体的情势中为和平做出决断，不是抽象地，而是考量当时的形势，那么这个时候我们才可能有希望获得和平。

在拉德布鲁赫的生活中，尤其是在他的法哲学中是否存在着某种"根本的变化"？或者说，在他那里无疑可以断定的、甚至连他自己都不曾否认的一些变化，是否只是其理论无断裂地进行着的发展之表现？就此问题，人们在有关拉德布鲁赫的研究文献中曾激起过一场激烈的争论。这场争论最终在下述提问上达到白热化的程度：拉德布鲁赫由于对纳粹主义 ** （民族社会主义）不法国家

---

* 《诗篇》这一部分的内容是："他的救恩，诚然与敬畏他的人相近，叫荣耀住在我们的地上。"（第 9 节）"慈祥和诚实，彼此相遇；公义和平安，彼此相亲。"（第 10 节）"诚实从地而生，公义从天而现。"（第 11 节）

** Nationalsozialismus，有时简称为 N—Z，国内有译为"国家社会主义"的，有译作"民族社会主义"的。但为了避免理解上的麻烦，译为"纳粹主义"，可能更为便当。

深有感触,是否从过去的“实证主义者”变成了一个“自然法学者”了呢?(对那些不太熟悉法学的读者,这里需要就两种立场的本质做些说明。凡主张任何形式上正确被创制的法律,不管其内容如何——即使是不公正的、犯罪的独裁者的法律——仍然是有效的、具有约束力的,那我们就称之为法实证主义,或更确切说法律实证主义。与此相反,自然法原理只承认“正确的法”有效,它能够主动地从“自然”[这也总被说成是:有点像经验的东西,精神的东西,形而上学的东西?]中推导出来。实证主义以法的安定性与法的和平[Rechtsfrieden]为依归——甚至不惜对不公正的法律也必须予以承认。自然法学说则以正义和真理为根据——甚至为了“自然的”正义,不惜让巨大的不安定性存在,并因此不惜受专断的意志支配。)

断言拉德布鲁赫思想有某种根本的变化,甚至经历了一个“大马色(大马士革)体验”(Damaskuserlebnis,回心体验),* 最坚定地持此论的,以弗莱堡的法哲学家弗里茨·冯·希佩尔(Fritz von Hippel)** 为代表。[4] 那么事实上我们大家甚至能够根据一系列征引纯粹外在地证明这一点,希佩尔也是这样做的。在1932年版的《法哲学》中,拉德布鲁赫还在谈自然法的“错误论”和“不可能性”(《法哲学》,第80—81页),他甚至写下了这样一个令人惊诧的句子:法哲学的效力论“没有资格”“以令人信服的理由否定某个偏

---

〔4〕 弗里茨·冯·希佩尔:《作为法哲学思想家的古斯塔夫·拉德布鲁赫》,海德堡/图宾根,1951年版,第35页及以下页。

* 典出《新约·使徒行传》第9章。圣经载:犹太教徒扫罗在前往大马色(今叙利亚首都大马士革)的途中突然被一束强光罩住,并受到(复活的)耶稣责备。此后他反省三天三夜,由此皈依耶稣并改名保罗。“回心体验”译名,见中义胜、山中敬一译:《グスタフ·ラ トズルフ》,成文堂1992年版,第31页。

** 弗里茨·冯·希佩尔(Fritz von Hippel,1897—?),德国法学家。曾任弗莱堡大学法哲学教授。著有《作为法哲学思想家的古斯塔夫·拉德布鲁赫》(1951年)、《法律秩序的反常状态》(1955年)、《建构社会秩序中的法、伦理和宗教》(1958年)等。

执狂的命令或国王自以为是的命令具有效力”(《法哲学》,第 77 页)。另一方面,他在 1946/1947 年冬季学期最后一次开设的法哲学课上,又以下面的话作结:对超法律的法之问题做出回答,这个方向“早就出现了,所以本课程讲义……应该在课程目录上加上一个副标题,即:自然法,这个标题几十年来已弃之不用了”(《法哲学入门》,第 109 页)。在 1949 年版的《社会主义文化论》的后跋中,甚至还声称:“存在着一种基督教的自然法。”(《社会主义文化论》,第 82 页)

这看起来是明摆着的。然而,引用某些欠考虑的证据本身并不难。在希佩尔所引证的地方(《法哲学》,第 80 页,也见第 15 页),还有另外一句话:“明显不正确的法从不考虑为自己的有效性进行证成。”

当然,在“不正确的法”的可证明性方面,拉德布鲁赫早年比其晚年更受到怀疑。但在 1914 年版的《法哲学纲要》(Grundzüge der Rechtsphilosophie)中,我们已经可以读到有关法律效力问题的论述了:所做的这些论述,不应“在任何‘无耻的法律’(恶法)有效这个意义上,也不应在任何不正确的实在法有效这个意义上”来理解——“实在构成体之如此无限的有效性,经验现实之如此完全的绝对化,人工作品之如此的纯净完美,这种认识似乎存在于所有价值哲学之中,几无例外”(《法哲学纲要》,第 175—176 页)。进一步讲:“这一(前已述及的)实在法的绝对效力是实在法上的真——但它毕竟也只是实在法上的真,是实在法的真义,但还不是真理本身。”(《法哲学纲要》,第 181 页)

1919 年拉德布鲁赫把法律实证主义称为“对权力的盲目崇拜”(《年轻的法律学生》,第 13 页),他于 1932 年又解释道:“没有最低限度的自然法,法哲学是根本不可能存在的:恰如一个实证主义法哲学对于实在法的效力,也需要有某种超实在法的、即自然法的立场。”(《法哲学和法律实务》,第 3738 页)

另外一点：拉德布鲁赫即使在不法国家的重压之下，也没有完全丧失其法律实证主义的立场，他也从没有因为朦胧的自然法思想而牺牲作为法理念要素的法的安定性（Rechtssicherheit）。同时，也根本没有证据说，拉德布鲁赫什么时候曾有过考虑，想革新"古典的"自然法理念，据此能够从某个实质上被思维着的自然概念（实质本体论）出发，推导出一个客观的、一贯真实的法律原则体系。事实上，他认为这样一种自然法是一个迷思（错觉），但同时又是一个所能够想象到的最有益处的迷思（错觉）（《法学导论》，第32页）。当我们引证前半句话"存在着一种基督教的自然法"时，我们也不要省略后半句话："也存在着一种基督教的社会主义"（《社会主义文化论》，第82页）。拉德布鲁赫看做是自然法和承认为自然法的东西，是人类的某些主观权利，这些权利先于国家立法而存在，是（国家）不可处分的，但仍然是有历史根据的。他在1946年海德堡法学院新学年开学典礼的讲话（《法的革新》）中完全清楚无误地表示："我们必须重新审视人权，它超越于一切法律之上；我们必须重新审视自然法，它否认敌视正义的法律具有效力。"（《法律上的人》，1961年，第108页；也参见《民族国家中的法》，第78页）

根据这些分析，再次证实了（我们）上面已表达的看法：只有当掌握了拉德布鲁赫的二律背反的思维方式，掌握了"亦此亦彼"（Sowohl-als-Auch，"不仅—而且"）的思维方式，我们才能正确地评价他。一旦有人像弗里茨·冯·希佩尔那样把实证主义和自然法看做是"非此即彼"（Entweder-Oder，"要么这—要么那"）的认识模式，一旦有人在"麻木不仁"（Indifferenz）的意义上来解释拉德布鲁赫的实证主义，〔5〕那么当然他在拉德布鲁赫的思想中就会看到某种裂变，而所谓"初期的实证主义者"与"晚期的基督教自然法学

〔5〕 弗里茨·冯·希佩尔，上揭书，第36页。

者”确实“不再有太多的相互共通之处”。[6]

传记作者本应考虑到,拉德布鲁赫本人可从没有这样来理解自己。而且,(拉德布鲁赫)这个人从没有与纳粹主义同流合污,这个人从来没有说过或写过一些其日后感到羞愧的东西,他坦率地承认:“难道还没有从我们身上,从我们经历的灾难,从可悲可叹的自傲、刚愎自用——自以为是,从世界史的巨大变迁中学会点什么吗!”确实,他也完全有理由再补充一句:即便“我今天的思想和昨天的思想存在着紧张关系(张力)”,也没有必要“改变以前思想的精髓,而只是强调其他之点,使这些还处在隐暗之中的东西,缓缓进入完全的光照之下”(《社会主义文化论》,第81页)。

至此,我们还不拟对拉德布鲁赫的全部法律理论加以展开。这里主要讨论的是他的二律背反的、对极性的思维方式(polare Denkweise)。就像上述的引述中所强调的那样,拉德布鲁赫在其思想和学说中总是给人感觉有点重心游移不定。在拉德布鲁赫看来,法的理念作为法之成为法所必须定向的目的,包含三个方面:第一个方面是作为平等原则的正义,据此,要平等地对待平等的事情,要相应不平等地对待不平等的事情;这项原则绝对地有效,但

〔6〕 弗里茨·冯·希佩尔,上揭书,第99页。

也只是形式上的。因此,它需要第二个方面,即合目的性*(其另一用法,也称公共福祉之正义,Gemeinwohlgerechtigkeit);它属于是内容上的,但又只是相对的,因为个人主义、超个人主义和超人格法律价值之间还不能被科学地加以决定。这样,就需要第三个要素,即法的安定性,也就是说,一种力,它对法律的内容有着权威性的决定作用。拉德布鲁赫从不把法的理念这三个方面的相互关系看做是固定不变的,而总是把它看做是运动变化着的。也就是说,不同的时期,有不同的强调重点,甚至根本不令人感到奇怪:他更注重同时强调不同的价值。在一篇类似的文章,即1932年所写的题为《法哲学和法律实务》的文章中,他一方面认为要承认有一些法律原则"它们尽管不是从实在法律中推导而来的,但确实具有绝对客观必要的说服力",而另一方面又提醒谨防"自然法思想的僭越",特别是"新的理论"的僭越,因为这些"具有权威一有机特性的理论……",要求"按照宗教启示的样子,使自己具有自然法的普遍有效性","(即使不是作为道德败坏,但也)作为陈旧的错误,自以为是地"标榜为"'民主自由的'、'自由主义的'理论"(《法哲学和法律实务》,第3738页)。

---

* Zweckmässigkeit是拉德布鲁赫相对主义法哲学中的基本概念之一,目前尚无合适的中文译名。其基本涵义有二:(1)合目的性、适当性、相宜性;(2)实用性。两位德裔的美国法学家在将该德文词译成英文时也不统一:沃尔夫冈·弗里德曼(Wolfgang Friedmann)使用"utility"(See Wolfgang Friedmann, *Legal Theory*, 5th ed. [New York, 1967] p. 193.),意指"有用"、"效用"、"公益";而埃德加·博登海默(Edgar Bodenheimer)则译作"expediency"(See Edgar Bodenheimer, *Jurisprudence: The Philosophy and Method of the Law*, Revised Edition[Harvard University Press, 1981], p. 140.),意指"权宜"、"方便"、"利害"。拉德布鲁赫《法哲学》之英文版则把此德文词译为purposiveness,接近原词含义(See Gustav Rabruch, Legal Philosophy, in *The Legal Philosophies of Lask, Radbruch, and Dabin* [Kurt Wilk trans., 1950], p. 112.)。本书采用德文概念之平义,直译为"合目的性",其中所含确切意义,尚可按照几位美国学者的译法参酌意会。另外,日本学者也采"合目的性"译名,其考虑大概相同(见铃木敬夫:《法哲学序说》,成文堂,1988年版,第175页)。

这样一种表述,在纳粹掌权的前夕是不可能会被误解的。很显然,拉德布鲁赫这里恰逢其时做了正确的重心强调。不是说他似乎一贯做到这一点;至少他本人(绝非固执己见)发自内心地做这种宣称。不过,艾里克·沃尔夫(Erik Wolf)*针对这一情况所讲的一段话切中到问题的核心:“从三价值同等并列到将正义置于安定性和合目的性之上,这一‘急转弯’……可能是相对主义本身所具有的禀性;它的实施不会摧垮它自己。这个三元整体(trialektischen Ganzen)** 的某个部分获得在功能上的‘优先’(prius),这种方式并没有扬弃三个组成部分在原则上的‘等值性’,而只是强调,由于相对主义自身的‘正义’容易遭受实际的历史‘形势’排压的威胁,它总是要求比其他两个价值更要受到重视。所以,1914 年前后(当时处在官僚宪政体制统治的司法国家时期),要求均衡地分别强调所有三个矛盾的法律价值,因为它们适应‘形势’的需要。1922 年前后(由于社会法治国的缘故),(社会)‘形势’要求突出法律中的合目的性。1932 年,问题的关键首先是法的安定性,因为当时正遭受着福利国家全权主义化的威胁。但是,1933 年,因为当时形式的‘合法律性’想要掩盖实质的不法,所以必须强调正义。最后,1945 年最要紧的,是预防将来无司法的强权国家的复辟。”〔7〕

这又再度表明:在拉德布鲁赫那里,相对主义到底对决断(即强调重心的行为)起着什么样的突出作用。指责他麻木不仁,根本就不得要领。因为在他看来,“宽解一切而又什么都不作否定的相

---

〔7〕 艾里克·沃尔夫:《古斯塔夫·拉德布鲁赫》,载艾里克·沃尔夫著:《德意志精神史上的伟大法律思想家》,图宾根,1963 年第 4 版,第 754 页。

* 艾里克·沃尔夫(Erik Wolf,1902—1977),德国弗莱堡大学前刑法及法哲学教授。著有《德意志精神史上的伟大法律思想家》等著作。

** 日文中将 trialektischen Ganzen 译为“三极的整体”。见中义胜、山中敬一译:《グスタフ·ラ トズルフ》,成文堂 1992 年版,第 36 页。

对主义”,其“危险姿态”是令人极度怀疑的(《心灵之路》,第 65 页)。

再重复一遍:拉德布鲁赫的确并不总是做到在正确的时刻有正确的重心强调,他也绝非总能够正确地估计“形势”。假如他要是做到这一步,那他恐怕就是达到成功的第一人了。人们本来也不能够总是非常准确地说:彼时必须优先选择彼种价值,此时必须优先选择此种价值。正是通过炮制*不法的法律*(Unrechtsgesetze)并迫使人们在该法律面前俯首听命,纳粹主义的法理论才异军突起,人们不仅藉助已经变了味的法律实证主义,而且也滥用了自然法思想,当时所需要的是利用新的“民族的法律”取代所谓可恨的自由—民主主义时期的法律。1939 年拉德布鲁赫评论道:“目前在我看来实证主义甚至像是要让我们遭受痛苦的一个理想了。”(《书信集一》,第 129 页)过后看,这话的感觉是很灵敏的。

不,拉德布鲁赫思想决没有根本的改变,而有一个不断的发展,一个持续的*新决断之必然*(Neuentscheidenmüssen)。[8] 他的思想总是一个过程,而绝不是永恒的占有。“非此即彼”的人们,也是拉德布鲁赫经常地严厉批评的一类人,当他们认为,一个人要么只能是彻底的实证主义者,要么只能是彻底的自然法学者,一切其他的选择则是在这两边游移的一个首尾不一的结果时,那么他们就考虑不到问题的点子上,而且至今也还考虑不到问题的点子上。近百年来在德国法学和司法上所陷入的这种不幸,其一个主要原

---

〔8〕 相似的看法,除了艾里克·沃尔夫外,还有马里奥·A. 卡塔内奥:《古斯塔夫·拉德布鲁赫思想的最后阶段:从相对主义到自然法》(L'ultima fase del pensiero di Gustav Radbruch),载《哲学杂志》总第 50 期(1959 年),第 68 页及以下页;亚历山德罗·巴拉塔:《古斯塔夫·拉德布鲁赫思想中的相对主义与自然法》,载《法哲学与社会哲学档案》总第 45 卷(1959 年),第 505—506 页;沃尔夫冈·罗曼:《拉德布鲁赫法哲学方法论之争初探:也谈“古斯塔夫·拉德布鲁赫法哲学中的根本改变抑或发展”》,埃斯林根,1964 年版,第 127—128 页,第 141 页。

因在于：在我们这里，法学家们要么绝对是实证主义者，要么绝对是自然法主义者，总是不能顺应时宜，而绝不退让的一贯性立场总是走向令人痛苦的结局。正像拉德布鲁赫在一幅精致的图画中所描绘的那样，德意志人的天性在于："当第一次把衣服的纽扣扣错时，他会接着扣第二次、第三次，直到由自己把它扣好；他会执拗地坚持最初选择的路向，这不仅仅是出于某种逻辑一贯性，而且也是出于某种审美的需求，既追求飞动的曲线，也追求百折不挠的直线之美。"（《法哲学入门》，第 85 页）与此相反，拉德布鲁赫在相同的地方讲到，他本人的行事方式带有英国人的思维方式，这种思维方式无论在法律中还是在政治中，放弃"过于宏远的规划"，而等待"事情的发展"，"以便通过（应对）情势来增长经验"；其优势正在于："不用担心发展方向的改变，不用担心曲曲折折过程之不完美图景，而总是去做该做之事"。这个二律背反的思维方式使拉德布鲁赫直到老年仍保持着接受新事物、消化吸收新事物的能力，不过在这个事情上，他也绝对意识到该行为姿态的危险（《心灵之路》，第 40 页）。

因此，若问拉德布鲁赫有时是不是一个实证主义者，有时是不是一个自然法学者，这一提问立场本身就是错的。他总是同时属于二者，但随时又各有侧重，因而归根结底是超越于自然法和实证主义的。在他看来，正确的东西从来不仅仅存在于实在法律规范之中，不仅仅存在于超实证的自然法规范之中，而且也存在于实在性与正确性内容间的互动关系之中，存在于两者的契合过程之中，这个契合过程，不是作为一劳永逸的状态而存在的，而必须总是按照所处的状况循序渐进地发展着的。早在 1914 年，他就这样讲过："正确法的概念应是实证的，同样地，实证法的使命在内容上应是正确的。"（《法哲学纲要》，第 172 页）这里，拉德布鲁赫不是在本质上、而是在关系上思考问题。

自然法—实证主义问题只是探讨拉德布鲁赫的二律背反思维

时的众多法学问题之一。这里还必须再简短地列举两个例证。其一是实然和应然问题,其类似于现实与价值之间的关系。按照来源于康德哲学的"方法二元论",现实是价值无涉的,相应地,价值也不能从现实处获得,价值是由评价主体安放在现实上的。不过,这样一个评价的基础是什么呢?拉德布鲁赫这位一再标榜信奉二元论的学者,在1905年是这样来回答的:

"应然的存在体(Sein-Sollende)永远不会从实然的存在体(Seiend)中推导而来,对如此之多的现行法所作的考察,不可能会启发我们对正确法的认识。正确法不是经验的,而是先验的,它是在科学上无法讨论的个人信念问题。"(《法律智慧警句集》,第127页)

因此,这是一个非常主观主义的、的确也是相当危险的立足点:相对主义的价值哲学。不过后来,拉德布鲁赫又提出曾引起广泛讨论的事物的本性学说,他按照贺拉斯*的模样"追寻事物之理性"(《事物的本性》,第157页),完全在这个意义上,明确地将此一学说看做是实然与应然之截然对立的二元论的"融合"(不是扬弃)。但即使在这种情况下,(其理论的)"转向"也不是随着对不法国家的印象而突然发生的,而是基于以下考虑:法"不可避免地带有它得以塑型的'历史气候'的标记"(《法哲学入门》,第21页);这一点,早在1924年所写的一篇题为《法的理念与法的质料》(Rechtsidee und Rechtsstoff)**的重要论文中就已经清楚地谈到:

"正如艺术理念要适应质料(例如,有的理念适宜表现在青铜体上,另一些则适宜表现在大理石上),任何其他的理念都应天然

---

* 贺拉斯(Horaz,公元前65—前8),罗马诗人,著有《诗艺》、《歌集》等。

** 日本学者将Rechtsidee und Rechtsstoff译为《法理念与法素材》,可比较参照。见铃木敬夫:《法哲学序说》,成文堂1988年版,第44页及以下页。另见中义胜、山中敬一译:《グスタフ·ラ　トズルフ》,成文堂1992年版,第40页。

地合乎质料。我们把这一关系称为理念的质料规定性。"(《法的理念与法的质料》,第 343 页;也参见《法哲学纲要》,第 157 页)

因此,立法者在创制实在法的过程中,不能任意跨越这个预先的规定性。但这一点所谈的不是普遍有效的、不可变更的自然法,充其量是有关"具有可变内容的自然法"(这一表达语是 19—20 世纪之交的一位法哲学家鲁道夫·施塔姆勒[Rudolf Stammler]* 所提出的),这里还必须根据"形势"对强调的重心来进行决断。

第二个例子涉及刑法和刑罚的观点。在 19 世纪最后 10 年和 20 世纪最初 10 年,有关刑罚是否应"绝对"作为报复刑(卡尔·宾丁[Karl Binding]** 及其弟子持此论)还是应"相对"作为矫正刑(弗朗茨·冯·李斯特及其学派持此论)来理解,曾激起学派间的激烈争论。拉德布鲁赫很早就站在李斯特学派的一边。不过一旦把刑罚的意义看做是对犯罪人的矫正,那么按照上面所描绘的德国人的癖性,他们就必然达到完全废除刑法而只预设矫正的"惩戒"(和保安处分)的后果——即使这是灾难性的后果,因为刑罚不再有任何镇压性和苛责性(tadelnder Charakter,非难性***)。事实上,拉德布鲁赫本人就站在这一立足点上:

他在其《法哲学》中写道,"问题可能在于:刑法的发展要跨过以前的刑法,刑法的完善不是要汇编成一部更好的刑法,而是要汇编成一部比刑法更好的矫正—保障法,一部比刑法更明智、也更有人情味的法。"(《法哲学》,第 166 页)

但只知道"非此即彼"的教条主义者试图把拉德布鲁赫定格在

---

* 鲁道夫·施塔姆勒(Rudolf Stammler,1856—1938),德国法哲学家。著有《正确法论》(1902 年)、《法哲学教科书》(1922 年)等著作。

** 卡尔·宾丁(Karl Binding,1841—1920),德国刑法学家。著有《德国刑事诉讼法纲要》(1881 年)、《德国通用刑法教科书》(1892 年)等著作。

*** 参见中义胜、山中敬一译:《グスタフ·ラ　トズルフ》,成文堂 1992 年版,第 41 页。

这句话上,带着对拉德布鲁赫的这种理解,他们就完全走入了迷途。关于这一点,后文还要详细地加以证明。这里提示三点就该足够了。

拉德布鲁赫在表达上引这段话的同一年(译者按:1932 年),还曾写道:“如果说报复刑是罪责意识的觉醒,那么教育刑也正好是报复刑,但不是在报复刑范围内的教育,而是把报复刑作为教育的手段。”(《法律上的人》,1961 年,第 52 页)

拉德布鲁赫之相互依赖的立场,更清楚、也更有成效地表现在由他起草并提交给德国国会的《德意志通用刑法典》草案(1922 年)之中。在该草案中,他明确地保留了责任刑(Schuldstrafe),并增加矫正“惩戒”和保安处分作为“第二条线索”。而这种“双轨制”(Zweispurgkeit)的体系,结果正好并不是要废除刑法。拉德布鲁赫仍然是完全站得住脚的。在其草案第 48 条,他曾经拟定:在自由刑外附带判处保安监管的,该监管可以替代刑罚(目前这也是德国现行法律的“替代主义思想”,尽管并不完全等同于拉德布鲁赫的草案)。在自首案件中不适用刑罚,而单处惩戒。在这个意义上,上述一点也完全适用于“单轨制”(Einspurigkeit)的情况。再说一遍:“非此即彼”的教条主义者们在这一点上必定又完全搞糊涂了,必定(把它)说成是天方夜谭,* 因为(拉德布鲁赫的)这样一种理论既不完全适应一元论的考察方式、也不完全适应二元论的考察方式,它“除不尽余数”。我们的疑问只在于:学术的使命,能否用纯粹除尽余数的公式来彻底改变人生的种种困境。拉德布鲁赫的二律背反思维与这种(人生的)“曲折进程”绝不发生矛盾。

当拉德布鲁赫必须以其司法部长的身份向国会提交“保卫共和国的法律”时,在这些法律中,他虽作为死刑的死对头,但还是不得不利用这种刑罚来对付恐怖主义;那么此时,他极端痛苦地感受到,

---

* 这里的德文是 eine Quadratur des Kreises,直义为“无法解决”。

法律多么无情地受"麻木不仁之世界的抵抗",受"历史气候"的制约啊(《法哲学入门》,第21页)。事实上,这里大家大概又会误解拉德布鲁赫,那些认为他好像一定退缩回去了的人并不在少数。但是,在这一点上他对重心是否就强调错了,还不是随随便便可以说说的事。我将在以后回头再谈这个问题。这里只是再提请大家注意:拉德布鲁赫后来于1947年11月10日写信给纽伦堡审判的首席检察官罗伯特·M·W·肯普纳(Robert M. W. Kempner),即针对纳粹政权的首犯,再一次认可了死刑,尽管显然也非常不情愿(《书信集一》,第207页)。

不过,现在我们可能再次对(拉德布鲁赫)这个人本身感兴趣,因为他把如此分裂开来的东西统一在了一起。他出生何地?什么东西决定着他的人生之路?为什么他正好必定有如此的经历?什么东西被如此之难地搁在一块儿的:既是教授,又是社会主义者?

教授和社会主义者

古斯塔夫·兰贝特·拉德布鲁赫于1878年11月21日出生在吕贝克，作为商人亨利希·拉德布鲁赫与夫人爱玛（娘家姓普拉尔）的三儿子，也是最小的孩子。此前3年，另一位后来给吕贝克带来声誉的吕贝克之子——托马斯·曼（Thomas Mann）* 也呱呱降世。他们两家当时都飘荡着那么一点布登勃洛克(Buddenbrook)** 家庭的气息。托马斯·曼出身于吕贝克有声望的士绅—商人世家。拉德布鲁赫的父亲同样也是吕贝克有名望的市民和富有的商人。当然,托马斯·曼和古斯塔夫·拉德布鲁赫生活经历后来有很大的不同,但毕竟也有一些共同之处。他们俩人在一生之中都保持着对故乡充满热爱的眷恋,但那种"必须在狭窄的城墙下按事先画好的道路走下去的喘不过气的

---

* 托马斯·曼(Thomas Mann,1875—1955),20世纪德国最杰出的小说家。1929年曾获得诺贝尔文学奖。著有《布登勃洛克一家》(1900年)、《魔山》(1924年)、《浮士德博士》(1947年)等。

** 托马斯·曼1900年出版的小说《布登勃洛克一家》所描绘的一个商人家庭。

感觉”，使他们“像另外一些年轻的吕贝克人一样共同商定到吕贝克以外的地方去谋职”（《心灵之路》，第 11 页）；他们也都是第一次（出远门）就奔向慕尼黑。而且他们两者最重要的相同之处是：他们都明显地由于民族社会主义（纳粹主义）而改变了自己。顺便说一句，属于这种情况的，还有另外一位当然相对年轻得多的吕贝克人后代：威利·勃兰特（Willy Brandt），* 他与拉德布鲁赫共同点很多，而这却是与托马斯·曼比较所没有的。

拉德布鲁赫最初在父亲家中长大，按照他的理解，这个家，字面涵义就是“父亲”的家，他确实承认：他的“本性主要不是源于母亲，而是继承或模仿父亲”（《心灵之路》，第 14 页）。从父亲那里他相信人类身上的善，父亲唤醒了他的历史感，跟父亲一样，他也缺乏对技术和自然科学的兴趣，由于父亲，青年拉德布鲁赫也与音乐和宗教无缘——这两个方面直到成年后才有所热心。父亲塑造了拉德布鲁赫早年就已苏醒的社会良知，这一源泉几乎没有枯竭。亨利希·拉德布鲁赫是民族自由主义者，他这样一位来自生活优裕市民环境的人，对社会民主党根本不感兴趣是可想而知的，在他看来，这些社会民主党人“一半显得愚蠢，一半显得放肆”（《心灵之路》，第 16 页）。但他对儿子后来的从政之路不仅给予理解，而且还热情地参与。可以断定的是，儿子的社会根本情结（Grundmotiv）与父亲的本性并不疏远。

拉德布鲁赫在吕贝克的卡塔琳娜中学（Katharineum）上学，他是当时的模范少年和模范学童，但绝不是追名逐利者。他接受了扎实的人文主义教育，由此他本人也就获得了整个拉丁文化、在一定限度内也属于希腊文化的人生。但他没有因此而荒废数学。他

---

* 威利·勃兰特（Willy Brandt，1913—1992），原名卡尔·赫伯特·布拉姆。德国社会民主党领袖，1969—1974 年间任前西德总理。1971 年因致力于东西方和解而获得诺贝尔和平奖。

在任何学科上都没有太大的困难，但也未见有特别突出的天赋。不过，他最初显露出的是在艺术上的才能。他的一些诗作早在中学阶段就已经发表(其中的一首见诸《心灵之路》第 29 页)。1898 年他以"甲等全优"(primus omnium)的成绩完成考试学年而在卡塔琳娜中学毕业。

拉德布鲁赫从内心里反感学习法律，但这(学习法律)却符合父亲所表达的愿望，对这个愿望"我毋庸置疑"要去面对，以便"去解决矛盾，主要还是因为我不能以绝对的说服力来表达我的另一些愿望和才能"(《心灵之路》，第 19 页)。古斯塔夫·弗赖塔格(Gustav Freytag)* 的小说《遗失了的手抄本》确立了(拉德布鲁赫)父亲心目中理想的教授形象，对他来讲日后可能最大的满足是其子从事学术职业(同上)。

拉德布鲁赫梦想到大城市去学习。前往慕尼黑这个"壮美的都市"(《书信集一》，第 8 页)，那种外地的风情，南德的感性气质和感性生活，尤其是慕尼黑的艺术及艺术家的生活都深深地吸引着他。他没有太认真对付(大学)第一学期的课程。不过，路约·布伦塔诺(Lujo Brentano)** 的课程《作为科学的国家经济学》(Nationalökonomie als Wissenschaft)给拉德布鲁赫留下了深刻的印象，所以他回想起来发现还是这门课使他"第一次扎下了其日后的社会主义信仰之根"(《心灵之路》，第 31 页)。法学方面除了鲁道夫·佐姆(Rudolph Sohm)*** 的《法学总论》(Institution)——一本他后来经常提及的著作外，其他几乎没有留下什么印象。他把

---

* 古斯塔夫·弗赖塔格(Gustav Freytag，1816—1895)，德国作家。著有小说《借方和贷方》(1855 年)、《遗失了的手抄本》(1865 年)和《祖先》(1873—1881 年)等。

** 路约·布伦塔诺(Lujo Brentano，1844—1931)，德国经济学家。著有《当代的工人行会》(1871—1872 年)等。因强烈反对德国军国主义，1927 年获得诺贝尔和平奖。

*** 鲁道夫·佐姆(Rudolph Sohm，1841—1917)，德国法律史学家、教会法专家。著有《法兰克王国与法院体制》(1871 年)、《教会法史纲》(1887 年)等。

主要精力花在课外读物上:再次阅读荷马,特别是歌德的作品;的确,歌德的诗文伴随着他的整个一生。在其学习生活临近结束时,拉德布鲁赫对在慕尼黑的这一学期发出了一声颇为抒情的叹息:

“哎呀,第一学期
这极乐的时光,
从圣·维纳斯修道院
我迎娶了一些姑娘。
但假期已然临近,
说声再见,大声喧嚷。
现在我依然得面对考试,
这就是时光!哎呀。”

拉德布鲁赫在其晚年的回忆中把这首诗称为“纯粹夸大其辞”(《心灵之路》,第 33 页)。但熟悉拉德布鲁赫的人反正不会相信他是卡萨诺瓦*式的角色。根据他的证明文件看,他当时较为拘谨、害羞,早先曾与年轻的施韦宾·玛丽(Schwäbin Marie)在尼姆芬堡府邸公园(Nymphenburger Schlosspark)**有过几小时的恋爱经历:这位羞羞答答的大学生“不敢下定决心,甚至根本就不想去把此事抓紧”(《心灵之路》,第 32 页)——这肯定非常使姑娘失望。确实,拉德布鲁赫绝不是玩弄女性的花花公子,但他是一位女性爱慕者,只是从不把心里所想说出口或通过笔端流露出来,这可能

* 卡萨诺瓦(Giovanni Giacomo Casanova,1725—1798),意大利教士、作家、间谍和外交官,也是意大利为世人所知的冒险家和“浪荡公子”。著有《我的生平》(6 卷本,1960—1962 年版)。

** 尼姆芬堡府邸公园(Nymphenburger Schlosspark),位于慕尼黑城郊,是原巴伐利亚统治者维特尔斯巴赫家族的夏季别墅,1664 年由选帝侯马克西米连二世所建,为后期巴罗克式建筑。

使姑娘有点如坠云雾(看不透他)。即使对他的第一位妻子——与她的婚姻短暂而以悲剧结束——,他也没有说出或写出哪怕一句不好的话(参见《心灵之路》,第 67 页及以下页)。不过,我们这里的叙述有点超前了。

慕尼黑之后,接着就转学到了莱比锡。拉德布鲁赫在这所大学的法学院度过了 3 个学期,“这所学院可以数出一些当时在德国也许最优秀的人物”(《心灵之路》,第 34 页)。他在这里遇到的头一位就是鲁道夫·佐姆,他在慕尼黑* 已经阅读过佐姆的著作,佐姆有关基督教的深刻洞见给他留下了极深的印象。此外,他也上过卡尔·宾丁(Karl Binding)的课程,对宾丁并不太欣赏(《书信集一》,第 222 页),不过宾丁以其古怪的方式促成了他的命运。宾丁一次在授课时,警告李斯特的刑法教科书具有“危险性”——当时是“学派争论”的时期,这对拉德布鲁赫反而成为一个诱因要去阅读这本书。“一经阅读,他那危险的魔力一下子也敲击着我,并使我成为弗朗茨·冯·李斯特的一个仰慕者和李斯特学派的一位活跃的战友”(《心灵之路》,第 35 页)。

拉德布鲁赫在莱比锡也还旁听了哲学院的一些课程:国民经济学家卡尔·比希尔(Karl Bücher)、哲学家威廉·冯特(Wilhelm Wundt)、** 历史学家卡尔·兰普里希特(Karl Lamprecht)*** 的授课;这三个人在拉德布鲁赫身上留下印记,尽管其方式各不相同。

他后来回忆道:“人们可以看出,法学当时还并不总是我兴趣

---

* 原文为海德堡,疑为笔误,因为根据上下文看,这里应是慕尼黑。

** 威廉·冯特(Wilhelm Wundt,1832—1920),德国哲学家、心理学家,实验心理学的奠基人。曾创办《哲学研究》(1881 年)。著有《生理心理学原理》(1873—1874 年)、《心理学纲要》(1896 年)、《民族心理学》(10 卷本,1900—1920 年)等。

*** 卡尔·兰普里希特(Karl Lamprecht,1856—1915),一译“兰普雷茨”。德国历史学家,最早研究历史中的心理因素的学者。著有《中世纪的德意志经济》(3 卷本,1886 年)、《德意志史》(12 卷本,1891—1901 年)等。

的中心点。”(《心灵之路》,第 38 页)

因为兴趣主要放在文学方面,拉德布鲁赫在莱比锡也参加了“芬克学生会”(Finkenschaft,一种不参加社团的学生社团——译者注)的活动,这对他显然也只是顺便所想要做的事情。

不过,李斯特的菌孢在(拉德布鲁赫)内心扎下了根,这诱使他前往李斯特任教的柏林(大学)。此时,柏林作为世界大都会,像斯芬克斯(Sphinx)* 那样对待新来者,更强化了(拉德布鲁赫)反对学习法律的本能倾向。“世纪末”(fin de siecle)的时代气息,带着忧郁的情绪,带着被弃的感觉,带着等待死亡的病态——存在主义的前兆,向拉德布鲁赫扑面涌来。他又转向艺术家—诗人圈子,遇见到“高尚的无政府主义者”埃利希·米萨姆(Erich Mühsam)和诗人彼得·希勒(Peter Hille),** 自己又开始写诗,比以前更不像是一位法科学生。此外,“柏林大学法学院的教授比莱比锡的教授”也强不了多少,“除了上弗朗茨·冯·李斯特的刑法实习课以外,我甚至连伟大的柯勒(Kohler)*** 的课都没听”(《心灵之路》,第 47 页)。假如人们怀疑柏林恰好给了后来作为社会主义者的拉德布鲁赫以决定性的冲击(这是后话),那么他们必然极其惊讶地发现:他竟然按照最低限度的 6 个学期(没有复习辅导老师的帮助!)于 1901 年在柏林高等法院以“良好”的成绩通过了第一次法学国家考试。

由于要做候补公务员(Referendar),拉德布鲁赫回到吕贝克。但他在那里停留的时间不长。他很早就在其本性中表现出“一定的反自然性”和“一定的惟理智论”倾向(《心灵之路》,第 13 页)。

---

* 斯芬克斯(Sphinx),古埃及和希腊艺术作品和神话中的狮身人面怪物。

** 彼得·希勒(Peter Hille,1854—1904),德国“柏林流浪派”诗人。

*** 柯勒(Josef Kohler,1849—1919),德国法学家。新黑格尔主义法学创始人之一,也是国际法哲学与社会哲学学会创办人之一。著有《法学导论》(1902 年)和《法哲学》(1909 年)等。

所以绝不奇怪:他不可能从实务中感受到乐趣。这种性情一直到后来仍保持着,即使做司法部长亦如此。一有机会,他就设法做出这种安排:呆在大学里不必忍受任何实务。但他也总认为这是一个缺陷。还是听听他自己是怎么说的吧:

"当时(作为候补公务员)我不喜欢个别,而喜欢一般,不喜欢具体,而喜欢抽象,不喜欢生活,而喜欢概念,不喜欢实在的东西,而喜欢不确定的东西。我还不够特别成熟去研究事物的理性,把理念理解为现实的意义与灵魂,去寻找寓于生活关系中的秩序。大家把这种秩序称为事物的本性。因此,我在实务中得不到满足,而竭尽全力追求纯粹思想的高度,当时我相信在这个高度上能够单独发现理论和哲学。现在我遗憾自己有点过早地回避实务:我后来经常抓不住宽广的法律经验,而这些经验本来使我有能力去用感性的世界观来充实空洞的概念的。"(《心灵之路》,第53页)

拉德布鲁赫于是又回归柏林,出现在李斯特刑事政策研讨班上,这是他非常渴望的。李斯特的特点是:(在他那里)"从没有终结的讨论,攻击,防守,休战,为'有力的论证'或仅仅为得出精辟的关键词而作瞬间的浓缩";李斯特学派的特点:这个学派不是为了维护"学派教皇的永不错误的权威"而存在的小团体,相反,导师总是"与其学生在平等的地位上讨论",而且"经常被学生所说服"(《心灵之路》,第54—55页)。

几经反复踌躇之后,拉德布鲁赫提交了一篇博士论文。对这篇论文今天大家也许不再有兴趣,因为它是受拉德布鲁赫之"哲学激情"[9]的影响,对一个平常的教义学题目所进行的主要属于法学理论—方法论方面的研究。他工作进展得快捷顺利,于1902年

---

[9] 埃里克·沃尔夫:《德意志精神史上的伟大法律思想家》,图宾根,1963年第4版,第725页。

5月份就以“甚优”(magna cum laude*)的成绩通过了博士学位的答辩——尽管约瑟夫·柯勒对该论文给了不及格。顺便说一句,约瑟夫·柯勒在对拉德布鲁赫的《法学导论》(这应该说是最著名的法学书籍之一)进行评论时再一次显得彻底不得要领,他说:“这本书……表现出完全不成熟地叙述如此平庸肤浅的东西,所以还是不要提到它为好。”〔10〕

弗朗茨·冯·李斯特在拉德布鲁赫获得博士学位不久,鼓励他选择学者之途。这也正符合拉德布鲁赫自己的想法。不过,他想首先要从候补公务员实习结业。但随着李斯特的一位朋友和学生卡尔·冯·利林塔尔(Karl von Lilienthal)** 表示拉德布鲁赫可以在海德堡申请教授资格(参见《书信集一》,第9—10页),其最终与实务诀别,而搬到这所内卡尔河滨之城(Nekarstadt)。***

教授资格申请论文工作也进展得惊人地快速。在获得博士学位几乎不到一年半的时间,即1903年秋,拉德布鲁赫就向海德堡法学院提交了一篇论行为概念的教授资格申请论文。不过拉德布鲁赫自己看起来所受的折磨长了一些。他本来希望3—4个月就完成它的(《书信集一》,第9页),但像往常那样他感到还是对法律学术和自己的聘任不太放心。当利林塔尔尽管称赞他所提交的论文草稿不错、但还是嫌有些太短时,拉德布鲁赫几乎陷入绝望的状态。他写了一些相应的信件寄往老家,故此父亲最终邀上他一道

---

〔10〕 约瑟夫·柯勒的文章,载《法哲学与经济哲学档案》总第3卷(1909/1910年),第508页。

* 日译本将此译作“优(第二顺位)”。见中义胜、山中敬一译:《グスタフ·ラトズルフ》,成文堂1992年版,第54页。

** 卡尔·冯·利林塔尔(Karl von Lilienthal, 1853—1927),德国刑法学家。师从弗朗茨·冯·李斯特,是除李斯特外,在第一次世界大战前后(1881—1927年)德国刑法改革“现代”学派的一位最有影响的代表人物。曾担任过瑞士伯尔尼、德国马尔堡和海德堡等大学的刑法和刑事诉讼法的教授。

*** 即海德堡,因临内卡尔河而得名。

去了哈茨山的席尔克(Schierke)。*“在那里旅馆的游廊上,在旅馆所有我们认识的客人焦急的关心下,论文最后终于完成。这篇论文由于有了两个部分(作者按:拉德布鲁赫为了满足利林塔尔所提出的不满意见,通过首先讨论法律体系的本质来扩展有关行为概念的研究)而变成了一个奇异的怪胎;一半属于刑法教义学,** 一半属于一般法学……。”(《心灵之路》,第59—60页)

1903年底,拉德布鲁赫25岁时,成为(大学)编制外讲师。

他不久就察觉到,他担当讲师的角色“简直是太嫩”了:“在思想和见识上完全没有准备好,我就承担了教书的任务。在性格上,我还不够成熟,在那些(学院的)权威们面前我自己无以措手足。此外,我总改不了胆怯的毛病,什么也没有比胆怯更经常和更严重地被人误解的了,而胆怯则以各式各样的伪装来极力隐藏自己。”(《心灵之路》,第65—66页)

拉德布鲁赫力图战胜胆怯和拘谨,以此摸索着不要惹一个又一个的人生气。由于他过去曾是(家里)最小的孩子,也是听话的孩子(Musterkind),这样的孩子在当时对待年轻人的彷徨和年轻人的迷茫本来也可能没有什么(心理)准备,故此他现在毕业肯定还不是时候。

早在慕尼黑大学的第一学期,他就“把在课堂上一边听课一边展开报纸阅读看做是学生无所谓态度的适当表示和满不在乎的批判的合理表现方式”(《心灵之路》,第31页);如果对一个学者本身表现出这样的傲慢,无论这个学者是谁,都会同意这样的看法:拉德布鲁赫理应按照正统的方式加以责备。当他在柏林大学登上讲

---

* 席尔克(Schierke),是位于德国著名风景名胜区哈茨山(Harz)东麓的一个疗养和冬季滑雪胜地。

** 日文译本这里将Strafrechtsdogmatik译作“刑法解释学”。见中义胜、山中敬一译:《グスタフ·ラ　トズルフ》,成文堂1992年版,第56页。

坛进行博士宣誓以维护自己的理论主张时，他表面上显得很得体地向全体博士答辩委员会成员讲到："法律职业人通常对待自己的职业就像处女对待自己的孩子。"(《心灵之路》，第58页)特别是后来在海德堡，他蓄着褐红的大胡子，带着自由法的倾向，这几乎使所有原本其所依靠帮助的人都感到有些不痛快。就连其宽宏大量的靠山——利林塔尔本人也不例外。为了表示与声名有些不佳的K教授共事是绝不可能的，拉德布鲁赫只用一句话答道：他难道还不了解K教授先生的缺点！有时他会突然穿着带短裤的运动服上课，此时其举手投足实际上就像是"堂吉诃德"，* 像是"不谙世事之人"。当他以工作繁忙为由断然拒绝当时颇有些名气的罗马法学者恩斯特·伊曼努尔·贝克尔(Ernst Immanuel Bekker)的晚宴邀请时，他的行为完全是不可思议的。后经利林塔尔提醒，他确实有点后悔，在见到贝克尔时，贝克尔曾不无讽刺地问他："您在演戏，同事先生？您一定在演戏，这会使角色增色不少。"(《心灵之路》，第67页)

拉德布鲁赫总试图以其"倒霉的胆怯"来对违反社交礼数进行辩解。然而，这是否做得都完全对呢？在《法哲学纲要》中(这本书当然是相对较晚出版的，但仍然是在其第一次海德堡时期)，他以其别人无法模仿的方式表达了某种无谓的抗争：

也就是说，"当青年人经常出于真诚像堂吉诃德那样同在内容上无关紧要的习俗进行斗争时"，"这是可以理解并予以同情的"。而且，为不使人误解，他又补充道："走在心旷神怡的原野，纵然法和习俗，纵然一个接一个的卑鄙无耻也扰动不了你的心绪；也许你沾上了社会可以原谅的违规、犯法的可爱记录——你至少还要带着这记录继续在这世上生活；但对于肥硕、愚蠢、虚饰的女王，你且

---

* Ein Ritter von der traurigen Gestalt，直译为"忧愁的骑士"(也指又高又瘦、一副可怜相的落魄的人)。

不要拒绝行吻手之礼——否则你就不可救药了!”(《法哲学纲要》,第 79 页)

这难道仅仅是胆怯和病态的虚荣的流露吗?其难道不也是对市民阶级的背叛和反抗?

拉德布鲁赫最终于 1907 年还“很不在行地”结了婚(《心灵之路》,第 69 页;婚姻于 1908 年即已解体)。这个时候,他根本不再适应海德堡的学术圈子。“我的不幸是我的职业”——他在 1907 年 2 月 20 日写给第一位妻子琳娜·格茨(Lina Götz)的一封信中这样抱怨(《书信集二》,第 4 页)。就在数月前,他写信给赫尔曼·坎托洛维奇(Hermann Kantorowicz)*——他极为尊敬的一位朋友,也谈到:“琳娜和我根本适应不了学术界的环境——谢天谢地!”(《书信集一》,第 22 页)

在其后的一段时间里,拉德布鲁赫完全避开海德堡“枢密顾问社交界”,** 尤其是,一位新来的同事认为把法学院有关他的一切流言蜚语“全部扔进垃圾桶里”是非常有意义的;而且他很清楚:他在教师中的评价变得“愈来愈黯淡”(《心灵之路》,第 67 页)。不过,在海德堡也有另一个学术圈,这里的男女聚在一起,也同样厌弃枢密顾问们的装腔作势的态度。这个学术圈子里塑造着特别自由的交际方式,在其中,马克斯·韦伯(Max Weber)无可争议地居于中心地位。拉德布鲁赫第一次见到他时,马克斯·韦伯刚好久病初愈重新进入公共生活领域。大家受当时争论激烈的威廉二世

---

* 赫尔曼·坎托洛维奇(Hermann Kantorowicz,1877—1940),德国法学家,自由法学的代表人物。其代表作除《为法律科学而斗争》外,还有《法学与社会学》(1911 年)、《法的概念》(1958 年)等。

** Geheimratsgeselligkeit,直译是“枢密大臣们的联谊会”。这里的上下文是指大学里有头有脸的人之间的交际活动。本书采用日译本的译名,见中义胜、山中敬一译:《グスタフ·ラ　トズルフ》,成文堂 1992 年版,第 59 页。

(Wilhelm II.)在《每日电讯》的访谈* 这个话题的推动，聚首在海德堡谐议厅(die Heidelberge Harmonie)，对格尔奥格·耶律内克(Georg Jellinek)** 计划研究帝国总理的责任这个课题进行讨论。令拉德布鲁赫很快对韦伯感到心潮澎湃的，是他在对民族自由主义者艾伯哈德·戈特英(Eberhard Gothein)*** 那和蔼可亲沉着冷静的演讲做出回应时所表现出的"强悍有力的声调"和"猛狮之利爪般的反击"。拉德布鲁赫旋即在这同一所房子里拜谒了韦伯。他们之间进行了一次颇为兴奋的谈话，在交谈过程中，韦伯鼓励拉德布鲁赫"写点法哲学的东西"。当拉德布鲁赫反驳说这可能会使他陷入研究更多的实际问题时，韦伯回应道：他不应"只受学院派庸人的影响"，而要研究那些"最适宜"他的东西(《心灵之路》，第62—63页)。

隶属于海德堡"第二社交圈"的还有一些特别优秀的夫人，如玛丽安妮·韦伯(Marianne Weber)、卡米拉·耶律内克(Camilla Jellinek)和路易丝·戈特英(Luise Gothein)。在这里，拉德布鲁赫也遇到了亨利希·利维(Heinrich Levy)和埃米尔·拉斯克(Emil Lask)，**** 他们两人对其专业外的学术研究给予了指导：前者使他信奉实然和应然之间的方法二元论，后者使他认同西南德意志新康德主义价值论和"价值关涉"的思想。他与一些人有着令人愉快的友谊，这些友谊特别是在其精神放逐时期经受过考验：与卡

---

* 由于1908年10月18日《每日电讯》发表了与英国友人的谈话，威廉二世就使德国与大不列颠及日本的关系受到损害，并由此引发了一场宪法危机。——作者原注

** 格尔奥格·耶律内克(Georg Jellinek，1851—1911)，德国公法学家。著有《国家学总论》(1900年)等。

*** 艾伯哈德·戈特英(Eberhard Gothein，1853—1923)，德国学者。

**** 埃米尔·拉斯克(Emil Lask，1875—1915)，德国哲学家。著有《法哲学》(1905年)等。

尔·雅斯贝尔斯(Karl Jaspers)、* 格特鲁德·雅斯贝尔斯(Gertrud Jaspers)夫妇,尤其是与赫尔曼·坎托洛维奇、特娅·坎托洛维奇(Thea Kantorowicz)伉俪间的友谊最为持久,他们对拉德布鲁赫步入意大利文化的世界,特别是佛罗伦萨的艺术富有启迪(后来,拉德布鲁赫在一项题为《米开朗琪罗:梅迪契教堂的绘画》[《人物与思想》,第31页及以下页]的卓越研究中证实:这一启迪的种子是如何在他身上生根发芽的)。通过赫尔曼·坎托洛维奇,不久也通过恩斯特·弗克斯(Ernst Fuchs),** 拉德布鲁赫与自由法运动有所接触,〔11〕该运动所谈论的是站在模糊的、有漏洞的、矛盾的法律之上的所谓"帝王法官"(Richterkönigtum);*** 不过,拉德布鲁赫本人并没有与这个完全非理性的而且在本质上彻底属于非哲学的思潮有什么瓜葛(参见《书信集一》,第26页,第32—33页)。〔12〕

这种被称为"海德堡精神"的东西,有些类似于在李斯特研讨班的现象,是没有休止的讨论,是永恒的对话,是在古希腊时期被名曰"Symphilosophein"(共享的哲学探讨,Miteinander-

〔11〕 赫尔曼·坎托洛维奇于1906年以"格诺伊斯·弗拉菲厄斯(Gnaeus Flavius)"的笔名发表了题为《为法律科学而斗争》(Der Kampf um die Rechtswissenschaft)的宣传手册,拉开了"自由法运动"之颇有影响力的序幕。

〔12〕 参见阿尔伯特·S.福尔克斯:《古斯塔夫·拉德布鲁赫在自由法运动的最初十年》,载阿图尔·考夫曼编:《古斯塔夫·拉德布鲁赫追悼论文集》,哥廷根,1968年版,第231页及以下页。

* 卡尔·雅斯贝尔斯(Karl Jaspers,1883—1969),德国著名哲学家。著有《哲学》(3卷本,1932年)、《普通精神病理学》(1913年)等。

** 恩斯特·弗克斯(Ernst Fuchs,1859—1929),德国卡尔斯鲁厄高等法院执业律师,"自由法学"运动的代表人物之一。著有《文书司法与帝王法官》(1907年)、《注释法学的共同有害性》(1909年)等。

*** "帝王法官"(Richterkoenigtum,或 koenigliches Richtertums),是德国法学家恩斯特·弗克斯在所著《文书司法与帝王法官》(1907年)一书中所使用的术语。但日文译本将此译为"裁判官(法官)的王国",值得考虑。见中义胜、山中敬一译:《グスタフ·ラ　トズルフ》,成文堂1992年版,第61页。

philosophieren)的东西,而在我们今天好像是在完全崭新的意义上以“论辩”(Diskurs)一词来称呼它的。海德堡,这所“最美的大学城”,当时在拉德布鲁赫眼里“宛如一只挪亚方舟,在这个方舟上,思想者的任何一种新的表演形式都会留下某个样本”(《心灵之路》,第61,65页)。

不过,在拉德布鲁赫看来,也包括后来回忆起来,这段时间也并不都是如此暗淡。假如(他的)“缓慢的、迟到的创作”根本不值一提的话,那么我们就会怀疑:在海德堡任讲师期间两本对拉德布鲁赫法学思想非常重要的书还能不能出版。第一本是《法学导论》(Einführung in die Rechtswissenschaft,1910年),这本书,一半是理论性的,一半是百科全书性的;一半是学术性的,一半是文学性的。拉德布鲁赫不想把这本书只是针对法律界的人,而且也想针对各行各业的文化人。这异乎寻常的成就使他受到了重视。1927年,德高望重的曼海姆大律师马克斯·哈亨堡(Max Hachenburg)写道:“我们今天的年轻人在拉德布鲁赫的法学导论中占有某种前奏曲,为此他们应当值得羡慕。”〔13〕

对此只再补充一句:这本书此间已出12版,目前在许多法科学生那里,而且不仅仅在他们那里仍是一本颇受欢迎的读物。

另一本书是《法哲学纲要》(Grundzüge der Rechtsphilosophie,1914年);其第3版以《法哲学》(1932年)为标题刊行,像《法学导论》一样富有成果(1973年殁后出第8版)。1903年至1914年还有很多其他的作品就完全撇开不谈了。

任讲师期间,拉德布鲁赫在教学活动中也颇有成效;他是一位很有天赋的教师。当然,他最初遇到点麻烦,坦率地说,那时他由于十分怯场而说话啰嗦,结果常常在结课前穷于应付自己的讲稿(《书信集二》,第2页)。因此,他决心有一天,“不要讲稿,甚至不

---

〔13〕 马克斯·哈亨堡:《一个律师的生平回忆》,杜塞尔多夫,1927年版,第35页。

要任何卡片摘记登上讲台。对我而言,通过这样要将每一次授课都变成一次紧张的冒险,变成一次即兴的发挥”(《心灵之路》,第75页)。

他的授课由于语言的优美和古典式的单纯而使听众有一种难忘的享受——我清楚地记得这一点,因为拉德布鲁赫直到上最后一堂课都保持着自己的这一风格。此外,他作为政治家讲话时亦同样如此。他在国会的演讲精妙绝伦,有人曾将它与伯里克利(Perikles)* 的演说相媲美(拉德布鲁赫通晓修昔底德[Thukydides]** 流传下来的伯里克利赞扬民主的演讲;《宪法演讲》,第1页)。一位党友曾对他谈到这次演讲的印象,这是很有代表性的:“阁下今天的讲话达到了司法部长的水平。”(《心灵之路》,第105页)。事实上,拉德布鲁赫在这同一年当上了国家的司法部长。

然而,我们现在还是在记述第一次世界大战前的时期。尽管遇到了许多同道知己,尽管教学和出版成果累累,但拉德布鲁赫仍然感到第一次海德堡十年“总体上是一个极其艰苦的,也许可以说:是极其不幸的时期”。[14] 由于“固执、不懂事、不成熟、漫不经心”,他与许多人都搞不好关系(《书信集二》,第10页)。他的职业路途受阻。尽管过了一段平常的时间,他于1910年2月获得了由巴登邦大公“极其仁慈地”封赏的“教授”头衔,但同时这对他也就算到头了。只是正教授过去(现在仍然?)在大学里还是管点用的。

“谁要不是正教授……将寸步难行,也很少有权利,以至于他经常表现出愁眉苦脸、极度敏感的典型特性,人们管这叫讲师病

---

〔14〕 参见维尔弗里德·屈佩尔:《作为海德堡法学教师的古斯塔夫·拉德布鲁赫》,载《法律家报》,总第34期(1979年),第2页。

* 伯里克利(Perikles,约前500—前429年),古希腊政治家,民主派的代表人物。他所统治的时期被历史学家们称为希腊的繁荣时期。

** 修昔底德(Thukydides,约前460—前400年),古希腊历史学家。著有《伯罗奔尼撒战争史》(8卷)。

(Privatdozentenkrankheit)。”(《心灵之路》,第 97 页)拉德布鲁赫指出了这种病的所有症状。1906 年 9 月 20 日在写给第一位妻子的一封信中,他曾细致入微地描绘,他由于想自我推荐而在柏林文化部一位官员那里得到了怎样的屈辱:经过几个小时的漫长等待之后,枢密大臣只给 5 分钟的时间,问了问拉德布鲁赫是否结婚,询问了一下他的住址以及告知应该到什么地方去领取差旅费(《书信集一》,第 19—20 页)。一个破灭的幻想!不过,在他 1906 年 12 月 29 日写给赫尔曼·坎托洛维奇的一封信中又听得出一点新的希望:“聘任的希望,尽管还很渺茫,但毕竟又来了。”(《书信集一》,第 22 页)

1912 年在巴塞尔,后来在法兰克福似乎是有点结果。但这也像肥皂泡沫一样地破灭了。那段时间,拉德布鲁赫的婚姻也告失败,他在海德堡的处境变得更加艰难。他曾一度打算去慕尼黑改行教书,在那里寻找一些朋友的帮助(《心灵之路》,第 76 页;《书信集一》,第 33,264—265 页)。由于最后柯尼斯堡(Königsberg)来函发出招聘邀请,拉德布鲁赫立即接受下来,尽管这还远没有达到目标——正教授。毕竟拉德布鲁赫成了“编制内的副教授”。他长长地松了一口气。1915 年 4 月 7 日的一封信这样写道:

“柯尼斯堡待我异常地友好。我感觉自己在这个新环境里变得年轻了,浑身是劲,可以相信,一些旧的令人晦气的东西也被我抛之脑后了。没有‘僧侣’的学院;纯一色我这个年龄的男人,四周到处是比在海德堡简单得多地组合起来的人们,不再有由于经常不断地相互打量而破坏任何无拘无束的感觉,这种感觉在海德堡是不那么轻松的。”不过,也有一点失落:“我在海德堡失去的东西,逐渐地才散去,不过也愈来愈更感受到某种痛楚。一个十年建立起来的海德堡朋友圈自然是无法替代的……”(《书信集一》,第 39 页)

柯尼斯堡对拉德布鲁赫重要,还由于此间其生活上有另一个本质上看属于重大的转折：他认识了其第二个妻子——莉迪娅·申克(Lydia Schenk)，他们于1915年结婚。

拉德布鲁赫后来在自己的回忆录中承认，这位夫人“把我从内心世界解救出来而进入外部世界，过去我的灵魂总是毫无结果地趋于内向，只关注自己无拘无束的内心活动。她强迫我有自我主张，——因为我幸运的是，她并不是完全五体投地崇拜我，而是对我的性格，有时直接针对我的本性有完全批评性的保留；对于这些，我本人过去不是视为缺点，而是视为优点的。她给我以安定感，她总是站在我的角度善解人意地、大胆地和颇有能力地去了解所有的问题……总之，她仍然保守着来自纯粹理性和绝对律令之城*的孩子般的纯真。我们之间说话有时也可能互不相让——但这绝不能动摇我的确信：只有这位夫人才能给我后半生的生活带来保障、成效和实际结果；如果我没有搞错的话，她已经带来了这些结果。”(《心灵之路》，第78—79页)他于1920年在写给一位朋友的信中这样说道：我的妻子“对我身上所具有的一些对事业的紧迫感和荣誉感，给予了非常好的激励。现在我必须谨防以前错误的矛盾，特别是谨防忙碌无为，避免丧失创作过程之卓有成效的安静。”(《书信集一》，第73页)

事实上，朋友们和学生也都承认：莉迪娅·拉德布鲁赫，即使上了年纪，也仍然是一位美丽的、富有教养的夫人。[15] 此外，她也是颇有天赋、当然还够不上专业(水准)的钢琴演奏者(在基尔市为瓦

---

〔15〕 参见弗里茨·冯·希佩尔：《回忆古斯塔夫·拉德布鲁赫和莉迪娅·拉德布鲁赫》，载阿图尔·考夫曼编：《古斯塔夫·拉德布鲁赫追悼论文集》，哥廷根，1968年版，第29页及以下页。

* 拉德布鲁赫这里用“die Stadt der reinen Vernunft und des kategorischen Imperativs”(纯粹理性和绝对律令之城)一语指柯尼斯堡，显然含有对作为康德以及莉迪娅·申克之故乡的柯尼斯堡的赞美。

尔特·拉特瑙[Walter Rathenau]*举行的葬礼上,她同别人一起演奏了路德维希·范·贝多芬[Ludwig van Beethoven]降A大调钢琴曲作品第12号中的葬礼进行曲),而且她也唤醒"拉德布鲁赫对音乐的兴趣,而这本来就应成为一种修养能力的"(《心灵之路》,第18页,也见第138页)。

在柯尼斯堡的教学活动不过是一段插曲。第一次世界大战爆发了,拉德布鲁赫从1916年至1918年上了战场。回国后,他随即收到前往基尔任教的招聘邀请。他终于当上了正教授！传记作者都必然把他在1919年(即魏玛共和国成立这一年)看做是其事业走向圆满的一个符合逻辑的发展阶段。

过去由于拉德布鲁赫触犯了海德堡枢密顾问圈子的团体精神(Esprit de corps),有人就从上面压他,甚至刁难他,其职业路途并不顺利,由是之故,他开始投入政治活动。但是,高校教师是不得当社会民主党人的,——即使在今天也还不是那么理直气壮。里夏德·施密德(Richard Schmid)一定深谙此道,他曾对此做过这样的评论:"在一个由威廉统治的德国大学,在一个由德国教授团体政治思潮主宰的大学(在第一次世界大战期间,这个团体整体姿态属于沙文主义,几无例外),信仰社会主义在本行业圈内和社会上意味着是一种深刻的决裂。"[16]

拉德布鲁赫强烈地感受到这种决裂,他察觉出,这是一种双重的决裂:作为社会党人受到学者们的怀疑,作为学者又受到社会党人的怀疑。他承受了这双重的决裂,他作为有钱人家的儿子,却感

---

〔16〕 里夏德·施密德:《古斯塔夫·拉德布鲁赫初探》,载《司法评论》,总第3期(1970年),第63页。

* 瓦尔特·拉特瑙(Walter Rathenau,1867—1922),德国政治家、工业家和哲学家。1921年5月,他参加维尔特政府,出任建设部长,1922年1月31日改任外交部长,与苏联订立《拉巴洛条约》(1922年4月16日)。1922年在上班途中被民族主义狂热分子暗杀。

到自己更靠近劳工者的党派。不过,他这样做的动机到底是什么呢？回答这个问题,我们(现在)拥有一系列生动的材料。

读者可能还记得,拉德布鲁赫在慕尼黑的那一个学期曾听过路约·布伦塔诺所讲授的题为《作为科学的国家经济学》的著名历史—方法论课程,通过这门课他“第一次扎下了其日后的社会主义信仰之根”(《心灵之路》,第 31 页)。必须立刻指出,这第一根扎得确实较早,也相对较深。无论如何,从这时起,拉德布鲁赫开始对相关的文献感兴趣。在柏林学习的学期中,由于“社会问题”成为当时占主导地位的论题,他研究了马克思的《资本论》,并把这本读物与对布伦塔诺课程的笔记联系起来,接受了代表工会和罢工利益的政党。然而,真正激起拉德布鲁赫之社会主义热情的,与其说是社会主义学说的经典作家们,那些所谓的“理论家们”,不如说是其同时代有杰出代表性的诗歌作品:尤其是格哈特·豪普特曼(Gerhart Hauptmann)* 的《织工》** 和里夏德·戴默尔(Richard Dehmel)*** 的《劳动者之歌》。

这样,我们由此也可以理解:为什么一个富商的后代不仅同情另一个阶级,而且把其相当大的一部分生活奉献于社会民主党的事业？拉德布鲁赫在一篇非常有特点的文章以及其他文章中来试图回答这个问题。该文有一个意味深长的标题:《社会主义学者的问题性》(Die Problematik des sozialistischen Akademikers),最初于

---

* 格哈特·豪普特曼(Gerhart Hauptmann,1862—1946),一译“霍普特曼”。德国现代著名剧作家。著有《日出之前》(1889 年),以自然主义倡导者知名。1912 年获诺贝尔文学奖。

** 《织工》(Die Weber)是格哈特·豪普特曼于 1892 年发表的描述 1844 年西里西亚纺织工人起义的悲剧诗歌作品。

*** 里夏德·戴默尔(Richard Dehmel,1863—1920),德国诗人。早期作品有自然主义倾向。著有《解救》(1891 年)、《两个人》(1903 年)等。

1928年发表。[17]我把这篇文章的内容以概略的形式做一叙述。

工人们经常发问：他自己为何要成为一个社会主义者，简单的回答是：社会主义符合其经济的和社会的利益。一般而言，学者没有这样的利益，社会主义科学，只要它还是理论的话，它就不能够弥补这种缺陷。毋宁说，“社会主义理论家提供给绝大多数人的”，是“社会的、宗教的和权力的类型”。这些人曾一度是追求功名者，他们出于虚荣心转而成为社会主义者；不过，就像他们的到来一样，他们又很快再度离而去之。接下来就是些反对派人士，他们之为社会主义者，仅仅因为社会民主党是一个在野（反对）党（为此他们当时甚至长期一直挨骂）。还有一些浪漫主义诗人，他们诓进了未知的世界、黑暗的境地、遥远的梦想、深奥的隐秘，也掉进了社会的深渊，他们患有个人主义的毛病，禁锢于个人的小天地，渴望有集体的狂欢、群众的集会、共同的歌唱。另一种完全不同类型的人是学者，他们出于忧愤而成为社会主义者，他们由于自己身处优越的社会地位而受到良心的折磨。

拉德布鲁赫写道：“这些出于朴实的休戚感的社会主义者或许才可能是社会主义知识分子中最有价值的人。”

另外一些学者也走向社会民主党，因为他们有政治头脑，并使自己在这里找到了活动的战场；他们本来可能是另一党派更合适的成员。所有这些类型的人都有一个共同的特点：他们不是由于阶级利益而走向社会主义的，“更多的是采取了意识形态的、乌托邦式的和非马克思主义的方式”。因此，这些社会主义学者，自从

〔17〕 载《社会主义的学生》1928年卷，1928年2月20日第1号；也载《政治、学术和高等学校的社会主义意志》，全年卷1，1930年5月第1号，第7页及以下页。

费尔迪南·拉萨尔(Ferdinand Lassalle)* 之后,都开始具有“问题的本性”。对此,奥古斯特·倍倍尔(August Bebel)** 曾说过:“请你们要审查每一个党员同志,但假如他是一个搞学问的,那么你们要加倍地、甚至三倍地审查他。”

工人社会主义者是浑然一体的人。而且即使是资本家,假如他足够“天真或朴拙,并能够把自己的正义感和其阶级利益保持协调”的话,那么他也是浑然一体的。相反,资产阶级家庭出身的社会主义学者,在他的本性金属上“有一块裂隙”,因此是“一个不可靠的人”,因为理想是可变的,而利益却是不变的。他是一个典型的改变信仰者,这种人由于不是“天生的”社会主义者,他就试图不断抬高极端性来加以补偿。所以,劳动者政党的领导的位子应该归属于像弗里德里希·艾伯特(Friedrich Ebert)*** 这样本身来自劳动者阶层的人。相反,学者应当限定自己的使命——当然,这也是必不可少的,即充当来自劳动者阶层的领袖们的顾问和助手。(在这里也可以看得出来,拉德布鲁赫在担任部长期间是把自己视为纯粹的业务部长,而不是政治领导人的。)

那么到底拉德布鲁赫为什么要成为社会主义者呢?他把在其身上很早生根的“根本的社会感情”(soziales Grundgefühl)非常简单、非常有说服力地统一起来了:“本不想要比别人更好”(《心灵之路》,第 81 页)。凡认识他的人,都很难为他的本性特征找到一个

---

* 费尔迪南·拉萨尔(Ferdinand Lassalle,1825—1864),德国社会主义的主要代言人,德国工人运动的创立者之一。马克思在《哥达纲领批判》等著作中对其机会主义观点进行了批判。1864 年 8 月,在与人决斗中饮弹身亡。著有《工人纲领》、《公开答复》、《工人读本》等。

** 奥古斯特·倍倍尔(August Bebel,1840—1913),德国社会民主党和第二国际的创始人及领导人之一。著有《自传》、《基督教与社会主义》、《妇女与社会主义》等。

*** 弗里德里希·艾伯特(Friedrich Ebert,1871—1925),德国社会民主党领袖,第一次世界大战后德意志共和国第一任总统。

贴切的措辞。他是一位有伦理和宗教根基的社会主义者，只是我们切不可简单地将“宗教的根基”与“教会的根基”相提并论。拉德布鲁赫非常坚定地认可了这一不证自明的道理：

“每一个有良心的人”，“不论他是不是社会主义者，只有当他意识到他比别人过得好得多的时候”，或许在他身上，才会激起“良心的轻柔之声；自然，这种自我暗示也与基督教之博爱伦理的基本原则一致，即爱邻人如同爱自己，爱自己不过就是爱邻人。”（《心灵之路》，第101页）

拉德布鲁赫曾经有一次陪着一个因不及格而绝望的考生在整个城里转，安排他住进旅馆并安慰他（《书信集一》，第28页），促动他这样去做的难道不是爱邻人吗？教授这样做图什么呢？当然，拉德布鲁赫承认：这种根本伦理的最终结论从不是推论出来的，恐怕也从不可能推论出来。列夫·托尔斯泰（Leo Tolstoi）* 直到死时才发誓放弃其动摇不定的态度（Halbheit），阿西西的方济各（Franz von Assisi）** 一生只能在贫困中生存，因为富人们一直向他施舍。

拉德布鲁赫总结道：“然而，那种对优越地位（它由于不公正的分配生活财富而影响着个人）的警醒，作为一种折磨，一种负疚，一种内在的矛盾，活生生地存在于个人身上，因而就有效地孕育着个人的社会同情心和社会奉献感。我得承认，理念和现实之间的反差使我感到坐立不安，折磨着我的心，使我彻夜难眠，惊魂不定；在这一点上，如我所希望的，不可能是毫无成效的。”（《心灵之路》，第

---

* 列夫·托尔斯泰（Leo Tolstoi，1828—1910），俄国著名文学家。著有《战争与和平》、《安娜·卡列尼娜》、《复活》等多部小说。

** 阿西西的方济各（Franz von Assisi），也称“阿西西的圣方济各”（SAINT Francis of Assisi，1181/1182—1226），天主教方济各会和方济各女修会的创始人，意大利主保圣人。出身于意大利翁布利亚地方的阿西西。1228年，教皇格列高利九世追谥其为圣徒。

101 页）

大家可能希望，这种良心不安的东西不仅在小资产阶级身上活生生地存在着，而且尤其是在那些百万富翁的社会主义者身上存在着，这些人今天在我们身边仍不在少数。

本不想要比别人更好！不知怎的，当第一次拜晤他，他向我这个无名的学生起身握手时，我就一定意识到了，或更确切地说：部分地意识到了拉德布鲁赫这一生活的态度。艾里克·沃尔夫也特别了解拉德布鲁赫，诚如他所描述的，拉德布鲁赫这一态度完全简直就是“弱者与邻人之权的精神气质”，这种气质可以解释其行为的动机。[18] 拉德布鲁赫感到自己贴近一个“普通人”（gemeiner Mann），他不像学者那样异想天开，而“总是理性的”（《心灵之路》，第 81 页）。在由政党和工会培养的工人看来，他对待政治，通常比那些一般的学者不是更糟而是更能胜任。还是在第一次世界大战当兵的时候，他就已洞察出：普通人比那些官员和有文化的人在面临意识形态的异想天开时，有更可靠健全的人类理智（《书信集一》，第 213 页）。令他的战友感到十分惊讶的是，他不像所有其他人（这些人可能由于预先的教育或由于出身）那样去追求“没有危险的、不费力气的”岗位，他不想当官。一旦要他变成这样，对他也根本不合适。以前，他甚至连士官生（Unterrichtsoffizier，士兵必须向其报告自己的军队情况和政治面貌的人）都没有当过，这使他免受连队副官的追查：拉德布鲁赫是“赤色的”，因为他经常阅读《曼海姆人民之声》（Die Mannheimer Volksstimme）（《心灵之路》，第 81—82 页）。

大家看到，拉德布鲁赫对于社会主义有一个非常理想主义的、非常具有伦理性的态度。他热爱人民，按照歌德的话讲，人民“意

---

〔18〕 埃里克·沃尔夫：《德意志精神史上的伟大法律思想家》，图宾根，1963 年第 4 版，第 729 页。

味着是较为低微的，但在上帝面前却是最高的”。因此，拉德布鲁赫对劳动人民和对知识分子听众讲话绝不会有不一样的水平——他能够做到这一点，因为“他即使在知识分子听众面前也最大限度地以简单化的方式”讲话，“而又不降低他们所要求的水准”；他认为：“那种由于揭示出某种思想主题的最终原理而做到的简单化”，即使纯粹在学术上也是“最有效的叙述方式”(《心灵之路》，第102页)。

但拉德布鲁赫对其理想主义的、当然同时也是理性的观察问题的方式，也并不都很妥当地加以保持。面临着灾难的到来(1933年)，他曾痛心疾首：“我们这些愚人，只相信经由理性的信仰，信任‘科学社会主义’的宣传力，而鄙弃任何个人崇拜，并由宪法禁止勋章、封号和贵族头衔！世界不再由理性统治，而由胡来所统治！”(《法律智慧警句集》，第286段)

无论如何，他在有一点上是估计对了的——遗憾的是，我们必须这样说：学者从政在大多数情况下，其能力比普通人，尤其是比工人差得多。如果大家根据我们这个世纪(译者按：20世纪)的经验来观察，法学教授看起来是极不合适去从政的——因为他们对发生在自己周围的不法等诸如此类的现象看不大清楚。对于他们中间几位(确实是少数)出于邪恶的信仰而与民族社会主义(纳粹主义)者共事的人，大家不知怎的还是表示了谅解，尽管确实并不一定对此表示赞成。实际上也没有办法，因为考虑到绝大多数教授(在论战的过程中)“自以为号角自己响起来了，但不知道它是被谁吹响的——没有什么比专业外的教授更容易轻信的了”(《法律智慧警句集》，第522段；也见《书信集一》，第212页)。

教授与社会民主主义者——还有谁曾经像古斯塔夫·拉德布鲁赫那样对这两者之间存在的巨大的张力有如此深刻的体验，还有谁曾经对此有如此令人信服的生活经历！他加入社会民主党的日子(那是1918年)并不重要。重要的是他长期以来决心投身于社会主义事业。在帝制时期,公开承认自己属于社会民主党,是要担风险的;至少丢掉教职还是令人担忧的(《心灵之路》,第 74 页)。然而,1913 年,在苏黎世参加奥古斯特·倍倍尔的葬礼的过程中,由于当时现存的统治结构的基础已明显地摇摇欲坠,在这个时刻拉德布鲁赫最终明确了:他必须何去何从(《心灵之路》,第 75 页)。

政治活动的时期

1919年拉德布鲁赫应聘去了基尔,[19]先短期做刑法副教授,不久又当上了刑法、刑事诉讼法和法哲学的正教授。但他在基尔的教学活动很快由于受政治活动的影响而放弃。他(发展)的时刻到了。拉德布鲁赫作为吕贝克人,原本就是共和主义者,而且因其相对主义基本态度又是坚定的民主派,他从一开始就对新的魏玛国家表示拥护。此外,他最初的政治活动在一战前就已经开始了;他曾经当选为海德堡市地方公共团体(行政委员会)的民主委员,通过这件事,他把这样的民主看做是“社会民主主义的半熟产物(Vorfrucht)”(《心灵之路》,第74页)。

他应何去何从,对这一点,拉德布鲁赫很快在一本宣传小册子中给予了清楚地说明,该册子题目为《你们诸位年轻的法律学生!》(Ihr jungen Juristen),于1919年出版,在这本小册子中,他再度像堂吉诃德式地冲撞了他的同事们。他对社会上的鼠目寸光、先入为主的旧习

---

〔19〕 关于拉德布鲁赫在基尔的工作时期,主要见霍尔格·奥特的博士论文:《古斯塔夫·拉德布鲁赫在基尔的岁月(1919—1926年)》,基尔,1982年。

以及沿袭下来的法律家阶层之实证主义褊狭作风给予了非常激烈地鞭挞，而在帝制时期，这个法律家阶层曾被认为是"平民骑兵团"(Kavallerie der Zivilisten)。[20] 他解释说，"学生时代的特权，五颜六色的绶带，快如闪电的击剑，欢歌笑语的酒宴，(决斗的)神韵和陶醉"一去不复返了。"社会的人民国家要求有完全新型的法律职业人，完全崭新的职业观点和职业立场。"(《年轻的法律学生》，第3—4页)

法律职业人不仅要成为(实在)法的侍者，而且还"必须要成为正义的侍者"(《年轻的法律学生》，第6页)。拉德布鲁赫首先想改革法学课程以及专业，即应把现行的课程顺序(先历史法[罗马法]后当代法)颠倒过来。拉德布鲁赫绝不否认罗马法的教育价值；他甚至把它称为"一切法律的经典范本"。但对于当代根本不能或不想再读罗马法的法科学生而言，仍然认为罗马法还有这样一种教育价值就不那么适当了，他把这样的做法看做是一个"传统的谎言"。此外，我们大家最后还得承认：罗马法经由《德国民法典》(自1900年1月1日起生效)而已经丧失了它的效力(《年轻的法律学生》，第10页)。

这引发了一场针锋相对的争论，基尔大学的罗马法学家格哈德·冯·贝塞勒(Gerhard von Beseler)首先站在对立面挑起了这场争论。冯·贝塞勒对拉德布鲁赫的革命心情进行了指责，不过，拉德布鲁赫确实说到过：德国人进军比利时是不正义的暴力行为，是权力信仰的怪胎(《罗马法与革命》，第12页)！这里顺便把其中的某些片断切割下来(给大家看一看)。

---

〔20〕 参见汉斯—约亨·福格尔：《作为法律思想家的古斯塔夫·拉德布鲁赫》，载《古斯塔夫·拉德布鲁赫法律政策学、法律科学和法律实践论坛》，卡塞尔，1978年5月20日，第17页。

冯·贝塞勒："一个革命的刑法学者懂得什么内推法研究*？"

拉德布鲁赫："不过，一个进行内推法研究的人对法哲学又懂得什么！"(《罗马法与革命》，第3—4页)

针对拉德布鲁赫的评论（在他看来，罗马法的天才人物不需要那些只有在容器里才能够定义、才能够系统化的概念，以用它们来汲取法律之源；他们也不会空手把源泉之水做成水晶球），冯·贝塞勒解释说："这是纯粹的拉德布鲁赫的语句。其只发出丁零声，但却没有旋律。其妩媚动人、悦耳动听，但却朦胧虚幻、游说无根。"(《罗马法与革命》，第14页)

拉德布鲁赫：冯·贝塞勒可以说"天性狡黠"，对我已经"讲过的赞扬罗马法的话"，"向德国人做了不诚实的解释"；"凡属我没有讲到的，或者说还只是一些想法的东西，他以一个从事内推法研究的行家的机智予以揣测，并径直地把社会主义者对罗马法的敌视和革命者面对历史而具有的愧疚感强加于我。"(《年轻的法律学生》，第8页)如此等等，等等。

我之所以向大家就这场争论略微谈这么一点，是因为它似乎还有些意义，而且出于传记作者的正直，他应该把其打算要记述的著名人物即使不那么伟大的一面也彻底地揭示出来。教授们都是很神经过敏的，出于病态的虚荣心而经常有欠考虑就做出反应，拉德布鲁赫至少在当时也并不例外。

然而，在基尔，拉德布鲁赫有更重要的事要做，而且他已经做了更重要的事情。其中之一是在创办大众学院的过程中发挥了决

---

* "内推法研究"一语德文为 Interpolationenforschung，日译本译作"改订研究"。见中义胜、山中敬一译：《グスタフ·ラ　トズルフ》，成文堂1992年版，第80页。

定性的参与作用。在开幕演说中,[21] 他明确地指出:大众学院的目标不可以是业余的半吊子教育,而是要把各单一学科的界限与内容整体协调起来。而且要尽可能少地对学习者进行某一世界观的引导,但根据情况也可以帮助其找到他自己的世界观。他曾提炼出如下很美的句子:

(现在)重要的是要"通过明快的思维运动,把一切未知的、一切未意识到的东西转化为真正意识的东西,……有一个极美的德文单词:'空灵'(aufgeräumt)。我们称某一清朗之人为空灵之人,因为我们知道,凡物都令他清朗:秩序、知识、思维均在他的灵魂之中构成。"

不久,拉德布鲁赫在基尔被迫面临一个重大的考验。1920 年 3 月 13 日,德国国防军(Reichswehr*)和右派政治家集团在沃尔夫冈·卡普的领导下于基尔发动政变(史称"卡普政变"**)。拉德布鲁赫由于试图与国家法学者黑勒(Heller)*** 一同阻止政变分子和同样武装起来的工人之间的流血冲突,而被"保护性拘留"。直到第六天卡普政权垮台,拉德布鲁赫才被释放。他当时所处的形势事后看起来是极其危险的;事情明摆着:他曾面临着死刑判决。当拉德布鲁赫被释放之后,表明他当时态度的东西仍然像刚刚发生过的一样:冒着自己的生命危险在愤怒的人们面前营救被工人

---

[21] 古斯塔夫·拉德布鲁赫、H. 黑勒:《大众学院与世界观》,基尔,1919 年,第 11 页及以下页。

* Reichswehr,是指 1919—1935 年时期的德国国防军。

** 卡普政变(Kapp-Putsch)是德国右派政治家卡普(Wolfgang Kapp,1858—1922)于 1920 年 3 月 13 日发动的旨在反对当时的革命政权,恢复君主政体的政变。由于政变不久,德国社会主义各党发动了总罢工,卡普的叛乱失败。1922 年,他在等待审判时死去。

*** 赫尔曼·黑勒(Hermann Heller,1891—1933),德国公法学家。曾担任柏林大学、法兰克福大学法学教授,1933 年流亡至西班牙。是反实证主义的社会民主党国家学说的代表人物。著有《国家学》(1934 年)和《文集》(3 卷本,1971 年)等。

逮捕的国防军军人(军官和士兵,同时也是他的对头!),他认为这是他的职责。而且他也确实成功了。不过,他的人道的行事方式还是让自己的某些亲朋好友琢磨不透。[22] 根据他夫人莉迪娅证实,拉德布鲁赫本人把自己在这几天的态度一直看做是一种特别的考验,尽管他后来几乎从不谈此事。他总算挺过来了(《心灵之路》,第 98 页及以下页)。

但并不是他的所有亲朋好友都对此事感到惊讶。拉德布鲁赫由于在卡普政变中的表现,而在绝大多数工人那里赢得了愈来愈多的同情,他于 1920 年 6 月 6 日作为在德国议会选举中社会民主党议会党团(SPD-Fraktion)惟一的法学家代表,被提请列入正式候选人名单。拉德布鲁赫(当时对此)还有些犹豫不决。

他在 1920 年 5 月 7 日在给瑞士的汉斯·厄廷格尔(Hans Oettinger)的信中写道:"让我当国会议员候选人太勉为其难,不过我不知道我自己是否拿定了主意……的确,生活(自从帝制倒台以来)已具有了极大的变化,但在(学术)分量和收获上的丧失也是无法比拟的,候选人资格对我来讲可能就是保持生命活力与获得创作收获之间的抉择。"(《书信集一》,第 74 页)

但在当选之后,拉德布鲁赫就奔赴柏林了。在那里,他作为德国社会民主党议会党团中的惟一的法学家立即热情地投入到议会的工作之中,不过对议会的喧嚷还是感到有些沮丧。他于 1920 年 8 月 3 日在给其基尔、后来也是海德堡法学院的同事瓦尔特·耶律内克(Walter Jellinek)* 的信中这样写道:"整天徒劳地吵吵闹闹,没有一句实质性的话。"但他也告知曾在共和国总统那里度过一个

〔22〕 奥托·雅科布森对这次事件经历的报告是十分代表性的,文载《莱茵—内卡尔报》1948 年 11 月 20 日,第 7 页。

* 瓦尔特·耶律内克(Walter Jellinek,1885—1955),德国法学家。系著名法学家格尔奥格·耶律内克(Georg Jellinek)之子。曾任基尔大学和海德堡大学法学教授(1935 年起),符腾—巴登邦高等行政法院和宪法法院法官。著有《行政法》(1928 年)。

“非常令人愉快的下午”(《书信集一》,第75页)。众所周知,这不是别人,正是弗里德里希·艾伯特。

在艾伯特和拉德布鲁赫之间总是存在着一种彼此非常尊敬和非常深厚的默契关系。拉德布鲁赫把艾伯特视为社会民主党无人可以匹敌的领导人。艾伯特对拉德布鲁赫的精神力量和个人勇气也充满惊奇。当拉德布鲁赫给他寄去一篇文章后,艾伯特写信给拉德布鲁赫:“我用不着保证说,我完全同意您的看法。在我整个当政期间,我一直寻求在这样的意义上来发挥作用。”(《心灵之路》,第133页)

不过,艾伯特也指望能够得到拉德布鲁赫的帮助。在后来有人策动反对他的运动中,他被指控于1918年犯有叛国罪,拉德布鲁赫始终不渝地站在他的一边。政敌由于艾伯特在1918年1月军火工人罢工中的态度而对其加以指控。指控的犯罪事实构成如下:艾伯特参与领导了罢工行动,* 组织集会并参与决定,没有制止罢工传单,并在一次演讲中说:从容地坚持住!在著名的马格德堡诉讼(Magedburger Prozess)中,通过1924年12月23日的判决,告发人尽管有形式上的诽谤而被判罪,但仍然指责艾伯特犯有叛国罪。** 拉德布鲁赫对判决给予了猛烈地抨击。一个坚守尽快结束罢工这一目标并且毋庸置疑也已经成功达到该目标的人,一个因此而使国家避免灾难的人,根本不可能是一个叛国者。[23] 但对

---

〔23〕 拉德布鲁赫:《对马格德堡诉讼的法律评估》,载《共和国总统的官司》,柏林,1925年,第167页及以下页。

* 当时,策动反对艾伯特的右派分子诽谤他,说正是他在第一次世界大战期间领导的这次军火工业罢工,使德国战败。故此,他犯有叛国罪。法官也认为至少在法律观点上,艾伯特的叛国罪成立。

** 拉德布鲁赫曾在《魏玛时期国家的司法危机》(载《每日镜报》1948年11月21日)一文中说明:“负责审理这一毁谤案的法院认为有足够的证据认定艾伯特叛国行为成立,因此判决被告只具有形式上的诽谤。”

艾伯特而言,他的辩护也无济于事了。艾伯特,这位在战场上失去两个儿子的人,一贯表现出有刻骨铭心的民族意识,却被该判决沉重地击中了。他不久死于一次手术。

1921年10月,拉德布鲁赫被提请担任司法部长之职。经共和国总统艾伯特"以他那非常有劝说力的,使人感到不可推托的方式"点名要他出任部长,拉德布鲁赫才对此做出决定(《心灵之路》,第105—129页)。[24](根据安排)他首先要接管普鲁士司法部;但由于这个新班子组成延迟了,他就接受了共和国司法部长之职,开始是进入约瑟夫·维尔特(Josef Wirth)* 总理内阁(1921年10月26日至1922年11月22日),后一度又参与共和国总理古斯塔夫·斯特来斯曼(Gustav Stresemann)** 内阁(1923年8月13日至1923年11月2日),当时正处在局势动荡和通货膨胀急剧增长的时期。他把自己的职责定位于懂业务的专业部长,在司法部里把自己视为"法律职业人中的一员","尽管他对法律职业人的精神充满戒备",但他还是"由于手工活的精湛"第一次使自己"感到作为法律职业人的骄傲"。他周围有一个很优秀的专家班子——今人在必要时也还提及他们的名字:库尔特·约尔(Curt Joel)和弗朗茨·施莱格尔伯格(Franz Schlegelberger)。拉德布鲁赫此时甚至开始藐视自己原来的职位(教授的职位)。1923年10月7日在给自己的妻子的信中,他写道:

---

〔24〕 详见汉斯·德·维特:《古斯塔夫·拉德布鲁赫:共和国的司法部长》,科隆,1978年。

* 维尔特(Karl Joseph Wirth,1879—1956),德国自由派政治家。1921年5月任魏玛共和国总理。希特勒上台后流亡巴黎和瑞士。1948年回国。1955年获斯大林和平奖。

** 斯特来斯曼(Gustav Stresemann,1878—1929),德国政治家。1903年加入德国国家自由党,后又创建德意志民族党(Deutsche Volkspartei)。1923年任魏玛共和国总理,同年11月内阁垮台后改任外交部长。曾与法国外交部长布里昂共获诺贝尔和平奖。对斯特来斯曼的从政和为人,拉德布鲁赫曾在《南德意志人民报》(S.V.Z.)专门撰文进行评论。

“一个沉思默想的教授的此在是多么可怕、多么可鄙,因为教授的这样一种此在原本就是处在其所沉思默想的生活之外的。无事可干、没有诱惑的时候(目前所经受的就是这样),一个人才慢慢地弄明白,我们曾经一度‘在生活之内’。”(《书信集一》,第88页)

然而,1928年当他再次被提请担任部长之职时,他拒绝了。此时他已逐渐看出自己“更多地具有沉思默想的本性而不是积极活动的本性”,因此“完全有意识地从把政治作为主务”再度转向“把学问作为志业”。这是一个“两种使命之间的抉择”,像他自己的经验所显示的那样,是“在政治和学问这两种不能持续兼顾的使命中”的抉择(《心灵之路》,第129,134页)。

大家想一想拉德布鲁赫当共和国司法部长几乎不足15个月,那我们一定感到惊叹:他做了多少开创性的工作啊!当然,有些工作早已(准备好而)放在抽屉里了,例如比较重要的《少年法院法》(Jugendgerichtsgesetz)(由此《少年刑法》最终从通用刑法中剥离出来,其以教育思想为指导,代替报复刑);该法在拉德布鲁赫任职期间为参议院(Reichsrat)通过。

在担任部长期间,《妇女任司法官特准法》(Die Zulassung der Frauen zu den Justizämtern)的立法动议也提交到拉德布鲁赫面前,但他硬是顶住了强大的压力,才使之得以通过。在阐释德国社会民主党的《爱尔福特纲领》(Erfurter Programm)时,他旗帜鲜明地表达了自己的观点。

恰值此时,他写道:通过妇女对立法的共同影响,法律语言不再纯粹是男人的语言,妇女对司法的参与也将“完全动摇男人之法律感*的不证自明性,并使之意识到它的局限性和应受审查性,直至以真正的人权(Menschenrecht)代替专断的男人之权(Männerrecht)”。

---

* 德文Rechtsgefühl在汉译著作中也有人译作“是非感”。日译本译为“法感情”。见中义胜、山中敬一译:《グスタフ·ラ　トズルフ》,成文堂1992年版,第89页。

不过,即使拉德布鲁赫也不可能摆脱这样一种前见,即"妇女通常比男子更缺少冷静的客观性标准,而这种标准对法律的应用的确是必不可少的;但同时也应断然强调:妇女在更高程度上比男子拥有其他一些特性,而这种特性对法律的应用并非完全是没有益处的"。(《格尔利茨纲领》,第12—13页)后来有那么多杰出的女性法律职业人证明:妇女们的思考能够做到像男人们一样客观——只是这必定不是那种"冷冰冰的客观"。但拉德布鲁赫像任何一个人所能做的那样,他不可能完全走出他那个时代。这也许再度证明了他的二律背反的思维方式,因为他的这句话已耳熟能详:法学似乎是"一项明显的男子汉的工作"〔25〕(当然,他在这里主要想说明的是:从事法律服务绝不是"毛头小伙子"的事情,而需要"成熟男人"的经验和顺应)。

此外,还有很多的事情要做。这可以列举如下:新设劳工法院;签署罚金刑法(该法想遏制敌视再社会化的"短期自由刑"[kurzzeitigen Freiheitsstrafen]的适用);力争改善对承租人的保护;重新起草非婚生子女的权利的规划;继续推进参议院有关自由刑之执行原则的工作;而且还必须制定牟取暴利行为之立法,使(参审员和陪审法官)补偿法应减轻参审员和陪审法官的负担;自然,拉德布鲁赫也相应坚持其(特别是有关)社会法的基本态度。〔26〕

不过,拉德布鲁赫立法工作的中心还是在于刑法改革。1871年的帝国刑法典很快就显得有些陈旧了。而且,它源自19世纪的

〔25〕《大学和法科学生的教育》,载《社会主义月度副刊》总第35期(1929年),第203页。

〔26〕对此,参见托马斯·森·维尔腾贝格:《论古斯塔夫·拉德布鲁赫的"社会法"理念》,载阿图尔·考夫曼编:《古斯塔夫·拉德布鲁赫追悼论文集》,哥廷根,1968年版,第200页及以下页。然后,也见库尔特·塞尔曼:《古斯塔夫·拉德布鲁赫的社会主义和社会法》(博士论文),慕尼黑,1973年;埃伯哈德·艾兴霍弗尔:《古斯塔夫·拉德布鲁赫:社会法的理论家》,载《社会改革杂志》,总第29卷(1983年),第393页及以下页。

法治国精神,就此而言属于是保罗·约翰内斯·安塞尔姆·费尔巴哈的遗产。但它又立足于19世纪的报复刑理念,也因而带有康德的印记。依据这种理念,犯罪人应通过与其罪行相平衡的刑罚来赎罪。而早在(19世纪)80年代,弗朗茨·冯·李斯特(当然并非没有样板)就要求以矫正刑代替报复刑:无论如何对那些能够改恶从善并需要矫正的犯罪人而言,应实施矫正刑。这就是“现代”学派,也是“社会”学派。卡尔·宾丁麾下的“古典学派”则与之唱对台戏;它要求死守传统。这一激烈的“学派之争”对(刑法)改革的工作有明显的影响,这些改革工作在世纪交替之后即已开始了。1909年、1911年和1913年的草案以及预备草案均已搁浅,不过在本质上另有因由。直到第一次世界大战结束,新的草案才制订出来,该草案于1919年即告完成并向外界公布。

拉德布鲁赫在接手部长职务时正好赶上了这份草案。他打算“把前期业已完成的工作当作受托的财产悉心地加以对待”(《心灵之路》,第114页)。尽管他过去作为学者在学派之争中绝对拥护“现代”派,但他作为实际的立法者此时却不想把这场争论看得太重。

他写道:“今天这场学派之争结束了,不是由于谁胜谁负,而是由于大家取得谅解。现在大家愈来愈明白了:符合实际的结论越来越接近大家思想上的出发点。面对时代紧急情势的压力,再长时期地通过理论上的意见分歧来堵住共同的实践行为之路,那么大家就感到有些厌倦了。社会防卫和报复、矫正和通过行刑的安全及通过刑罚威胁的恐吓,都需要透过衡量在同等重要、同等程度上影响刑法典,它不仅仅要成为一个贫血的思想构造物,而且应是民族精神的生动体现。”(《刑法典草案》,第47页)

正如上文所指出的,许多所谓“进步派人士”会就此点对拉德布鲁赫产生误解,——因为他们搞不懂他的思维方式。拉德布鲁赫本来具有“废除”刑法的思想(就像我们也可以想象总有一天不再有现今样式的自由刑一样)，然而，当他必须要解决某项实际任务的时候，他意识到要把现下的可能与乌托邦的愿望区别开来。有谁不想知道像瓦尔特·拉特瑙那样充满幻想，“通过建立赎罪者和悔过者的自由合作社(在这个合作社里，不法的行为人以自由道德的确信来承认和自我接受赎罪的任务)”以克服刑法呢？〔27〕不过，又有谁敢于按照这样的幻想来创制法律？

拉德布鲁赫也不曾打算废止责任原则，相反，他最终却做到了使责任学说“精致化”。他打算根除所有“结果责任*的残余”，例如把过失的犯意归结为具有阻却故意之力。他也不曾担心有这种结果，即把未遂行为与既遂行为在施刑时原则上同等看待(《刑法典草案》，第60—61页)。在我们今天，是否还应坚持责任的刑罚，这个问题曾掀起激烈的争论。对此，这里不拟表明(我的)立场。只想说明一点：坚持废除责任刑罚的那些人不可能从拉德布鲁赫那里找到(立论的)根据，即便他们由于对拉德布鲁赫学说缺乏足够的知识，也愿意不断地这样去做。

但在进一步整理1919年草案的过程中，出现了像拉德布鲁赫最初打算的那样的情况：需要对此做根本的改变。于是，他接下来完全亲自动笔完成了一部草案，该草案不似以前的其他草案，而是浑然一体的，这就是我们早先多次提到的1922年《拉德布鲁赫草案》(Entwurf Radbruch)。他把这部草案命名为《德意志通用刑法典草案》(Entwurf eines Allgemeinen deutschen Strafgesetzbuchues)，说它“通用”，是因为这部法律除了对德国适用外，还应当对奥地利适用。但这个草案的原始稿本当时并没有公布(直到1952年才得以公布)，政府于1924年(此时拉德布鲁赫已不再担任部长了)才向他过问

〔27〕 引自古斯塔夫·拉德布鲁赫的文章，载《刑罚执行杂志》第3期(1952年)，第179页。

* 结果责任(Erfolgshaftung)，也可译为“严格责任”、“无过失责任”。

此事,打算对此再做原则性的变更,所以拉德布鲁赫所期望的根本性变革基本上没有产生效力。当然,接下来1925年的草案也是这样,它是基于这次咨询而搞成的,但也没有赶上好时候就夭折了。不过这不再是我们现在要谈的话题。

我们感兴趣的是拉德布鲁赫草案。这个草案的最引人注目之处是废除死刑、监禁刑和名誉刑(Ehrenstrafen)。这些刑罚惟有在报复理念中才找得到根据。从矫正思想看(拉德布鲁赫在其草案中把这一思想完全置于中心的地位),它们被证明是不适当的、有害的。这样,(拉德布鲁赫)完全有计划地把罚金而不是自由刑安排为基本的刑罚,这种做法即使站在保守立场所强调的辅助性原则(Subsidiaritätsprinzip)意义上讲也必须看做是完全正确的。它也可以说是对敌视再社会化的"短期自由刑"的遏制,因为这种刑罚仅在有限的几个月或几个星期是不可能将监禁者改造好的,他多半还会受到由恶劣、犯罪因素所构成的环境的感染。拉德布鲁赫"亦此亦彼"的思维方式,特别表现在:他不是非常极端地奉守那种变得荒唐并受法治国怀疑的教育(刑)思想。换言之,教育(刑)思想导致双重的结果:其一,不需要教育的人,也不必加以惩罚,即假如其为偶犯,他也可以不被用重刑;其二,难以教育的行为人,特别是惯犯或常习犯(Hangtäter)必须被课以不确定的长期监禁,直至"被医治痊愈",那么他的行为可能是相对不重要的。上文业已说明:拉德布鲁赫藉助于一方面属刑罚另一方面又属矫正与保安处分("双轨制"思想)这一非常精巧设定之体系,以及藉助于以保安处分代替刑罚(其可以"代表"刑罚["替代主义"思想])这一预设的可能性,试图以最佳的方式来考量上述的疑难。但对于法治国的基本原则,即"凡处刑罚的,须在判决中确定该刑罚的标准",他没有做任何的改动(《刑法典草案》,第57页)。

我们这里不可能对所有的内容细节进行评价。拉德布鲁赫特别关心的,是信仰犯的特别处遇(die Sonderbehandlung des

Überzeugungsverbrechers*)问题。拉德布鲁赫概念中的信仰犯“显示出与特别的刑事政策使命相一致的刑事政策之特别类型”。然而,信仰犯的特别处遇不应当仅仅委托给行刑,相反,信仰犯罪必须通过心理要素的特征在刑法上凸现出来,甚至:“这样的犯罪是由于绝对地主宰行为人的道德的、宗教的或政治的信仰而发生的”(《信仰犯》[三],第252页;《信仰犯》[二],第868页)。浮现在拉德布鲁赫脑海里的信仰犯,绝不是“犯罪者”,而是“异端思想者”;如果施刑的国家以道德上的优越性来面对信仰犯,那么它也应在平等的道德层面对待之。

“普通的犯罪人由于自己的违法,通常根据其行为的逻辑即可定罪。盗窃犯想自己得到其从别人那里偷来的财产;伪造证件者希望使伪造的证件得到公众确信,而这种确信由于他自己的伪造行为业已受到动摇;他们两者原则上都肯定应受到预防,都肯定要对其所侵犯的法益进行刑罚保护,而且即使对他们适用这一刑罚保护,他们在逻辑上也不会对此产生抱怨。普通的犯罪人与自身是对立的,此时施刑的国家作为其自身更好、更明智的代表者站在他的对面。而信仰犯则不可从其自身来进行反驳,他只是站在体现国家权力的另一种封闭信仰的对立面,国家可能会把他作为自己的敌人通过一切极端的手段与之斗争,而不能把他当作一个道德的无操守者来加以矫正。”(《信仰犯》[一],第35—36页;《刑法典草案》,第54页;《法律上的人》,1961年,第52—53页)

然而,面对信仰犯,不仅矫正刑思想被排除了,而且报复—威吓刑思想也被排除了。报复刑是以国家在道德上的优越性为前提

---

* 日译本将Überzeugungsverbrecher译作“确信犯人”(中义胜、山中敬一译:《グスタフ·ラ　トズルフ》,成文堂1992年版,第96页),台湾学者译为“信念犯(人)”或“良心犯(人)”。参见古斯塔夫·拉德布鲁赫:《法学导论》,王怡苹、林宏涛译,台湾地区商业周刊出版社2000年版,第30页。

条件的,不过诚如上述,国家在面对信仰犯时则不具有这种优越性。人们"不应通过对信仰犯实施威吓刑来威吓地对待自己的同志",否则只会造就烈士,"将对一般的法意识造成巨大的损害"(《信仰犯》[三],第 359 页及以下页)。对信仰犯,应判处"拘禁",一种类似"战俘关押状态"(《信仰犯》[一],第 37 页)。

每个读者也许都清楚,信仰犯这个题目至今愈来愈显得迫在眉睫。恐怖分子能否引证说,他们与现存的国家处于战争状态,故此想相应地作为战俘而非当作罪犯来对待?对此,我们总是可以坚持的一点是:这些恐怖分子绝不是拉德布鲁赫所讲的信仰犯。因为一个自称为了更好的社会而肆无忌惮屠杀无辜的人,其本身就自相矛盾,他绝不是道德上并立的对手,而是一个普通的刑事犯罪人。但另一方面:我们又怎么可能把那些人,他们出于良心为废除核武器而游行示威(现在联邦政府也为此目标而奔波),当作应"恶劣"对待的犯罪人而使他们遭受皮肉之苦呢?

有关拉德布鲁赫草案中的一系列更专门的法律规定,我就略而不谈了。不过,我只想提醒的是:(草案中)处理每一个具体的犯罪行为的"分则"部分完全限定在实际的法益侵犯(Rechtsgutsverletzung)的方面,而各种过失犯(Delikte),由于其"不法"只以特定的心情看才成立,所以被排除在内容之外。那个时候现行法上的"伦理(风俗)犯罪"(Sittlichkeitsdelikte)包含着数不清的行为方式,这些行为方式在私法领域于成年人中间发生着,但却没有对任何一个人造成侵犯或损害。正如卡尔·克劳斯(Karl Kraus)早在 1908 年所著的《伦理与犯罪》(Sittlichkeit und Kriminalität)中带着讽刺的口吻指出的那样,只要检察官和警察试图为这些"行为"准备好某个下场,丑恶的行径也就开始了。在拉德布鲁赫草案中只保留有"猥亵犯罪"(Unzuchtsdelikte),因为它触及实际的法益:要么是性的自由,要么是青少年的健康成长。

当时,所有这些改革建议均已落空。其中的一部分直到拉德布鲁赫死后很长一段时期才纳入1975年的刑法典中，但这部刑法典也只是部分的修订，而未作全面的改革。在此方面，实际上比较“现代的”改革，主要来自《刑法典备选草案》(Alternativ-Entwurf eines Strafgesetzbuches，*6卷，第1966页及以下页)，该草案由德国和奥地利的刑法学者组成的工作班子共同编纂，在这项工作上他们也有意识地参考了拉德布鲁赫的草案。〔28〕作为这项草案的参与编纂者，我也必须诚恳地说：通过1962年的这个正式的政府草案(对这个草案来讲，另一个草案就是“备选草案”)，我们在目前的刑法典里至少也发现了某种门道。这里绝不是要权衡(这些草案中的)哪一边功绩更大一些；对此反正要到很晚才能够做出决断。下面这一点是我们今天已经能够和必须做出结论的东西，因为其业已成为历史了。《备选草案》的核心部分是第69条，按照这一条规定，法官可以将明显会重新犯罪的犯人送进“社会矫治所”(sozialtherapeutische Anstalt)。大家对特别是在丹麦和荷兰出现的这些矫治所颇有好感；重新犯罪率有时候呈半数下降。在联邦议会表决时，“备选草案教授团”的建议以修订的方式几乎被一致采纳。在这部刑法典里，(相应的内容)是以第65条出现的。但它的实施一拖再拖，直到1984年12月该条款又悄无声息地被废止了：因为(政府)没有钱。《刑法典》第65条的废除强烈地折射出我国政策的精神和水平，其于今天还在我们这里发生影响。为了探测外星球，数十亿的钱花出去了，还有几十亿的钱准备用于军备开支和外层空间的军事开发。但却断然说(现在手头上)没有几百万(马克)的钱，这些钱很急需为那些走上邪道的人铺平一条起码的

---

〔28〕 参见阿图尔·考夫曼：《刑法典备选草案与对拉德布鲁赫的继承》，载阿图尔·考夫曼编：《古斯塔夫·拉德布鲁赫追悼论文集》，哥廷根，1968年版，第324页及以下页。于尔根·鲍曼：《刑法改革工作的结果》，同上书，第337页及以下页。

* 日文译本将Alternativ-Entwurf eines Strafgesetzbuches译为《刑法典对案》。见中义胜、山中敬一译：《グスタフ·ラ　トズルフ》，成文堂1992年版，第98页。

生活之路——在此问题上,这几百万甚至根本没有必要支出,因为仅通过减少累犯率,这些钱是于事无补的。现在政治家们不再强烈地想研究刑事政策,或者仅仅想制定一些纯粹象征性的法律,这些法律不需要付什么成本,但当然也没有多大的用处;联合政党在恐怖主义犯罪(案件)中有意地引入“(公诉方)主要证人”(Kronzeugen)* 就是这方面的一个明显的例子。但我们所处的是多么守旧、甚至是有点倒退的社会啊!焚刑台(Scheiterhaufen)的阴魂依然在继续地飘荡着。

拉德布鲁赫想终结这种阴魂。他看到:报复刑的执行使犯人完全陷入隔离化,即单独监禁,其必然导致纯粹的监号生存状态(Nummernexistenz),其不再使人有任何一种充满意义的事情可做,而仅仅关心“在孤寂的悔恨中压迫(自己)邪恶的意志”。

“服刑期是一块飞地,是一段空洞的时间流程,是生命之中的一段死寂——我们不再有残损身体的肉刑,但在自由刑中我们还保留有肢解生命的刑罚。”我们甚至可以说:即使单独监禁使人矫正,“但单独监禁矫正只是为了矫治所,而不是为了生活本身。监禁中的生活条件如此悬殊地与自由的生活条件完全隔离,以至于犯人此时此地的矫正绝不可能使其回归于彼时彼地的行为方式”。“用反社会者对待社会的方式来使他与社会隔离,也就是说在旱地里教他学游泳,这一药方是行不通的。只有在社会中,人才可能被社会所感化。”(《监禁心理学》,第 351 页及以下页)

确实,即使在这里,拉德布鲁赫的态度仍然是坚定不移的。他没有看错:单独监禁确实使人意志更为削弱,但集体监禁则使人变得更坏(《监禁心理学》,第 352 页)。那么,怎么办呢?必须让监禁犯人的生活条件“尽可能地模拟自由的生活条件”:“劳动共同体,

---

* Kronzeugen 系指英美诉讼中共同犯罪人一方因告发同犯而成为公诉人一方的证人。

思想交流共同体,继续教育,社交性的修养……”(《监禁心理学》,第353页)现在,这一要求似乎在1976年的新的刑罚执行法(该法也有一个先行准备的“备选草案”[1973年])中,大部分得到满足了。* 它不仅对封闭的行刑而且对开放的行刑做出了预先规定;而且它也对监所外的执行做了规定:当还处于监管之下时,则为“监外执行”(Aussenbeschäftigung),当撤销监管时,则为“假释”(Freigang);此外,这部法律还有关于犯人共同劳动的规定,关于犯人的业余时间和从刑罚矫治所放假的规定;特别重要的是有关释放前的准备工作的规定。因为按照汉斯·法拉达(Hans Fallada)** 的话说,刑罚最糟糕的部分通常是要开始释放犯人的时候。这种(在释放前做准备工作的)现代刑罚矫治所的一个典型,即位于法兰克福—普罗因格斯海姆(Frankfurt-Preungersheim)的男子刑罚矫治所,就冠以拉德布鲁赫的名字。[29]

但根据这一点,我们还远没有达到目标。这个目标则必须是:被执行刑罚的人“不应作为羞辱者,而应作为悔过者”重返社会(《信仰犯》[一],第36页)。“现代派”为刑法提出这样的口号:“非针对犯罪行为,而针对犯罪人。”拉德布鲁赫更进一步提出:“非针对犯罪人,而针对人。”(《法哲学》,第163页)因为“一旦某个人只被视作‘犯人’,只是针对具体行为而被冷不防地观察时,那么他的

---

〔29〕 参见阿尔伯特·克雷布斯:《“古斯塔夫—拉德布鲁赫—监狱”—— 法兰克福—普罗因格斯海姆男子刑罚矫治所》,载阿图尔·考夫曼编:《古斯塔夫·拉德布鲁赫追悼论文集》,哥廷根,1968年版,第344页及以下页。

* 但在本书付印过程中,似乎有迹象表明:人们又打算在实现目标面前再度退缩。愈来愈多的州司法部长打算在行刑的制度安排中冲淡再社会化思想,设法将报复和威慑的观点再度引入行刑过程,此前他们曾在此问题上遭到根本上完全正确的抵制。拉德布鲁赫即使比我们今天的人也领先得太多了!——作者原注

** 汉斯·法拉达(Hans Fallada),原名鲁道夫·迪琛(Rudolf Ditzen,1893—1947),德国小说家。著有反映小资产者的小说,如《小人物,现在可好?》、《倔强的古斯塔夫》、《饮酒者》等。

形象将遭受到何等的扭曲啊”！（《法学导论》，第107页）诚如我们在劳动法领域所看到的，劳动并不是与人可以分离的“商品”，同样，犯罪也不可能是与犯罪人相分离的，而应使之作为一个完整的人来加以对待。不过，难题仍然悬而未决。国家凭什么采取法律，以“教育刑”的方式影响犯人，故而无视其人的“自律”（康德语）呢？只有受考验者（Proband）同意，国家才允许这样做。事实上，有时与其意志相左的矫正甚至必然显得完全是毫无意义的；它好像根本不是矫正，而是训兽的办法（Dressur）。“教育只有奉献爱心时才有可能。”（《法学导论》，第106页）〔30〕

拉德布鲁赫决没有看错“教育刑”的矛盾性。他说，教育刑“承受着三重的、几乎无法克服的严重的问题性：它既是成人教育，也是强制教育和刑罚教育……大家必然强烈地意识到任何刑罚教育的牴牾感觉（Widersinn），这种牴牾感在于：人们想教育人去‘趋向刑罚’”（今天我们较为谨慎地所谈的，也还只是“再社会化”或“社会化”，这种社会化应该使监狱的犯人未来过一种不受刑罚惩罚的生活）。不过，看起来，拉德布鲁赫以某种手势将所有这些疑虑挥之而去：

“刑事司法和刑罚处罚中的教育思想总是与人们圈定的刑罚概念相抵触。我自己承认，对我而言，刑罚概念根本不是别的什么东西，而不过是一个合目的地对待所有违法者的问题。”（《法律上的人》，1961年，第56—57页）

但假如我们根据上面这段话就推断拉德布鲁赫对追问概念问题，也就是说对追问刑罚的内容和目的根本不感兴趣，那么将是对

〔30〕 根据拉德布鲁赫的观点，这也适用于报复刑，因为报复刑“只有当站在受刑者的角度自愿地适应赎罪和忏悔之时，它才是充满意义的。报复刑，如果其是在赎罪和忏悔中寻求目标的话，那它只不过就是教育……”（《文选》，载《犯罪心理学与刑法改革月刊》总第24期［1933年］，第97页）

他极大的误解。拉德布鲁赫，像其先师冯·李斯特一样，在两个层面上展开论证。一个层面是刑法教义学的应然考察；其所涉及的是概念问题，而拉德布鲁赫对刑罚概念给予关注，这主要非常明显地在其（刑法）草案中得到证明。在这一层面，他还为报复刑附加上了实在法的涵义，因为报复刑是一种“法定刑”（《法学导论》，第103页）。不过，在另一层面，即刑事政策的实然考察层面，其所涉及的是要以生活来充实刑罚的概念，在这里我们可以有充分的理由说：刑罚概念本身完全退到了幕后。一个执法官，如果他永远只研究刑法典和刑法教义学教科书，则肯定是不到位的。而按照歌德著名的《伊菲革涅亚之歌》（Iphigenie-Vers）* 的说法，医治人类创伤的，最终则只能是“纯粹的人性”（《启蒙时代》，第49页）。

正是人间之爱（Menschenliebe），使拉德布鲁赫也转向这个领域，关心“普通人”，关心“穷苦的罪人”（Armesünder）（《刑法的优雅》，第163页），在穷苦的罪人身上表现出他的人间同情心。但这绝不是情感的心血来潮，而是一种深邃的明理（Wissen）。在一篇题为《刑法起源于非自由民等级》（《刑法的优雅》，第1页及以下页）的颇有启发的论文中，尤其是在更晚近的短文《权威刑法，抑或社会刑法？》（Autoritäres oder soziales Strafrecht?）（《法律上的人》，1961年，第63页及以下页）中，他阐释说：刑法就其本质和起源而言，它所对付的是另一个底层的、被认为属于卑劣的百姓阶层（Volksschicht）的违法行为。这样一个底层的阶级早在法兰克王朝时期就已经形成了。当然，刑法也可能适用于自由民。但惟有无产业者（Unbegüterte）才课以生命刑、肉体刑或自由刑。对于有产业者（Begüterten）而言，基于赎刑制度（以罚金）赎回公开刑罚的可能性得以发展。“穷人身体受刑，富人则付罚金”（《法律上的人》，

---

* 《伊菲革涅亚之歌》（Iphigenie-Vers）是歌德根据希腊神话中迈锡尼国王阿迦门农和克吕泰涅特拉的长女伊菲革涅亚的悲剧故事而创作的长诗。

1961年,第64页)。

拉德布鲁赫想尽可能地终结这一"双重的刑法",尤其是他意识到:"穷苦的罪人"相对于那些冷冰冰的、只重视自己特权的富有经济犯罪者而言,其承担的罪责通常要小得多。我们知道,拉德布鲁赫的这些努力并没有产生什么效果。他只是为我们今天的白领犯罪(Weisse-Kragen-Kriminalität)找到了贴切的话题。

拉德布鲁赫还经历过死刑的废除(die Abschaffung der Todesstrafe),并曾对此表示极大的赞赏。[31] 他一贯把这一刑罚视为"一种绝对的恶","它的卑劣简直不必通过其违反目的性来证实,也不可能通过其意外的合目的性来反驳,而直接由其自身表现出来"(这句话出自1910年[32])。1922年在已经当上司法部长时,他又写道:

"死刑是多余的;由于司法杀人的威胁不可避免,它是危险的;而对于每一位把生活看得很神圣的人而言,它又是令人厌恶的。极度贫穷,的确也不能算作最高的善,但可以作为一切最高价值在其中展开并由此展开的场所。"(《格尔利茨纲领》,第16页)

在拉德布鲁赫一生中,应当称作悲剧性的事情有许多,其中之一是:他作为司法部长面临形势所迫,在打击恐怖主义范围内,而不得不向当时的国会提出(设置)死刑的要求。他在任期间,发生了瓦尔特·拉特瑙遇刺事件(1922年6月24日);由于这件事——归根结底也由于(当时)整个的时局,他不可推卸地负有职责采取立法措施"保卫共和国"。具体地说:重新采用被拉德布鲁赫断然否定了的死刑威慑,打击那种本身属于极端的预谋犯罪与共同犯罪行为。所以,当衮特·施本德尔在此注意到拉德布鲁赫思想与行

〔31〕 见《死刑的终结》,载《莱茵—内卡尔报》1949年5月14日第87期。

〔32〕 前言,见克罗伦科:《死刑犯》,载《文化与进步文集》,莱比锡,1910年版,第4页。

为之间的鸿沟，谴责有人从法治国角度对（魏玛）共和国保卫法表示怀疑时，（他的观点）自然是很正确的，[33] 而且也是不容否定的。但有多少教授—部长，当他们想宣称不惜一切保持自己学说的纯洁性时，却都纷纷失败了啊！拉德布鲁赫知道，只按照药方“既帮我洗尽身上的皮毛，但不要弄湿了我的身体”的人，绝不可能从事政治。假如这样的人想成为一个纯粹思想的伦理学家（Gesinnungsethiker），那么他就必须（从政坛）引退。不过，从责任伦理的立场出发，他又必须考虑：（从政坛）引退是否会把事情弄得有点更糟。[34]

但事实上所属的情况是：拉德布鲁赫于1922年6月25日向国会（演讲）声明：“共和国总统的命令是基于紧急情势而产生的，此时由于骚乱和集会而兴起了各种极右的团体。”[35]

当时的恐怖主义几乎清一色地是由民族主义和法西斯主义精神气氛（Milieu）构成的。1918年至1923年间由于（国会）质询而引发拉德布鲁赫对大约400起政治谋杀案进行调查，几乎所有的案件都是极右分子所为。[36] 尽管如此，两个共和国保卫法还是几乎完全从左倾立场来反击恐怖活动的。即使是司法部门也闭上了右眼（《心灵之路》，第112页）。不必去想象历史走过了怎样的进程，大家要能够理解：当时民族社会主义党（纳粹党）即将得势，拉德布鲁赫的意图首先是打击右派激进主义（Recht-sradikalismus）。

---

〔33〕 衮特·施本德尔：《时代转变时期的法学家：纪念古斯塔夫·拉德布鲁赫诞辰100周年》，海德堡，1979年版，第18—19页。

〔34〕 参见汉斯—约亨·福格尔：《作为法律思想家的古斯塔夫·拉德布鲁赫》，载《古斯塔夫—拉德布鲁赫法政策学、法学与法律实践论坛》，卡塞尔，1978年5月20日，第19—20页。

〔35〕《1922年6月25日国会第236届会议纪要》，载《会谈文件集》第356卷，第8050页，A—B。

〔36〕 汉斯—约亨·福格尔：上揭书，第18页。

确实正是由于民族社会主义党逐渐壮大,(国家的)政治和司法开始失灵。1922 年 7 月 18 日国会通过第一部共和国保卫法之时,巴伐利亚邦认为违反了它自己的主权(Hoheitsrecht),* 而发布了一个本邦保卫宪法的紧急法令。在长期磋商之后,南德意志的审判委员会(Senat)被并入联邦最高法院,由此这一与巴伐利亚邦的冲突才得以调停解决(《书信集一》,第 79 页及以下页;《心灵之路》,第 116 页及以下页)。

此外,与巴伐利亚还惹有其他一些麻烦,因为当时巴伐利亚像今天一样试图想推动建立一个尽可能与中央政府相独立的政治(体制),而不在乎由哪一个政党在柏林执掌政权。所以,拉德布鲁赫不断地受到巴伐利亚新闻界尖锐的攻击——而用这种尖锐的方式攻击通常只来自于共产党。尽管现在很多人不爱听,但还是必须想到这一点:社会民主党过去是(今天仍是)共产党的夙敌,——故此,共产党从来就不隐晦与纳粹党联手,想推翻社会民主党的政权。而在此方面,中央党和巴伐利亚人民(国民)党也并不总是扮演光明正大的角色。就像后来 1933 年所表现出来的那样,这两个党没有能力看出来自右派的危险,也没有能力去面对这种危险。相反,大家都极力掩盖右倾的团体。拉德布鲁赫在任部长期间一直忙于处理无数的非法武装,而右倾的个人和组织主要通过旧军队库存的枪支而配备了这种武装。此种武装大多数在巴伐利亚。因此,只要拉德布鲁赫想采取行动,巴伐利亚政府立即就宣布说:这些武装是经过认可的(合法的)武装。诉讼程序的停止必然导致这种结果,因为当时只要向官府隐瞒私藏武器而不告发者就要遭到刑罚处罚的威胁(《心灵之路》,第 127 页)。

但拉德布鲁赫也不得不吃了一些亏。政治上倒霉的事情一个

* 日文译本将 Hoheitsrecht 译作"高权"。见中义胜、山中敬一译:《グスタフ·ラトズルフ》,成文堂 1992 年版,第 105 页。

接一个地交替发生。特别令人不快的，是那些数不清的请求引渡的事件，处理这些事件使拉德布鲁赫处境艰难，刚开始时简直就只会出错，根本不能做得很到位。在莱比锡的国家联邦法院，看样子更愿意把自己视为有关政治的审判机构，它通过卡普案诉讼（鲁登道夫[Ludendoff]*令人捉摸不透的角色引起些许轰动），通过战争罪犯的审判以及对叛国罪案件的审理而把自己拖进政治争端的漩涡。这样，在共和国最高法院和共和国司法部之间就不可避免地出现了某些紧张关系。但两个最高的执法机构之间的关系（本身）是完全良好的。拉德布鲁赫（经常违背本党的意愿）总是坚决果断地维护法院的独立性，不过，他作为司法部长必须“躲在执法和国家司法主权独立性的背后……，必须遮盖司法机构的所有裁决”（《心灵之路》，第112页），这又的确使人有理由对其不是那么能够理解。

一项特别棘手的事项是（如何对待）泄露不合法的国家机密，尤其是向战胜国报告凡尔赛和约签订后的禁止性武装的情况。共和国最高法院对这些案件均以叛国罪论处。当时，慕尼黑民族（民众）法院（Münchner Volksgericht）正处理这样一个案子，其中社会民主党的《慕尼黑邮报》（Münchner Post）被控违法。受拉德布鲁赫的敦促，联邦最高检察官解释说：“只有当负有实现和平条约之职的官员违反义务的主张明示或默示地与之相关联时，才可能发生”与报告禁止性武装相关的叛国罪。“特别是，当直接向协约国官员的报告发生时，这种情形就更属于默示的方式”（《心灵之路》，第122页）。民众（民族）法院采纳了这一法律观点，而宣判（案件

---

* 鲁登道夫（Erich Ludendoff，1865—1937），德国军官。第一次世界大战时期曾任德军军队团职参谋长。1919年2月由瑞典返德后，曾先后参与1920年的卡普政变和1923年的希特勒未遂政变。1925年为纳粹党总统候选人。1924—1928年为纳粹党的国会议员。1935年著有《总体战》传世。

的被告)无罪。拉德布鲁赫不可能料到的是:慕尼黑民族(民众)法院在情况完全不同的费辛巴赫案(Fall Fechenbach)*中逐字逐句引用最高检察官的观点,但却把这一观点的意思完全颠倒过来,而判菲利克斯·费辛巴赫有罪。拉德布鲁赫在任部长期过后当国会议员时曾就费辛巴赫案作过专题演讲,并出具法律专家意见书。[37]如果有谁去研究他的文献,则必将发现:"叛国罪"一直还是他长年谈论的话题——《叛国罪,没完没了》(Landesverrat und kein Ende),这是他刊载于《司法》杂志 1927 年总第 28 期(第 384 页及以下页)上的一篇文章的标题。这里没有可能,也没有必要对所有这类案件进行详述。不过,泄露不合法的国家机密问题即使在今天仍然是存在着的。

拉德布鲁赫后来认为,他曾深入地参与了司法部的一部分工作的细节,其事后回想起来仍然觉得这做得很对;内阁制的部长应该限定在其职责范围内的政治问题上,并且把自己活动的重心转向分担全体内阁的政治工作(《心灵之路》,第 107 页)。这一点无疑是正确的。完全脱离政治的司法部长将难以在内阁和议会中有效地坚持自己的主张。但一个司法部长,若缺乏具体的知识,在专

---

〔37〕《关于费辛巴赫案的法律专家意见书》,载《费辛巴赫案》,图宾根,1924 年版,第 105 页及以下页。

* 拉德布鲁赫曾在所著的《魏玛时期国家的司法危机》一文中对该案件的情况做了说明:"第一任巴伐利亚共和国总统库尔特·艾森纳(Kurt Eisner)的秘书菲利克斯·费辛巴赫(Felix Fechenbach)由于公布长期以来已经为人所知的事实而根据叛国罪观点被判处 4 年监禁。历史学家弗里德里希·蒂默博士(Dr. Friedrich Thimme)勇敢的介入和慕尼黑大学教授克岑格尔(Kitzinger)的惊人揭露,使得在对费辛巴赫做判决时追诉时效已经消灭,这使费辛巴赫被宣告释放。但他的这个平反不能使他幸免:他在希特勒统治时期仍被杀害。"(拉德布鲁赫:《魏玛时期国家的司法危机》,载《每日镜报》1948 年 11 月 21 日)

业上逊于其部里的下属官员(这些人绝不是吃素的*),则绝对是极大的不幸。拉德布鲁赫(尽管确实也有过失误)却很好地把这两者融合起来了,只有这样,他才能够在短暂的部长任期内如此出色地做出了大量的工作。

对那些在此决非轻松的阶段一道共事的人们,拉德布鲁赫所表达的,亦惟有称赞与敬佩之辞。谈到与弗里德里希·艾伯特的(交往)关系,他所讲的话是:(艾伯特)这个人"以其温情、谦和的威严及客观求实"给他留下了深刻的印象(《心灵之路》,第110页)。

谈及瓦尔特·拉特瑙,拉德布鲁赫以非常崇敬的语调说:"我从未遇见过这样一个人,其本性完全是像他那样有意识地自我型塑的,而且如果说贵族是过一种个人的、不那么张扬的生活方式的话,那么偶尔使用的字眼'犹太贵族'用在他身上也是很恰当的。"拉德布鲁赫又写道:"我经常问自己,为什么这样一位非常可亲可爱的人恰恰又是那么多人仇恨的对象。"(《心灵之路》,第116—117页[38])

不过,当这里谈到贵族时,我们也必然想起拉特瑙的母亲,她事后不久以母亲的行动向一位(谋杀拉特瑙)凶手的母亲写过一封极其透现人性之美的信。由于这样的怜悯和人间淳朴之爱的事例较为罕见,这里还是把这封信里最重要的句子逐字逐句报告出来吧,以便它们的生命永存:

"在无以名状的痛苦中,我对您,最可怜的夫人,伸出我的双手;请告诉您的儿子:我以被谋害者的名义和精神,已经原谅了他;就如上帝同样可能宽恕他一样,假如他在尘世的正义面前,彻底坦

---

〔38〕 也见埃里克·沃尔夫所摘录的拉德布鲁赫有关拉特瑙的表述(埃里克·沃尔夫:《古斯塔夫·拉德布鲁赫的生平和著作》,载古斯塔夫·拉德布鲁赫著《法哲学》,斯图加特,1973年第8版,第47—48页)。

* 这句话的原文为:Soche sind keine Schreibtischerfindung,直译为"这些人绝不是做书桌的"。

诚地自白并且在上帝面前悔过的话。如果他认识我的儿子,——一个上帝送到人世间最高贵的人,那么他也许宁可把凶器指向自己而不是对准他。但愿这些话带给您心灵上的宁静。”

关于古斯塔夫·斯特来斯曼,拉德布鲁赫曾作过如下的判断:有人曾风趣地说,在一系列的人权中有一种好像被遗忘了:犯错误的权利(Das Recht auf Irrtum)。事实上,假如一个政治家因时代的变化使他过去所做所说与后来所做所说的态度相牴牾的话,他要习惯于终身受到人们的指责,而这正是古斯塔夫·斯特来斯曼在其漫长的晚年所得到的特定处境的一个表征:人们不想让这位充满变化的政治家去面对自己的过去,而“在合适的时间总是做得很得体,根据形势的变化不经意地让自己从以前的行为中不断重新吸取教训,这构成了其伟大的政治艺术。其意图越成熟,其越不知不觉地顶住来自本党内部的阻力,而贯彻其业已看出符合道理的东西……在此,他的策略技巧糅进了如此大量人间的温情,以至于他即使在人格上也获得了成功。”(《心灵之路》,第124页〔39〕)

毫不奇怪,拉德布鲁赫与斯特来斯曼的关系可以想见是最好的。拉德布鲁赫对斯特来斯曼所讲的话,多半甚至也适用于他自己的人格。

对于司法部的工作助手,拉德布鲁赫也褒奖有加。在部里所通行的惟有专业知识,而不是政治色彩。这里的座右铭是“投身事业”(Sachlichkeit),“即便有人想把这种投身事业与当时的中庸气氛(Juste Milieu),也就是说与德国人民党(也许该党的大多数人却更贴近旧贵族)的世界观相提并论,但它的确又是一种严谨的意志,指导司法部长注重实际(sachlich),而不以明显当下的情事来

〔39〕 详见埃里克·沃尔夫:《古斯塔夫·拉德布鲁赫的生平和著作》,载古斯塔夫·拉德布鲁赫著《法哲学》,斯图加特,1973年第8版,第49—50页。

影响他自己的政治决定"(《心灵之路》,第106页)。

故此,共和国的司法部成了"优秀法律家的孕育之地",这些法律家的水平应当归因于他们能够长期保持不介入政治(《共和国司法部》,第57页;也参见《书信集一》,第77页,109页:特别对库尔特·约尔所作的称赞)。

正如人们所知道的,这并没有完全做到持之以恒。弗朗茨·古尔特纳(Franz Gürtner)和弗朗茨·施雷格尔伯格(Franz Schlegelberger)也许还曾有意防止最糟糕的事情发生。但在纳粹党人汉斯·弗兰克(Hans Frank)、奥托·蒂亚拉克(Otto Thierack),尤其是罗兰德·弗莱斯勒(Roland Freisler)等人那里,这样的努力则必然落了空。最终,司法部还是仅仅变成了政党的、同时也是希特勒手中的一个傀儡。

对这一不光彩的结局,拉德布鲁赫于1948年总结出3点结论:(1)不要相信任何人将会成功地防止参与作恶;即使像施雷格尔伯格那样,由于怯懦迁就而不想参与作恶,但这样的态度终究与人们在本性上不再看得清楚的恶纠缠不清。(2)不要相信任何人由于趋向更高目标和更高价值的缘故会听不到良知的声音;良知伦理讲话(声音)清晰,而责任伦理则产生思想的诡辩,其要么相互指责、要么自我原谅(至于拉德布鲁赫本人很严格按照责任伦理标准来行为而且必须如此行为,这完全是另外一回事;参见《法哲学》,第52页)。(3)不要相信任何人仅仅根据客观性与规律性就能够把握法的终极问题和最为困难的问题;只有国家的领导人摆正手段,这一点才可以达到;不过,一旦国家沦落为一个"巨大的匪邦"(奥古斯丁语),就必须通过一切顾虑和恐惧来喷射正义的炽热的火焰。假若正义软弱无能,那么由那个业已把所有法律原则中的最高原则(即:我们更应该顺从上帝而不是人)忘得一干二净的实证主义来培育第二位的价值(如客观性与规律性),则是很糟糕的事情(《共和国司法部》,第63页)。

1949年9月22日，在其去世前不久，拉德布鲁赫还向联邦德国政府的第一任司法部长托马斯·德勒尔(Thomas Dehler)的就任表示祝贺(《书信集一》，第253页)。

魏玛民主立宪国家

当拉德布鲁赫于1928年再次被任命为司法部长时，他回绝了。此时，他最终决心做学问。但这不意味着，他只想发挥一个学者的作用，根本不再关心政治的事情。相反，即使从部长职位退隐之后，他对政治生活还有实际的参与，并且以多种多样的方式共同铸造了魏玛共和国。不过，他此时需要做的，是从日常政治的琐事逐渐转向对当时重大问题的整个来龙去脉进行考察。

首先，他仍忙于研究大量叛国罪诉讼，研究共和国总统艾伯特诉讼和费辛巴赫案件；对此，我们业已做过交代。此外，他还触及当时争议颇大的一些案件，例如具有偏左倾向的海德堡私人讲师埃米尔·尤利乌斯·龚贝尔(Emil Julius Gumbel)的所谓“令人生气、多此一举的”案件(《心灵之路》，第135页)。龚贝尔生性不拘小节，在纪念战争牺牲者的演说中讲过“耻辱的一群”(Felde der Unehre)的话。拉德布鲁赫觉得，龚贝尔是“在雄辩的激情中极其粗暴地用错了词”，但他也警告人们不要因为龚贝尔的“失礼”而处分他，完全解除他的职务，由此损害自由讲授的原则。[40]

在担任司法部长之前，拉德布鲁赫就曾参与过社会民主党(SPD)党纲的修订工作，之后他又继续做这项工作(1921 年的《格尔利茨纲领》和 1925 年的《海德堡纲领》)。“司法”一节，就出自他的手笔。在格尔利茨纲领中，包含着所有根本性的法政策要求，这些要求也是拉德布鲁赫日后作部长时所致力落实的：克服(当时)占主导地位、过分重视私法的观点，转向更兼顾社会法(das soziale Recht)的观点；把财产法(Vermögensrecht)置于人法(das Recht der Person)和社会共同体法(das Recht der sozialen Gemeinschaft)之下；废止阶级司法(Klassenjustiz)；识文断字的民众法官(Volksrichter)参与司法各个部门的活动；改革法律教育；妇女参与一切司法官员的工作；废除死刑，等等(《格尔利茨纲领》，第 3 页及以下页)。在所有这些要点上，他都能够贯彻到党内。但有一点他没有能够做到：他不能消解当时社会民主党对宗教和教会之隔膜的、有时甚至是敌视的态度。

他事后回顾起来写道：“宗教和教会不在考虑之列，它们的宣传力和结合力太受低估。我忽略了在党的生活中造成裂隙的、而且早就表现出来的情感价值……故此在讨论党纲的过程中试图跳出‘宗教是私事’这个纯粹消极的立足点……在宗教和教会的禁欲态度上，本党长期只能把自己视为在野党时养成的习惯一直在起

---

〔40〕 见《龚贝尔案》，载《福斯报》(Vossische Zeitung)1925 年 6 月 3 日。龚贝尔事先就颇引人注目，拉德布鲁赫还是在任部长期间时即对此很关注，当时他以《两年来的谋杀》为题发表文章，披露了当时尚未受到追究的非法军事武装所从事的政治谋杀情况。拉德布鲁赫想通过这种披露，要求获得能够证实龚贝尔表现的国家档案。但这些档案“由于当时情况紧急”而迟迟未能公布(此时拉德布鲁赫已从部长职位上退下来)。这自然只是一个借口；人们并不想让材料公开。关于龚贝尔案的更详细的情况，参见雷纳图·德·罗萨：《卡尔·雅斯贝尔斯〈大学的革新：1945—1946 年讲演与书札〉后记》，海德堡，1986 年版，第 342 页及以下页。

着作用。当时它感到自己属于无足轻重的政治派别,无条件地要求学说的纯粹性而不作任何妥协,压制所有思想上并不完全协调的生活领域合作共事的党员。它即使在掌权后也没有完全能够克服这种宗派的本性。”(《心灵之路》,第131—132页)

众所周知,社会民主党直到第二次世界大战后——在1959年的《戈德斯堡纲领》(Godesberger Programm)中才对宗教和教会采取积极的立场,此时拉德布鲁赫已经不再亲身经历到了,不过该纲领的精神则属于他的思想。

社会民主党也没有能够避免几乎所有的党派都会陷入的错误,那就是,它感觉自己不是一个派别:即一个“分子”(Pars),一个组成部分,而(认为自己)是全体,是惟一真理的拥有者。在这一点上,我们的政党完全都是假想的独裁政党(Allein-herrschafts-parteien),对它们来讲,惟一重要的是赢得权力,而一旦赢得了权力,就想永久地保持权力。拉德布鲁赫在这种态度中正确地看到了某种非民主的因素:“在民主国家中,各党派是宪法生命的最重要器官,是钟表的各个部件保持运转的钟摆。”(《法学导论》,第62页)“谁反对党派(多党制!)的存在,谁就是反对民主。”(《法哲学入门》,第102页)

不过,多党制有可能纯粹在名义上存在着,——这样的多党制(Parteien-Mehrheit)在德意志民主共和国(DDR)也是有的,仅具备这一点还不够,至关重要的是它们要能够更换自己的角色。早在魏玛共和国时期,拉德布鲁赫就已经看出至今许多政治家还不愿意承认的事实:“德国各政党已经不再想听得进一个简单的真理,即想执政或想负责一个政府就意味着:落选。如果没有执政的风险,(执政的)艺术仍不会发明出来。在议会制的统治中,政党必须适应轮流执政的游戏:执政和落选,在野和夺回选票。”(《社会主义文化论》,第48页)

要对拉德布鲁赫的民主见解,尤其是对他的政党见解在深层的意义上予以理解,就必须求助于他的法哲学。在本书第2章,我已就他的法哲学学说的基本框架作了简要的说明:法只有当其“关涉”法的理念而确定为这种理念服务时,才实际上是法。法的理念按照三个方向展开:(在平等原则的意义上的)正义、合目的性以及法的安定性。在此,合目的性是那种决定法的内容的法理念要素(《法哲学》,第29页及以下页;《法哲学入门》,第23页及以下页)。按照拉德布鲁赫的观点,这里重要的是,我们不可能在科学上精确地认识到:哪一种目的、哪一种价值对法的形成是决定性的。人们把这种观点称为法哲学上的或价值论上的相对主义。但在拉德布鲁赫看来,这种相对主义也绝不是漫无边际的。无论如何,科学要能够做到3个方面的事情:首先,它能够根据体系的完整性展开可能的价值评价;其次,它能够阐明实现价值评价的手段及由此而确定的推导过程;第三,它能够揭示任何价值评价立场的世界观的前提条件(《法哲学入门》,第27页)。

根据拉德布鲁赫的看法,法的最高目的或价值数目限定在三个:个人主义的价值,超个人主义的价值和超人格的价值——或者说:个人价值、集体价值和作品价值(Werkwert),还可以说:自由(Freiheit)、全体(Gesamtheit)和共同体(Gemeinschaft)。不过,作为法的可能目的,这三个价值之间是有冲突的。在个人主义观看来,作品价值和集体价值是为个人价值服务的。个人价值是无穷大的、不可再乘积的价值,它即使面对绝大多数人利益也能够自我实现。文化只是人格养成的手段,国家与法也只是保障和促进个人发展的制度安排。超个人主义观则认为,重要的不是单独的个人,也不是单个人的多数,而是全体之力(die Macht des Ganzen),是有机的国家人格体(Staatspersönlichkeit)。依照这一观点,个人价值应服务于集体价值,伦理和文化应服务于国家与法。所谓“你什么也不是,你的民族是一切”。而按照超人格观,最终起作用的是作品,它使个人和共同体得以诞生,或者按照特赖奇克(Treitschke)*的口头语说:"菲迪亚斯**的一件雕像,相当于古代百万奴隶的一切劳苦。"***在超人格观看来,个人价值和集体价值服务于作品价值,伦理、法和国家服务于文化(《法哲学》,第50页及以下页)。诚如上述,这三个法的最高价值之间不存在科学上可加以证成的位阶。故此,立法者(当然也包括政治家)必须在其中做出抉择。

在这个基础上,拉德布鲁赫建立起他的"*法哲学的政党论*"(rechtsphilosophische Parteienlehre)(《法哲学》,第58页及以下页)。个人主义法律观存在于很多意识形态之中。假如单个人的具体个性是"以其喜怒无常的秉性、荒诞不稽的念头和褊狭古怪的心理"为基础的,那么就不可能有通往国家和法的道路;假如像麦克斯·施蒂纳****那样从"惟一者"出发,必定会以无政府主义而告终。反之,假如我们把法和国家的目标仅仅瞄向完美的道德人和理性人的理想形象,则可能会走向专制主义。自由主义所指向的个人概念处在经验人和道德人的中间点上。法必须服务于这样的个人:它必须使人能够有伦理性,让人的自由得到实现。不过,这里的人是一种孤立的个人,因为他与另一个人只是通过法律才发生联系的。其自由也"不过是一种拟人化的自由",据此,所有个人的平等都被同样地对待。

---

* 特赖奇克(Heinrich von Treitschke,1834—1896),德国历史学家和政论家,强权政治的鼓吹者。著有《19世纪德意志史》(5卷,1879—1894年)。

** 菲迪亚斯(Phidias,约前490—前430),古希腊雅典雕刻家。曾在雅典卫城留下大量著名的雕塑作品。

*** 这一句话的德文为:"Eine Statue des Phidias wiegt alles Elend der Millionen antiker Slaven auf."

**** 麦克斯·施蒂纳(Max Stirner,1806—1856),原名卡斯帕尔·施密特,19世纪德国青年黑格尔分子、无政府主义思想家。1844年10月出版《惟一者及其所有物》,马克思和恩格斯于1845/1846年合著《德意志意识形态》,对此作了系统的批判。

但自由主义和民主并不是同一个东西,相反它们之间存在着多方面的差别。民主要求多数人意志的统治,而根据自由主义,单个人的权利无论在任何情况下都应当优先于多数人的利益(基本权利,自由权利)。自由主义立足于孟德斯鸠(Montesquieu)的分权学说,民主主义则根据卢梭(Rousseau)的理论来抵制分权,因为分权妨碍了多数人的专制(Mehrheitsabsolutismus)。民主思想赞成多数人原则,赞成对国家的参与,赞成"公民的自由"(staatsbürgliche Freiheit),——自由主义赞成自由,也赞成国家的自由(Freiheit vom Staat)和"市民的自由"(bürgliche Freiheit)。前者强调自由权只有得到政治上的保障才是有效的,后者强调天赋自由须为国家所维护。前者将平等的思想优先于自由;后者将平等思想置于自由思想之后,因为平等被看做是从一切一开始就现存着的。

不过,如大家所知,起跑线上的平等在进一步奔跑的过程中很快就变成了不平等。仅仅法律形式上的平等,实际上意味着是对社会事实不平等的掩盖和加深。对一切人一律平等的财产自由,对生产资料的所有者而言,不过是从纯粹对物的统治变成对人的统治,而对无财产占有的阶级而言,则不过是一无所有的自由。对一切人一律平等的契约自由,对财产占有者而言,变成强迫(他人)签约的自由(Diktatfreiheit),而对无财产占有者而言,则不过是无力反抗的强迫服从。对一切人一律平等的政治权利,掌握在财产占有者的手心,"他们有能力填满政党的钱袋,出钱资助新闻报刊"(《法哲学》,第64页——这简直是为今天所写的!);相形之下,对无财产占有者而言,一律平等的政治权利则不过是加倍强化了的权力。这寥寥数语所勾勒的,就是资本主义的本质(也参见《法律上的人》,1961年,第35页及以下页;《社会主义文化论》,第57页及以下页)。

社会主义,通过要求根除不平等的根源,即生产资料的私有制，致力于消解既存的社会不平等，不过它本身也是一种法哲学上的个人主义和民主的形式（它弥补了自由主义不能实现的民主内容），而不是集体主义的一种形式。尽管在什么是实现所有人福利的最好道路这一观点上社会主义与自由主义有分别，但为个人服务也是社会主义的目标。拉德布鲁赫曾明确地说：一项法规（秩序），“如果只想为公共福利服务，却拒绝为个人利益作任何辩护，那它也就根本不可能要求获得法之名分”（《法律上的人》，1961年，第 89 页）。诚如人们经常所假定的，即使社会主义也不可能做到平等地对待所有的事情，消除一切差别，而只是能够为任何个人创造同等的机会，使他自己全部特有的能力得到开发（《共和国的义务论》，第 28 页）。

超个人主义的意识形态归属于保守主义。保守主义（像从前一样，自由主义和社会主义也被理解为理想类型，而不是对某个现实的政党的严格描述）不想改变现存的关系，而只是通过某种意识形态的建构为现存的关系作论证。所以，假如说个人主义观是惟理性的，那么保守主义观就是反理性的（irrational）：它依赖于历史或宗教。国家绝不是理性的构造物，而是活生生的超个人的有机体，个人只是它的组成部分。在此，个体获得了另外一种完全不同的数值（Stellenwert），全体甚至本身就是个体，即本己的个体，而且，就像自然的有机体在其细胞的代谢中维持着自己的同一性一样，超个人的有机体也维护着不仅属于当前的、而且属于所有过去和未来跨越整个历史之成员的同一性。假如说还有自由的话，那也绝不是别的什么自由，只是去实现国家整合一体的自由，即没有平等的自由。民族不能选择自己的统治者，而是统治者凌驾于民族之上：“君权神授”，“领袖的奇理斯玛”（Charisma des Fühers）。19 世纪中叶，弗里德里希·尤利乌斯·施塔尔(Friedrich Julius Stahl)*曾呼吁“要权威,不要多数”。法西斯主义后来果真将之付诸实施。

最后,超人格观迄今尚无任何政治派别与其纲领相符。自然,所有的政治派别都想做一番“事业”,尤其是,只有这样去做,一个人才能够变成知名人物。马克斯·韦伯(Max Weber)曾对此有过精辟地阐释:“只有纯粹地献身于事业,才会成为学界的名人。而且,不仅仅在学界如此。假如一个艺术家心事用在其他方面,而不是奉献于自己的事业,不是只献身于此道,那我们就不会承认其为伟大的艺术家。”〔41〕但没有任何党派能够以这样的口号登台亮相,即:没有任何党派敢于说,个人和国家没有任何意义,它们只重视文化价值的创造。人们最有可能做的,是把职业身份的国家构造(Staatsaufbau)归属于超人格主义。

目前所论及的是,法哲学能够有助于解决法的目的理念问题以及有助于解决与此相关联的政治派别的类型化问题(Typisierung)。不过,这个贡献就不少了。首先,一个基本的认识是:没有任何政治意识形态自身能够单独把对个人的福祉和公共的福祉都有利的东西统一起来。当然,我们各党派的纲领绝大多数是很有分寸的,所以给人的印象,好像任何政党纲领符合全体(利益)的。好像所有的政党都是自由主义的,都是百分之百的民主派,自然也都是社会派;即使极右的纳粹党也自我标榜为是“社会主义的”(《社会主义文化论》,第26页)。假如我们设想:一个现实的政党无论任何时候可能完满地符合其理想类型,或者未来总是只有一些混合形式,那么这当然是异想天开。但假如各政党把

---

〔41〕 马克斯·韦伯:《作为志业的学术》,1919年版,第13页。

* 弗里德里希·尤利乌斯·施塔尔(Friedrich Julius Stahl,1802—1861),德国公法学家。著有《历史视野的法哲学》(2卷本,1830—1833年)、《法哲学史》(1847年)、《以基督教世界观为基础的法和国家的理论》(1854—1856年3版)等。

自己看作是“分子”、看作是“部分”的话，或许对合力的作用更好一些；因为这样无疑会促进它们的意愿更容易达成平衡，达成妥协。

职是之故：德国的政党都是世界观的政党。人们“信奉”某个政党，那样子就好像“信奉”基督教或无神论，谁要是改信他党，就成了叛徒和变节分子（《社会主义文化论》，第 43 页）。然而，“选举不意味着断定，而只是决定该由哪一个政党执政”（《法哲学入门》，第 103 页），选举是“政治意志形成的实践行为”（《心灵之路》，第 74 页）——无论任何情况下均应如此。按照相对主义法哲学理论，没有任何政治观点是可以确证的，因此它总是与从别人的观点出发的立场进行斗争。不过，也没有任何政治观点是可以完全驳得倒的，所以，它就要受到任何其他观点的尊重。

“坚持己见、公平对待异见就是政治斗争双方的基本原则。但德国人总是把自己的信仰看做是一贯正确的政治觉悟，因此对德国人而言，政治对手要么是笨蛋，要么是罪犯。”（《社会主义文化论》，第 49—50 页）

德国人神气活现地声称：“我是马克思主义者”，“我是纳粹主义者”，——我们总是“想要他们回答一个问题：‘那么你到底还是什么？’”（《社会主义文化论》，第 49 页）

德国人，当他决定投靠某个政党时，就出卖自己的灵魂，他根本不把自己看作是一个“党派”，而相信自己实际上凌驾于诸党派之上。早在 1931 年，拉德布鲁赫对这一至今同样占主导地位的态度作了恰如其分的表达：

“德国人把政党狂热与政党冷漠高度奇异地混合在一起：即政党政治——哎：但我自己的党派是超越于其他所有党派之上的，因而也就根本不再是什么党派。这一混合的感觉是极权国家（官宪国家）的危险的遗传因素，它把自己假想为具有置于党派之上的极权，坚持自己有一种超党派的立场的可能性，从这种立场的制高点来观察党派的争辩,就好像观察一次多余的口角。政党冷漠和政党狂热长在同一棵树上:长在认为有一种超政党政治之可能性这一错误看法上。"(《社会主义文化论》,第 50 页)他又写道:"我们进行政党斗争,就好像从前进行宗教战争一样,不是作为对手……而是作为势不两立的仇敌……政党仇恨使我们分朋离友、使家庭纽带解体。这一现象在人性层面既令人痛苦又令人可笑,不过,在政治上也是相当危险的。"(《宪法演讲》,第 9 页)这所写的是 1928 年的情况,即使在今天也可以这样来写。

结果,拉德布鲁赫决心支持绝对多数选举制,而反对比例多数(对数)选举制(Verhältniswahl)。尽管比例多数选举制实现了某种数学上的正义,但它与政治上的合目的性是矛盾的。由于选举意味着决定该由哪一个政党执政,故选举必须产生有执政能力的党派,也就是说,产生肯定的多数。比例多数选举制大多数情况下只能提供相对多数,因此,联合政府就必须不断地去回头照顾、而不是去领导其追随者(Gefolgschaft),并且必须考查支撑这个政府的政治同盟是否出现了分裂(《法哲学入门》,第 102 页)。自然,小党派与这样的政治构想是不匹配的。从政治正义的着眼点看,它们经常扮演着卑劣的角色:"一种鹪鹩的角色,它自认为自己比在山鹰的脊背之上还要高出几个等分。只有当它们为超大政党服务并作为必要的议会多数产生政府时,它们才通过其得票的分量而在政府的组成中获得一种并不十分合理的份额。对稳固的议会制政府所期望形成的两党制而言,小党是一个阻碍因素。"(《法律智慧警句集》,第 304 段)

的确,针对这样一个观点,人们可以提出某些反对意见;拉德布鲁赫本人对在德国社会关系中实行两党制的可行性就曾极为怀疑(《社会主义文化论》,第 42 页;《共和国的义务论》,第 31 页;《宪法演讲》,第 9 页)。不过,该问题总还是实际存在着的,这一点不容否认。尽管我们已经从魏玛共和国时期的错误中汲取了教训,百分之五的附加条款(Fünfprozentklausel)阻碍了议会中超大政党的多数;但联合政府的不幸遭遇,我们至今还几乎天天碰到。

不过,拉德布鲁赫的法哲学政党论,主要也是对政治文化的一种探索。如果有谁相信惟有自己掌握真理,他就从不会去尊重对手,而总是或多或少不情愿去忍耐。我们不应通过某个自称是凌驾各党派之上的立足点来取得真理的优势地位,而是"穿越激情走向通往智慧的道路,只有尊严能够唤起崇敬,这不单纯是某个逃避竞技场拳击之官职的尊严,而是一种人格尊严,它在几十年激烈的党派斗争中从未被丢弃,也从未受到怀疑"(《民族国家中的法》,第77页)。但还不能足以高度评价说:具有这种人格尊严的政治家总是大有人在。当然,他们的数量惊人之少。因此,这也令人感受到,在我们这里,对待政治的情事是根据完全讲求原则的金秤来分毫必较的,而不是通过简单的人类常识即可辨识的小商贩陋秤来称量的(《社会主义文化论》,第51页)。既然如此,自然就不显得少见多怪了:政治论战几乎总是从不能够再下得来(派系政党之愚蠢的原教旨主义)的原则性立场出发来进行,而且大家所举行的绝不是公平的竞赛,而是一场你死我活的拼杀。这样的氛围制造出十分有名的宣传煽动者,他们完全缺乏真理的感觉,但在此方面也不见得是在进行欺骗,因为他们总是变成了自己华丽辞藻(修辞)的第一个被麻醉的牺牲品,而且也总是会以充满极其诚实的口吻讲一些极端不真实的东西(《法律智慧警句集》,第289,290段)。不知有多少选民因此而受到误导啊!我们想奉劝任何政治家特别在竞选期间经常不断地听一听拉德布鲁赫的美妙语句:

"对我们的政治而言,真希望有一点点自嘲,一点点相对主义,一点点德国人的莱辛精神(宽容的精神),英国人的'费厄泼赖'(公平竞赛)和法国人的优情雅致,即:我们要进行的不是棍棒相加的打斗,而是运用花剑的竞赛。"(《社会主义文化论》,第43页)

简言之,我们应更迫切需要宽容。然而,只有当我们接受在自己的确信之外还有同等价值的其他确信时,只有当我们敢于说我们至多只拥有部分真理时,只有当我们承认持异见者(Andersdenkende)也能够有权分享真理时,宽容才可能孕育发展。宽容是对多元主义的肯定和对理智的牢记:在有价值的领域内,尽善尽美的真理只有通过各种不同观点的交锋才可以达到。在这一点上,我们当然还必须想到:只有当"一切具有执政能力的政党政治理念中根本不变的构成要素成为普遍通用的东西"时,民主议会制才有可能(存在)(《共和国的义务论》,第32页)。但我们也要提防完全轻率的平均化。民主的生命在于观点的交锋,相对主义就是它的基础。谁要是完全彻底拒绝相对主义,那么他绝不可能是一位正派的民主主义者,也从不可能是真正宽容的。

当然,像任何过分一样,在相对主义、宽容和民主上的过分也可能是危险的。拉德布鲁赫,这位热心的民主主义者,并没有忽视这种危险性。他在《社会主义文化论》1927年第2版中这样写道:"民主是一种国家形式,这种形式绝不反对社会的权力转移,而是促成每一个权力转移以其非常独特的敏感性迅速地在政治上表现出来;——其并非无关紧要的任务之一,是为每一个权力转移给以专门的认可;在去神的世界里,这一认可仍然可能是对人民之多数意志的认可……民主就像是一位女人,她总是依附于最强者。"(《社会主义文化论》,第37—38页)1932年,他又写道:民主"拒绝把自己同某个特定的政治观点划等号,而是时刻准备着把能够获得多数人同意的任何政治观点传达给国家的领导阶层,由于它不承认政治观点正确性的标准是惟一的,它也同样不承认有可能存在凌驾于党派之上的立场"(《法哲学》,序言,第8页)。

的确,在进一步阅读中愈来愈完全清楚地表明,拉德布鲁赫所做的,是想要"抵制那种在我们政治斗争中流行的自以为是的态度,这种态度把自己的对手要么只看做是笨蛋,要么只看做是坏蛋"。但我们现在知道,绝对(极权)民主的思想很容易用钩子把民主自身高高挂起。拉德布鲁赫基于对纳粹统治的印象,也明确地对这种多数人的专制避而远之。从他于 1934 年在法国里昂(Lyon)所做的题为《法哲学上的相对主义》(Relativimus in der Rechtsphilosophie)的报告中,我们可以听出另一种声音:相对主义呼唤法治国,呼唤分权,呼唤人民主权,呼唤尊重人权——“相对主义是普遍的宽容——只是对不宽容者才不讲宽容”。因此,今天的多数人不能够建立一个使明天和后天的一切多数人不可摧毁的独裁专制。民主对于确定宪法本身不能放弃它的权利。

“有关宪法的公民表决法是一个不成文法律,是一切宪法的一个沉默的、不言自明的组成部分。”(《法律上的人》,1961 年,第 80 也及以下页)。在另一处又写道:“大家必须得承认:民主不是没有气节的东西,而更多地是一种具有独特性质的政治气节。在相对主义、中立性和宽容等思想的背后存在着的,是自由的积极价值,是作为肯定法治国的自由,是作为个性生长之地的自由,是作为文化创造之基础的自由。”(《法哲学入门》,第 101 页)

当然,在这个问题上,也不是说:拉德布鲁赫好像突然摇身一变从“扫罗”(Saulus)就成为“保罗”(Paulus)了。* 他很早的时候就已经认识到魏玛民主制的种种弊端,这些弊端最终将魏玛共和国引向终结。其中最大的一个弊端是所谓“选票民主”(Stimmzettel-Demokratie)。选票—委托多数(Stimmzettel-und Mandatsmehrheit)甚至不反映实际存在的人口比例关系。因为选举权的平等是不存在的。假如背后没有“游说集团”(Lobby)存在,单独的个人几乎没有任何说话的余地(即使是众多的单个人也没有),就好比在世界上被早早地解除了武装。选票—委托多数不是

---

* 此语典出《新约·使徒行传》第 9 章:犹太教徒扫罗在前往大马色的途中突然被一束强光罩住,并受到耶稣责备。此后反省三日,皈依耶稣并改名保罗。(参见上文“人生的困惑”一章有关“大马色体验”的注释。)

政治权力的手段,而是政治权力的结果。“谁占有了新闻或街道,谁占有了金钱或大众,他也就毫不费力地得到了选票—委托多数”,而且,谁一旦获得了这个多数却又没有相应的社会学意义上的力量(soziologische Machtquantität),那么他就可能因此在政治上无所作为。

“投票站和议会不是权力转移的舞台,而仅仅成了对院外(议会外)权力交接进行政治评价的场所,成了政治的交易所,这个交易所就像经济上的交易所一样,本身不创造价值,而只是确定某种政治结算的程序:某个政党在议会中有如此大的影响力,不过是因为它拥有了院外的权力。”(《社会主义文化论》,第 39 页)

魏玛民主的另一个弊端是:成千上万的选民投下自己的选票,不是出自经过慎重考虑后的确信,而是出自一时冲动的情绪。这是一种流沙,各党派都极力想得到它。不过,在沙丘上是不能进行建设的,同样在流沙上也不可能构建政治。当竞选本质上立足在争夺流沙的时候,它也就被扭曲了。“因为它主要同其他党派现实的或先行的错误在一起争辩。与此相反,竞选本应该在本质上确定争取新选民的使命,所以必须……首先指出:自己的政党业已取得了什么样的贡献,并保证做出什么样的贡献。”(《宪法演讲》,第 8 页)

僵化呆板是我们各政党的另一个消极(负面)的特性。在法国,特别是在英国和美国,虽然其政党机构老化、固定不变,但人们并不死死地把自己捆在固定的党纲上,而只是提出具体的行动纲领,提出从选举到选举的行动基础。上已提及,在我们德国,各世界观政党是与“直截了当地”揭示“信仰表白”的纲领连在一起的(《宪法演讲》,第 10 页),要想摆脱它还极其困难。但对政治生活而言,“把自己绑在一棵树上,然后必须说:我只好呆在这儿,我没有别的办法”(《社会主义文化论》,第 84 页),这样做毫无意义。甚至在今天,有关核能问题上的决定简直就是一个带有某种宗教意味的决定,在这一点上,人们还不能够做到从事实中汲取教训。

拉德布鲁赫也已经看出这一点:任何民主,如果它不想如一支芦苇在风中摇摆,就需要有强有力的领袖人物。在魏玛共和国时期,我们不让领袖(当时绝对不乏这样的人)来领导,而是不断地给他们设下陷阱——直到我们盼来了一个"元首"(此指希特勒——译者),这曾让我们为此被迫遭受多么大的痛苦!凡是我们还没有充分地看出和承认"民主自身中还包含有独裁的因素"的地方,恰好就存在着独裁专制的威胁(《社会主义文化论》,第48页)。另一方面,民主也不意味着我们必须期待某个"伟大人物",它更多地是一种国家形式,这种国家形式即使没有天才人物而由比较不错的平常人(普通人)担任领导照样能够运转(《法律智慧警句集》,第305段)。可悲的是,这一议会制的观点(在古代的民主中,它几乎是不言自明的)没有能够得到贯彻执行。议会制不是指议会执政,而是指"领导人执政,这些领导人获得了议会的信任,议会也可能随时撤回对他们的信任;但是只要这些领导人还拥有议会的信任,也就应让他们有效地执政,而不要想一步一步地牵着他们的鼻子走"(《社会主义文化论》,第45页)。无论如何,令人欣慰的是,我们现在已经吸取了这一错误的教训;所谓"建设性的不信任投票"(konstruktive Misstraünsvotum),就是我们的父辈们为基本法(第67条)所做的最明智的创造之一,按照该项制度规定,议会可以通过同时选出一位新总理,来表示对原总理的不信任。

魏玛民主时期的政治家,很少有人像古斯塔夫·拉德布鲁赫那样对魏玛宪法毫无保留地予以肯定。他作为社会主义者,却坚决果断地(支持)优先采用黑红金三色国旗,而不是红旗。[42] 1926年8月11日和1928年8月11日,拉德布鲁赫在退出政坛活动后

---

〔42〕 参见《社会主义的国家任务和革命任务》,载《青年社会主义报》(1925年)第4期,第290页及以下页。

两次应邀，就宪法纪念日向国会发表演说，这也意味着对其完整人格的公认和尊敬。两次演说均属对祖国之爱的炽热情感的表白，其鲜明地表现在三个方面：乡土感情（Heimatgefühl，乡愁感）、民族意识和共同体感，后者把法律感（Rechtssinn）和社会感包括在一起（《共和国的义务论》，第 24 页及以下页）。对我们今天的人而言，在过去，祖国的情感和民族的情感太有些过分，因为我们都曾感受过对这些情感的粗暴的滥用。不过，必须再次提出这样的问题：假如人们过去对魏玛共和国即便不是投入爱，哪怕是迎面送些感性的热情，也许我们就不会遭受（后来的）挫折了。可是，当时人们没有接受民主，魏玛民主制也最终就此搁浅。拉德布鲁赫一再地指出庆祝和徽标对形成支撑宪法的共同体感的重要性。

"有人或许会说，在我们这里庆祝活动太多，但群众庆祝活动是严肃的、必要的文化事业，在这里所要试图获得的是无形的形式。当人们在戈特弗里德·凯勒（Gottfried Keller）* 的作品里看到欢快的瑞士民主节又笑又跳，一遍又一遍地表现出共同体生活的高潮时，庆祝对于民主意味着什么也就愈来愈清楚了。"（《社会主义与文化》，第 93 页；《宪法演讲》，第 1 页及以下页）而且："徽标既胜过信条，也胜过理论观点；一百面旗帜所讲出来的话，其强度胜过一百次演讲。"（《共和国的义务论》，第 26 页）

宪法必须通过人来体现生命，也必须通过人在日常的争论中才赢得和获取日久常新。"宪法像一块盾牌，它由以往的战斗留下的擦痕和粒面越多，其佩带者越是喜爱它。宪法像一面旗帜，它被穿破的刀痕和透射的弹孔越多，其荣耀越多、越具有神圣性。"（《宪法演讲》，第 15—16 页）

再说一遍：这不再是我们的感受，这不再是我们的语言。我们

---

* 戈特弗里德·凯勒（Gottfried Keller，1819—1890），瑞士德语作家。著有自传体小说《绿衣亨利》（1854—1855 年）、《马丁·萨兰德》（1872 年）等。

也不想再知道旗帜的"神圣性"。但如果有谁还回想得起当时黑红金三色国旗曾遭到怎样的谩骂和嘲笑,他就不会如此轻易地指责拉德布鲁赫说话有误。拉德布鲁赫的祖国之爱当然也绝不同于任何民族主义,更非是沙文主义。这种爱与各国人民和解,尤其是与种族和解紧密地联系在一起。

民族"不是出身和血缘的共同体,因为没有以纯粹形式存在的出身和血缘,而是由历史决定的共同体,一个活生生的文化共同体。我们绝不要放弃要求(承认)像沙米索(Chamisso)* 和特奥多尔·冯塔纳(Theodor Fontane),** 像弗里德里希·尤利乌斯·施塔尔、费尔迪南·拉萨尔和瓦尔特·拉特瑙作为德意志的民族同胞。"(《共和国的义务论》,第 25 页)

拉德布鲁赫还曾积极呼吁要更多地尊重国际法。德国过去不能完全认真地对待国际法律关系、超国家的机构和法律上的和平保证诸理念,而且德国法学甚至怀疑国际法思想的可行性,这曾给德国人的名声造成不可估量的损害。拉德布鲁赫承认其他民族对国际法的伤害也并不比我们德国人少。"但如果人们笨拙而生硬地把糟糕的理论塞在相应糟糕的实践上时,那在世界上就再找不到比这更不可原谅的事情了。"(《公民课程》,第 152—153 页)

的确,对拉德布鲁赫就(我们今天可能认为最终被抛弃了的)魏玛立宪国的理解,特别是对统一国家及德国与奥地利联合成"大德意志国"(《宪法演讲》, 第 13 页及以下页;《公民课程》,第 146—

---

* 沙米索(Adelbert von Chamisso,1781—1838),德国柏林浪漫派抒情诗人之一。1814 年因著有《彼得·施莱米尔的奇妙故事》而闻名。他同时也是知名的自然科学家和语言学家。

** 特奥多尔·冯塔纳(Theodor Fontane,1819—1898),德国作家。被称为德国现实主义小说的第一位大师。著有《燕妮·特赖贝尔夫人》(1892 年)和《埃菲·布利斯特》(1898 年)。

147 页;《书信集一》,第 68 页)的观点,我们也会有某些(不同的)看法。但难道这一想法荒谬(ad absurdum)得简直不必提出来,好像其最终显得不屑一说(indiskutabel)? 正是因为在魏玛国家中有那么多人感觉太好,以至最终在独裁时期走向了它的反面。

魏玛共和国宪法第 148 条第 3 款规定:公民教育是所有学校的课程。拉德布鲁赫不遗余力终其一生推动该项规定得以实现。在他看来,公民的课程是培养人具有为民主宪政国担当责任之善德的必要前提,再说一遍,这些善德即:祖国之爱,共同体感,法律感,社会感(《公民课程》,第 145 页及以下页)。在此方面,最重要的是法律感,拉德布鲁赫认为,这在德国人中似乎不是很发达的。在刑事诉讼领域内,法国经历了相当长一段历史,从让·卡拉斯(Jean Calas)* 案审判到德雷福斯(Dreyfus)** 审判,旧法国和新法国相互间一直存有争执,并相互决裂。"何时在德国由于为法律和正义而斗争使民族也如此深刻地受到震动!"

即使英国人那种将具体抽象至一般的法律感,德国人也不堪与之媲美。德国人的法律态度不是指向客观法方面,而是完全片面地指向主观法(权利)上,由此而总是产生刚愎自用、好讼(Prozesshanselei)、爱发牢骚的习性。德国人也同样不太懂得客观的法律秩序,在这一点上,法与民族相互间是很疏远的。对此如此缺乏理解,以至就像有不治之症一样,也有一些不可治愈的法律案件。德国人好讼,利用所有的司法机构来折磨自己,到头来也没有

---

* 让·卡拉斯(Jean Calas,1698—1762),法国胡格诺派教徒,图卢兹布商。1762 年因教派之争涉嫌谋杀其子被图卢兹上诉法院判处死刑。哲学家伏尔泰为其辩护,1765 年政府撤销对卡拉斯的原判。该案加强了法国争取刑法改革和宗教宽容的运动。

** 德雷福斯(Alfred Dreyfus,1959—1935),法国军官,著名的"德雷福斯事件"(Dreyfus Affair)的当事人。1894 年在国防部工作被指控向德国出卖军事秘密。因判决证据不足,一批有势力的政治家和包括小说家左拉在内的学界人士掀起一场要求释放他的群众运动。直至 1906 年法国最高法院重审,推翻以前所有罪名。

得到任何的安宁。

拉德布鲁赫在纪念1931年宪法日的警句里写道："我不能够想象，还有哪一个民族会像德意志民族这样刚愎自用。在我们中间，总有一些人即使在面临民族灾难时仍找得到精神胜利法式的自负理由。"

即使在今天也不乏有这样的人，的确还不在少数。

拉德布鲁赫提出，可否在中学的拉丁文课上让学生们熟悉古罗马伟大的、盖世无双的人民：特别是他们的法律。就是说，可否由读李维乌斯（Livius）* 而改读盖尤斯（Gaius）**（《公民课程》，第150页）。或者，西塞罗一读本也不仅限于演说，也还要涉猎其法哲学文献《论义务》（De officiis）、《论法律》（De Legibus）、《论共和国》（De re publica）以及《西庇阿之梦》（Somnium Scipionis）***（《公民教育》，第429页）。这样做，也许可能缩小一点非法律职业者和法律职业阶层之间所存在的鸿沟。另一方面，对法律职业者来讲，特别是对法学教育来讲，这也可能颇有贡献。因为在中学还没有开设法学课程，法学院的高校课程则同时又是初等课程。不过，假如公民教育的课程掌握在大学里已了解法学基本概念和思考方法的学者们手中，那么，对学法律专业的未来法律职业人而言，公民教育也就同时完成了其作为初步入门的使命。所以，法律学习的选择不再像过去历来的情形那样，是出于非常偶然或随机的因素来加以确定的。[43]

---

〔43〕《大学和法科学生的教育》，载《社会主义月度副刊》总第35期（1929年），第200页。

* 提图斯·李维乌斯（Titus Livius，约前59—17），古罗马历史学家。

** 盖尤斯（Gaius），古罗马五大法学家之一，著有《法学阶梯》。

*** 《西庇阿之梦》（Somnium Scipionis）系西塞罗所著《论国家》一书第6册的残存部分。述说古罗马将军大西庇阿如何在他弟弟的梦中出现，规劝他要有英雄的美德，日后可得好报。

越是临近1933年,我们听拉德布鲁赫的声音越是有些振聋发聩、催人警醒、言辞恳切。此时在他那里经常听到的字眼是“法治国”,而不再只是“民主”。其中当然也有即将来临的灾难的一些预兆。当时,“德意志法官协会”(Der Deutsche Richterbund)对抗由拉德布鲁赫参与创建的“共和国法官协会”(Der Republikanishe Richterbund)。在一封《致奥托·李卜曼博士的公开信》(李卜曼当时是附属于“德意志法官协会”的《德国法学家报》的主编)中,拉德布鲁赫试图进行无谓的抵抗(载《司法》,1925/1926年,第193页及以下页)。这也几乎不可能有怀疑,德国的法官界,在紧急关头到底立身何处。“共和国法官协会”机构,《司法》杂志(这同样是由拉德布鲁赫创办的)于1933年一同被当局查禁了。

同样的忧伤还发生在国际刑法学会(IKV)德国分会身上。在这个分会里,一些年轻的刑法学者,其中有拉德布鲁赫自己的弟子格奥尔格·达姆(Georg Dahm),比较突出的,还有温策尔·格拉夫·格莱斯帕赫(Wenzel Graf Gleispach)、弗里德里希·沙夫施泰因(Friedrich Schaffstein),他们曾激烈而最终卓有成效地努力工作,以使受自由主义精神推动却以新型的“权威的刑法”(autoritäres Strafrecht)名义出现的刑法改革遭到瓦解。

不过,在详细回忆这些事件之前,我们还是打算转回头去看拉德布鲁赫作为教师在第二次海德堡创作时期的生活。

重返教职

拉德布鲁赫结束其在柏林的政治活动之后,最初再度返回基尔大学。不过,早在 1925 年 5 月 25 日海德堡大学即向他发出了(前往任教的)招聘邀请,也就是作为业已受聘波恩大学、与其性情不完全不和的亚历山大·格拉夫·Z. 多纳(Alexander Graf zu Dohna)* 的继任者。在聘请的名单里,除了拉德布鲁赫外,还有阿图尔·鲍姆加登(Arthur Baumgarten,** 他后来去了民主德国)、埃德蒙德·梅兹格尔(Edmund Mezger,他后来先去慕尼黑大学任教)以及埃伯哈德·施密特(Eberhard Schmidt,他是李斯

---

* 亚历山大·格拉夫·Z. 多纳(Alexander Graf zu Dohna,1876—1944),德国法学家。

** 阿图尔·鲍姆加登(Arthur Baumgarten, 1884—1966),德国刑法学家和法哲学家。1949 年后任民主德国柏林洪堡大学法哲学和国际法教授。1952 年担任德国波茨坦—巴伯斯堡国家与法律科学院(Die Deutsche Akademie fuer Staats- und Rechtswissenschaft)主席。著有《理想冲突与法律冲突论》(1909 年)、《犯罪学建构》(1913 年)、《道德、法与正义》(1917 年)、《法及其方法的科学》(2 卷本,1920—1922 年)、《法哲学》(1929 年)、《国家与法》(1956 年)、《从自由主义到社会主义》(1967 年)、《处在路途中的法哲学》(1972 年)等。

特派的弟子,1948 年在海德堡成为拉德布鲁赫的接替者)。当人们在 1925 年 5 月 14 日海德堡法学院的招聘提案(Berufungsvorschlag)中读到下面的句子时,可以看到其中不乏某些荒唐之处:

法学院认为,鉴于拉德布鲁赫(前已述及)的伟大资质,学院"可以克服对其在本性中形成的、在其著述以及政治活动中一再地凸现出来的意识形态之基本态度以及由此而连带的危险所产生的某些疑虑,但对此也不可以完全缄口不言。他在保卫共和国法律中认为自己的刑事政策之信念应服从国家之需要,我们必须把这视为是连他本人也感到沉痛的一个牺牲。但由拉德布鲁赫参与编辑的杂志《司法》对司法的谬误进行指责的方式和方法,根据法学院的判断,其所造成的损害不是太少而是太多,这必须公开言明。"

招聘的交涉就此推延,与此同时,拉德布鲁赫还收到了柏林高等商事学院的招聘邀请。但他还是于 1926 年 7 月 6 日接受了(海德堡的)聘请。于是其学术活动成就颇丰的时期随之到来,只是即将到来的政治上的灾难为之投下了阴霾。[44]

拉德布鲁赫在海德堡的就职演讲《法律上的人》中对其法哲学,也包括对其刑法学理论的续构(Fortgestaltung)计划,给予了清晰的勾勒。该演讲是于 1926 年 11 月 13 日在他视之为"古老的精神家园"(《法律上的人》,1927 年,第 18 页)的地方举行的。与此同时,在演讲中,他也再次表达了对格尔奥格·耶律内克、威廉·文德尔班(Wilhelm Windelband)、* 埃米尔·拉斯克(Emil

---

〔44〕 有关拉德布鲁赫在海德堡 1926—1949 年的情况,主要参见米夏埃尔·戈特沙尔克的博士论文(1982 年)。

* 威廉·文德尔班(Wilhelm Windelband,1848—1915),德国哲学家,新康德主义的创始人之一。著有《哲学史教程》等。

Lask)、* 恩斯特·特勒尔奇(Ernst Troeltsch)、** 艾伯哈德·戈特英和马克斯·韦伯(Max Weber)等人工作时期的海德堡的景仰,并再度对作为两位伟人——弗朗茨·冯·李斯特和弗里德里希·艾伯特的学生表示由衷的感谢(同上)。

这篇演讲的基调,不是当时(爱德华·斯普朗格[Eduard Spranger]、*** 埃里希·罗特哈克[Erich Rothacker] ****)文化哲学和生命哲学中的人类学及心理学倾向,而是由拉德布鲁赫自己的本性——他的人道主义、他的善(慈悲)、他对人间之爱来确定的。〔45〕 他想要克服的是以传统法为根据的人类形象,即一种"经济人"(homo öconomicus)的形象、非常精明的个人形象,这种人仅仅追逐他自己正当的个人利益;对这种人来讲,甚至人的苦力(劳动)也是可以买卖的商品(《法律上的人》,1927 年,第 7—8 页)。谁在法律交往中不加注意,谁要是不知道自己的权利,那他就得吃亏:Jura semper vigilantibus(译成德文:法不为懒人所立)。

拉德布鲁赫认识到这一人类形象的变化。与自由主义时代抽象的自由—自利—精明的图式适成对照的,新的人类形象是一个更贴近生活的类型,在此一起考量的是法律(权利)主体的智识的、经济的和社会的实力状态(Machtlage)。从此,"法律上的人不再

〔45〕 参见汉斯—皮特·施奈德:《古斯塔夫·拉德布鲁赫对当代法哲学的影响》,载古斯塔夫·拉德布鲁赫:《法哲学》,斯图加特,1973 年第 8 版,第 351 页及以下页。

* 埃米尔·拉斯克(Emil Lask,1875—1915),德国哲学家。著有《法哲学》(1905 年)等。

** 恩斯特·特勒尔奇(Ernst Troeltsch,1865—1923),德国著名学者。著有《基督教的社会教义》(1912 年)。

*** 爱德华·斯普朗格(Eduard Spranger,1882—1963),德国哲学家和教育家,威廉·狄尔泰(Wilhelm Dilthey,1833—1911)的学生。曾著有《生活的形式》(1914 年)、《青年心理》(1924 年)等。其教育理论,对 20 世纪 20 年代的德国教育颇有影响。

**** 埃里希·罗特哈克(Erich Rothacker,1888—1965),德国哲学家和心理学家。著有《逻辑与精神科学体系》、《人格的分层》等。

是鲁滨逊或亚当，不再是离群索居的孤立人，而是一个社会中的人，一个集体人(der Kollektivmensch)。”(《法律上的人》，1927年，第12页)

在新型的劳动法中，在社会刑事法律观点中，在实质的、价值实现意义上的民主见解中——我们到处可以碰见法律上的人所具有的实际形象：“在历史上正不断变化的表现形式和观念形式中的古老的亚当”(《法律上的人》，1927年，第17页)。

读者或许已经注意到：这篇演讲里的某些内容又重申了拉德布鲁赫在以往的文章中已经提出来的观点。这篇演讲也属于一种(理论观点的)盘点(Bestandsaufname)。但它绝不仅限于此。它是拉德布鲁赫新的法哲学的宣言，这种新法哲学清晰地透露出其思考的实质化(Materialisierung)、转向义务思想和公共福祉等方面的迹象。在1932年的一篇题为《从个人主义法到社会法》(Vom individualistischen zum sozialen Recht)的文章中(《法律上的人》，1961年，第35页及以下页)，这种转变大致变得更清晰一些，直到1932年经过完全新修订的《法哲学》出版时，才差不多实现。还应当指出，拉德布鲁赫的显著业绩主要表现在：他在经过一个世纪的纯粹形式主义之后，再度投身于创建一个内容上的、由实质文化价值确定的法哲学。拉德布鲁赫过去也受康德哲学的影响(他更靠近西南德意志新康德主义流派)，按照这一哲学，惟有思维和直观的各种形式，而不是其内容才具有先验的、普遍适用的性质，故此只可能有“一般法学”(Allgemeine Rechtslehre)，其惟一的任务是研究法的概念和结构；但正如鲁道夫·施塔姆勒——一位出自马尔堡新康德主义的成员所主张的那样，一般法学不能解释下列问题：把一个绝对的法律命题证明为在其内容上是正确的。[46] 拉德布

〔46〕 鲁道夫·施塔姆勒：《正确法论》(Die Lehre von dem richtigen Rechte)，哈勒，1926年第2版，第94页。

鲁赫把这个"一般法学"有些挑衅性地称为"法哲学的安乐死"(《法哲学》,第21页)。他本人就曾因为被迫要放弃对法律内容做出"单义的"、"严密的"说明,而被其对手指责为无科学性。我们不打算在这一点上再深入下去(讨论)。这里只是想指明:拉德布鲁赫在其创作的中期(他当时已经50岁了)如何强烈地企图为自己设定任务,再度建构一个法哲学体系(自黑格尔以降,就不再有这样一个体系了)。

不过,我们首先还是想转向讨论下面这个问题:拉德布鲁赫的刑法理论到底取得了什么样的进展。在做出结论之前,事先要说明是:在这里,(他同样)也经历了从形式到质料的道路,在这里,拉德布鲁赫的思想也愈来愈转向法的社会内容。

拉德布鲁赫刑法理论的奠基工作是随着其教授资格申请论文《行为概念:其对刑法体系的意义——兼谈法学体系论》(Der Handlungsbegriff in seiner Bedeutung für das Strafrechtssystem. Zugleich ein Beitrag zur Lehre von der rechtswissenschaftlichen Systematik,1904年)之后进行的。行为概念对刑法理论具有特别重要的意义,因为惟有行为而不是意思活动(Willenakte)和思想(Gesinnungen)才是可惩罚的对象,因为行为概念是最上位的类概念("相近之类"[genus proximum]),所有特种的犯罪行为特征("不同之种"[differentiae specificae])均从属于此。因此,对刑法体系(任何体系总是不矛盾性和科学性的一个指标)来说,行为概念具有重要的分量。拉德布鲁赫当时还完全站在康德主义的轨道内,坚持形式和质料截然二分的观点,也尝试着从形式逻辑的角度来确定行为概念,以便能够全面概括可罚行为的所有表现形式——不法行为与有罪行为、故意行为与过失行为、既遂行为与未遂行为等。所以,完全不可避免的是:这样一个行为之类概念,即"因果的"行为概念——照此概念,行为是由意志设定的有因果性后果的(任意性的)起因*(《行为概念》,第129页及以下页),其必然高度抽象、内容空洞。尤其是,因为担心一开始就限定在故意行为上,他不允许在这个概念中采纳意志的内容,故此它所担负的体系功能可能还难以实现。

对此一开始就激起了一场争论。有人说这是"贫血的幽灵"、"道德上的麻木不仁"、"敌视生命的科学主义"。读者并不希望埋头于(了解)这场有关刑法上的行为概念争论的细节(这常常纯粹是打嘴仗)。半个多世纪以来,德国刑法教义学本身在这个问题上同在其他问题上一样相互摩擦、耗费精力。最终,也没有分出谁胜谁负。我们完全可以回到拉德布鲁赫1904年所站在的某些立足点上。行为的概念—逻辑定义不可能产生任何其他的结论,只不过像拉德布鲁赫业已发现的那样:对这样(概念逻辑定义)的行为,意志的内容并不重要,而重要的是有罪行为;不作为不表示有任何行为,同时由于缺乏相应的法定刑而不能够受到惩罚。自然,最后一点是十足脱离生活态度的;针对由拉德布鲁赫根据科学上的诚实得出的结论:"由高到低的体系一分为二",——一方是作为(积极的行为),另一方是不作为(《行为概念》,第143页),弗朗茨·冯·李斯特这位卓越的教师曾以不无嘲讽的评论批阅道:"请您用这种观点写本教科书!"(《三本刑法学教科书》,第24页)

当然,拉德布鲁赫并没有去写这种教科书。而另外一些人,即所谓"目的行为论者"(Finalisten),曾企图这样去做,而且目前还在尝试着去做,他们误以为在"人类行为"上安放一个空洞的总名称,即使把作为和不作为看做是对立的矛盾体,也能够把体系中的裂缝弥接起来。拉德布鲁赫从一开始就看出这种似是而非的解答方式在逻辑上是行不通的(《行为概念》,第140页)。

---

* 该行为定义颇为费解。其德文原句为:Handlung is die vom Willen gesetzte (willkurliche) Verursachung kausaler Folgen.

这个研究上的弱点，最初还是拉德布鲁赫本人发觉的。一年以后，即1905年，他就批评了自己在方法论上的出发点，称它是“视野上一个不能允许的局限”。[47] 1924年，在题为《法的理念与法的质料》这篇著名的论文中，他对通过孤立的抽象而获得的“自然主义的行为概念”进行了尖锐的抨击，因为对行为作法律上的判断，“最本质的东西”，即“（行为的）语言含义和社会意义，完全是在如此建构的概念之外”存在着的（《法的理念与法的质料》，第343页及以下页）。我们从中可以看出（拉德布鲁赫）有一个从纯粹的形式到内容的质料的清楚转向。他在1930年给莱茵哈德·冯·弗朗克（Reinhard von Frank）祝寿论文集所撰写的文章——《论犯罪学体系》（Zur Systematik der Verbrechenslehre）则有了决定性的突破。

“目的行为论”（finale Handlungslehre）的倡导者喜欢谈“事物逻辑”（Sachlogik），* 但从来也搞不清楚他们讲的事物逻辑到底指什么，特别是，他们从来没有用事物逻辑认真地研究过概念构成和体系化，而总是或多或少地陷入形式逻辑的泥淖不能自拔。拉德布鲁赫也是经历相当长的时期之后才从中走出来的。在上面提及的（祝寿）专稿中，他把过去专门用于论述行为概念之著作中的演绎和分类体系，与定向于“事物逻辑自身”的“事物逻辑体系”相对置。后者把事物本身分解为形式和质料，分解为范畴和物质——因此也可以称之为“范畴体系”，进一步讲也可称为“目的论体系”，即“一个依据目的和手段的秩序”（《犯罪学体系》，第158页）。按照拉德布鲁赫的看法，这个体系化分类不具有排他的性质，每个类别都有它的特殊功能，因此不允许，同时也根本不可能

---

〔47〕 见《刑法学杂志》，总第25期（1905年），第256页。

* 日文译本译为“事物论理”。见中义胜、山中敬一译：《グスタフ·ラ トズルフ》，成文堂1992年版，第144页。

单独藉助演绎和分类来创建一个刑法体系。[48]

那么这就完全清楚了:行为的最上位的类概念或分类概念(Gattungs-oder Klassenbegriff)"并不适合用来作为刑法体系的基石和广泛的犯罪特征的……载体"(《犯罪学体系》,第161页)。因为可以想见,通过一个空洞的类概念绝不会形成任何整体。最上位的类概念——譬如作为的类概念和不作为的类概念,相互之间不搭界。类概念的思维是"分离式思维"(《分类概念和秩序概念》,第46页)。

事物逻辑的体系不能够、至少不绝对、不首先利用类概念,它所需要的是秩序概念、功能概念、类型概念(Typenbegriffe)。类概念思维通过特征来明确限定("界定"),因而只知道分离式的"非此即彼"(Entweder-Oder);与此相反,事物逻辑的体系也许有坚固的内核,但却没有固定的边界,是与"或多或少"(Mehr-oder-Minder)的实际生活事实联系在一起的(《分类概念和秩序概念》,第46页)。类概念思维想保证法的安定性,而事物逻辑的体系则给"事物的本性"(事理)* 留有余地(《分类概念和秩序概念》,第49页)。假如我们按照分类来定义杀人行为的话,那么就不会把通过不作

〔48〕 参见埃伯哈德·施密德豪伊泽尔:《论犯罪学的体系:拉德布鲁赫新的刑法教义学视角中的主题》,载阿图尔·考夫曼编:《古斯塔夫·拉德布鲁赫追悼论文集》,哥廷根,1968年版,第268页及以下页。

* 德文 Natur der Sache(缩写 NdS),目前在汉语上有多种翻译,有译为"事物的本质"者,有译为"事情的本质"、"事物的性质"(按:译者以前采此名称)者。本文大体译为"事物的本性",个别地方译作"事理"(日本学者亦把 NdS 译作"事物的本性",可资参考。见铃木敬夫:《法哲学序说》,成文堂1988年版,第43页及以下页)。对此,拉德布鲁赫曾在1924年发表的文章《法的理念与法的质料》中有过系统阐释,他将法律上的"事物的本性(事物的性质)"看做是既存的"社会生活事实";这些事实作为一种"社会概念预先形成的规定性",可以为法律命题(规则)提供"质料"。因此,"依据事物的本性(事物的性质)来作决定",意味着:"掌握这些社会生活事实的意义内容,并(以现象学的方式)对之作最终的思考"。(见埃里克·沃尔夫:《古斯塔夫·拉德布鲁赫的生平和著作》,载[德]古斯塔夫·拉德布鲁赫:《法律智慧警句集》,舒国滢译,法制出版社2001年10月版,第262页)

为的杀人(die Tötung durch Unterlassen)“涵摄在”(subsumieren)这一概念之下。不过,假如在目的论上把杀人行为理解为是一定的不法类型(Unrechtstypus),那么不作为也可以作这种“归类”(不是涵摄,而是接近。参见《书信集一》,181—182 页)。通过秩序概念,整体才是可以把握的。〔49〕

这一思想是拉德布鲁赫主要在其题为《法律思维中的分类概念和秩序概念》(Klassenbegriffe und Ordnungbegriffe im Rechtsdenken,1938 年)这篇论文里提出的,很明显这已脱离了纯粹刑法的领域,而进入到法哲学领域。但这篇文章标明了拉德布鲁赫在学术创造上的特征:在他手里,即使最枯燥无味的教义学素材也会获得立意深刻的意义。他所写的,似乎没有纯属刑法教义学的论著,即使 1907 年的《助产与刑法》(Geburtshülfe und Strafrecht)和 1921 年的《论堕胎》(Abtreibung der Leibesfrucht)也不是这样的论文,甚至在由赫伯特·恩格尔哈德(Herbert Engelhard)* 开始撰写、最终由拉德布鲁赫完成的刑法小教科书《依据案例的犯罪学》(Die Lehre vom Verbrechen an Hand von Fällen,1946 年初版,1948 年 2 版)中也一再突破了法学理论家的藩篱。

拉德布鲁赫的刑法著作大多既有法学理论的关涉,也几乎都有刑事政策上的目标。诚如上述,他作为刑法学家最为关心的总是刑法的改革。在他还是年轻讲师时,他就参与编写了皇皇大作《德国与外国刑法的比较阐释》(Vergleichende Darstellung des Deutschen und Ausländischen Strafrechts)这项工作(总共 16 卷!),

---

〔49〕 参见温弗里德·哈塞默尔:《法律上的刑罚框架的法学理论意义:评拉德布鲁赫的秩序概念学说》,载阿图尔·考夫曼编:《古斯塔夫·拉德布鲁赫追悼论文集》,哥廷根,1968 年版,第 281 页及以下页。

* 赫伯特·恩格尔哈德(Herbert Engelhard,1882—1945),德国刑法学家。他长年与拉德布鲁赫在海德堡大学法学院共事。

根据法政策学的视角对有关堕胎、遗弃和无过失责任(Erfolgshaftung)等问题进行比较研究。[50] 后来,又增加了一些比较法研究的论著,如《安塞尔姆·冯·费尔巴哈与比较法学》(1940年版;《刑法的优雅》,第193页及以下页),《大陆法眼中的英美法学》(Anglo-American Jurisprudence through Continental Eyes, 1936年版),[51]《印度刑法典》(1937年),[52] 还有早期的著作《论比较法学的方法》(Über die Methode der Rechtsvergleichung, 1905/1906年)。[53]

拉德布鲁赫最重要的刑事政策的成果,自然是他1922年的刑法典草案,对此,我们在上文中业已述及。[54] 拉德布鲁赫在有关现实政治的问题上总是立足于现实性的基地,这个草案是一个最好的例子。19—20世纪之交,在意大利,主要是由恩里科·菲利(Enrico Ferri)* 开展的现代改革运动鼓动从根本上废除(压制性

---

〔50〕《德国与外国刑法的比较阐释》,分论,第5卷,1905年版,第159页及以下页;同上,第185页及以下页;总论,第2卷,1908年版,第227页及以下页。

〔51〕《评论季刊》总第52期(1963年),第530页及以下页;也见《英国的法的渊源与法的发现》,载《宇宙》杂志(Universitas)第1期(1946年),第1085页及以下页。

〔52〕《瑞士刑法杂志》总第51期(1937年),第142页及以下页。

〔53〕《犯罪心理学与刑法改革月刊》第2期(1905/1906年),第422页及以下页。关于拉德布鲁赫在这一分支学科上的创作,参见汉斯—亨利希·耶施克:《古斯塔夫·拉德布鲁赫对比较法学的贡献》,载阿图尔·考夫曼编:《古斯塔夫·拉德布鲁赫追悼论文集》,哥廷根,1968年版,第356页及以下页。

〔54〕对古斯塔夫·拉德布鲁赫作为刑事政策家和刑法改革家的情况,主要参见赫尔曼·克勒默尔:《古斯塔夫·拉德布鲁赫作为刑事政策家思维着的刑罚与刑法》,魏森(齐格),1956年版;艾伯哈德·施密特:《作为刑事政策家的古斯塔夫·拉德布鲁赫》,载《刑事科学杂志》总第63期(1950年),第150页及以下页;艾伯哈德·施密特:《监狱和牢房》(Zuchthaeuser und Gefangnisse),哥廷根,1960年版,第34页及以下页;黑尔加·艾因塞勒:《古斯塔夫·拉德布鲁赫》,载《刑事执行杂志》,第3期(1952年),第133页及以下页。

* 恩里科·菲利(Enrico Ferri,1856—1929),意大利犯罪学家,刑事实证学派的代表。著有《刑事实证学派》(1883年)、《犯罪社会学》(1892年)等。

的)旧刑法,要求代之以新法,这种新法应当专门以社会防卫("difesa sociale")为其目标。主要由菲利形成的意大利刑法典草案,根本上不再承认任何刑罚,而仅仅认可各种"制裁"(Sanktionen),也就是说,各种矫正和保安处分(Massregeln)。

我们业已指出,拉德布鲁赫也不乏有同样的意图。在1932年的一篇题为《刑事制度上的教育思想》(Der Erziehungsgedanke im Strafwesen)中,他写道:我们一定获得"比刑法更好的规则,即在其教育和社会防卫的意义上对违法者的一种合理待遇";但拉德布鲁赫对这一"还很遥远的目标"实现的可能性也并不抱任何幻想(《法律上的人》,1961年,第57页)。早在此3年以前,他于《法学导论》中就曾说过:菲利的草案和依此为蓝本形成的苏俄刑法典都"废除了'刑罚'一词,为的是用处分之名称重新引入各种完全具有刑罚性的保安处分措施。'名称的欺骗'(Etikettenschwindel)这个刺眼的词并不是完全没有合理内核的"(《法学导论》,第114页)。正统的"现代学派"全面摈弃报复刑原则,拉德布鲁赫也从没有一同坚持这一片面的观点,正如我们今天看到的,他非常关注矫正或再社会化,而且即使在这个问题上,他的法哲学的根本见解和他的二律背反的思维方式均经得起检验:

"法的理念之内的紧张关系在刑法的具体问题上特别形象地再现出来。法的安定性理念保证使特殊预防思想(矫正)不会最终出现这一结果,即准备把刑罚扩展至惩罚观念和思想;而正义思想则要求无论在何种程度上,即使对不平等的人和关系也要平等对待,这一思想就与最终实行的个别化之间发生对立,因为后者似乎是从特殊预防之目的思想中产生的。报复刑思想与这种以矫正—保安刑为基础建立的刑法之矛盾形成方式相比较,证明具有方法论上更大的效用力(Leistungskraft):它同时有利于证成刑罚及其目的规定性,而且在它身上同时实现着正义和法的安定性思想。"(《法哲学》,第165—166页。假如他在接下来的句子中对所讲的东西不再加以问题化的话，拉德布鲁赫就不会是拉德布鲁赫了！）

现代刑法学不再使用这样的措辞，但它早就明白了事体：问题不是把所有的牌都压在矫正和保安措施上。确实大家都断然否定报复刑思想，但到今天还打着“积极的一般预防”的招牌：作为“规范—社会的安定化”手段的刑罚，事实上主要就是指报复。

因为在其他的场合，我们已就拉德布鲁赫草案的细节做过评价，所以这里把最有资格的一位评论家即埃伯哈德·施密特的判断作为总结：他说，我认为拉德布鲁赫的草案在刑法史上可以与切萨雷·贝卡里亚（Cesare Beccaria）* 的那本激荡人心的著作《论犯罪与刑罚》（Dei delitti e delle pene，1764 年版）具有相同的地位。“它将成为一个理想的典范，因为一如其必定以道德上稳固的、社会文化—法治国思想来塑造自己的刑事司法一样，它也能够以自己的良知来实施这种司法。像瑞士和瑞典这样幸运的国家证明：把拉德布鲁赫草案所要求的内容大体上加以落实的刑事立法和刑事司法是可行的。”〔55〕

同样我们在上文中也已说到，拉德布鲁赫本人作为法律史学家也还论述过行刑问题。这方面有两篇研究论文，即：《最早的监狱及其精神史的背景》（Die ersten Zuchthäuser und ihr geistesgeschichtlicher Hintergrund，1938 年版；《刑法的优雅》，第 116 页及以下页）和《死刑的技术：刽子手——牧师——死囚——民众》（Ars moriendi; Scharfrichter—Seesorger—Armersünder—Volk，1945 年版；《刑法的优雅》，第 141 页及以下页）；这两篇文章相信非法律职业人也会有阅读的享受。此外，拉德布鲁赫还有更

---

〔55〕艾伯哈德·施密特：《作为刑事政策家的古斯塔夫·拉德布鲁赫》，载《刑事科学杂志》总第 63 期（1950 年），第 162—163 页。

* 萨雷·贝卡里亚（Cesare Beccaria，1738—1794），意大利刑法学家，刑事古典法学派的创始人。其著《论犯罪与刑罚》一书被译成几十种语言，开启了当代为建立一个更合目的、更人性的刑法进行奋斗的序幕。

多数不清的论文含有法律史的内容，这些论文几乎均出自1930—1940年代；不过，这里不可能对它们进行评介。[56]

拉德布鲁赫心目中伴其一生的伟大典范是歌德、费尔巴哈、西塞罗、施瓦岑贝格，自然还有他的导师李斯特。约翰·冯·施瓦岑贝格男爵(Johann Freiherr von Schwarzenberg)* 是整个德国历史上最伟大的立法天才人物之一。他造就了在当时还算非常进步的1532年《卡洛琳那刑法典》(Constitutio Criminalis Carolina，也称《卡尔五世刑事法院规则》[Peinliche Gerichtsordnung Kaiser Karls V.])，** 这是第一部帝国统一的德意志刑法典(同时也是刑事诉讼规则)，其通行了大约300年的时间，在漫长的历史流程中也通过实践和学说得以多方面地修订。不过，这一法律作品的意义业已远远超出了法律领域。我们把施瓦岑贝格在语言上的成就同路

---

〔56〕 对此有关的信息，参见艾伯哈德·施密特：《古斯塔夫·拉德布鲁赫与法律史》，载阿图尔·考夫曼编：《古斯塔夫·拉德布鲁赫追悼论文集》，哥廷根，1968年版，第242页及以下页。

* 约翰·冯·施瓦岑贝格(Johann von Schwarzenberg，约1465—1528)，德国15—16世纪著名的刑法学家，德国16世纪的刑法改革家。出身于法兰克骑士家庭，早年曾在德国多个王宫任职。1500/1501年在班贝格(Bamberg)担任王宫主管(Hofmeister，为当时最高世俗官吏)和班贝格教区王室法院的院长。翻译《西塞罗的〈论义务〉》(1531年版)，著有《班贝格刑事死刑法院规则》(Bambergische Peinliche Halsgerichtsordnung，1507年)等。著名的《卡洛琳那法典》(1532年)就是以他创造的《班贝格刑事死刑法院规则》为蓝本的，影响达几个世纪。也可以说施瓦岑贝格造就了德国16世纪以后的刑法制度。

** 《卡洛琳那刑法典》(Constitutio Criminalis Carolina)，通常也译作《加洛林纳法典》，系中世纪后期神圣罗马皇帝卡尔五世(Kaiser Karls V.，1500—1558)命令制订的，1532年在累根斯堡召开的帝国议会通过。该法典(其实，Constitutio应直译为“规则”)以施瓦岑贝格编纂的《班贝格刑事死刑法院规则》为蓝本的，故此，后者又被称为“卡洛琳那法典之母”(“Mater Carolinae”)。

德(Luther)*的语言成就相媲美,不是没有道理的。拉德布鲁赫为《卡洛琳那刑法典》(简称 PGO)出版了一个非常优秀的具有引导性和实用性的版本,这个版本直到今天还被很多人使用,其中肯定不仅有法律职业人,也不仅有学生。

拉德布鲁赫所写的费尔巴哈传记,我们将回头再谈。除了这本篇幅较大的书外,还有许许多多篇幅较小的费尔巴哈—随笔。费尔巴哈是一位伟大的榜样,但也是拉德布鲁赫一生受其考验的忧心的影子(Menetekel)。——歌德伴随着拉德布鲁赫的终生,费尔巴哈以另一种方式同他如影随形。值得注意的是,拉德布鲁赫有关歌德的研究在他的著作全集版中占了整整一卷。歌德本人也曾是学法律出身(1771 年斯特拉斯堡大学的法学论文),在此方面,拉德布鲁赫本人同样是根据刑法的观点来研究歌德作品的:《歌德与施瓦岑贝格》以及《歌德与 F. K. 霍梅尔》(《歌德的刑法学研究》[Kriminalistische Goethe-Studien];《刑法的优雅》,第 174 页及以下页;卡尔·费尔迪南·霍梅尔[Karl Ferdinand Hommel]** 是一位生活在 18 世纪的启蒙[思想]的法学教授)。——关于西塞罗,他也有一篇感人肺腑的札记,该札记主要研究西塞罗的《论安慰》(Ciceros Consolatio);我们准备在别的地方专门谈这篇文章。西塞罗是拉德布鲁赫老年时所倾心研究的对象。

1942 年他在给艾里克·沃尔夫的信中写道:"我们确实应该再认真对待这位有效地统治过整个中世纪思想界的人:我想,我们会

---

* 路德(Martin Luther,1483—1546),16 世纪欧洲宗教改革运动的发起人和基督教抗罗宗(新教)的创始人。他于 1517 年 10 月 31 日写成《九十五条论纲》,掀起宗教改革运动。后又着手从希腊文原文《圣经》译成德文,对于德语的规范和统一起到了重要作用。

** 卡尔·费尔迪南·霍梅尔(Karl Ferdinand Hommel,1722—1781),德国 18 世纪法学家。曾任莱比锡大学法学教授和莱比锡上诉法院法官。著有《刑法的哲学思想》(1784 年)。

得到美好的结果的。"(《书信集一》,第170页,也见176页;拉德布鲁赫一度曾感到"很悲哀",因为他似乎是"对这样的事情尚有感觉的……最后一代人"[第137页],但情况不是这样;今天的学生们再度阅读起拉丁语和希腊语的经典著作)——自然,拉德布鲁赫对其先师弗朗茨·冯·李斯特也曾一再地给予文字上的称赞(参见《刑法的优雅》,第208页及以下页;《法学导论》,第5页及以下页;《三本刑法学教科书》,第18页及以下页;《心灵之路》,第54页及以下页)。

对精神—文化史上具有重要地位的研究感兴趣的读者,首先将会在拉德布鲁赫的两本文集——《论刑法的优雅》("Elegantiae Iuris Criminalis")和《人物与思想》(Gestalten und Gedanken)* 中满足自己的好奇心。还有一本特别重要的书也值得注意,那就是他与亨利希·格文纳(Heinrich Gwinner)合著的《犯罪史》(Geschichte des Verbrechens)。这本书是迄今为止较为罕见的。过去我们不乏有刑法史、刑事司法史和刑法学史的专论,但犯罪史却少见——即使著名的《毕塔法尔刑案汇编》(Pitaval)** 和费尔巴哈的《怪异犯罪汇编》(Merkwürdiger Verbrechen)也是有些不同的。每一时代都有每一时代的犯罪人。(拉德布鲁赫与格文纳的)这本书论述的线索,开始从塔西佗(Tacitus)时代到墨洛温(Merowinger)和卡

---

* 《人物与思想》(Gestalten und Gedanken)这个书名翻译也颇费思量。在拉德布鲁赫《法律智慧警句集》之中译本里,译者曾将此译作《型塑与思想》,觉得不甚满意。铃木敬夫教授译为《人与思想》(见铃木敬夫:《法哲学序说》,成文堂,1988年,第206页)。这里参照中义胜和山中敬一的日译本的译法。见中义胜、山中敬一译:《グスタフ·ラ　トズルフ》,成文堂1992年版,第150页。

** 《毕塔法尔刑案汇编》(Pitaval)是法国法学家弗朗索瓦·德·毕塔法尔(Francois de Pitaval,1673—1743)所作的刑事案件汇编集,在欧洲有多种文字版本,其德文本是由著名文学家、诗人,同时也是法学家的席勒(F. Schiller)翻译出版的。

洛琳(Karolinger)王朝时期,* 下沿至十字军东征、迫害犹太人运动(Judenverfolgungen)、鞭笞派运动(Flagellanten)、** “假弗里德里希”事件(Falschen Friedrichen)、骑士强盗(Raubrittern)*** 时期、“维塔林兄弟帮”(Vitalienbrüder)**** 时期,从流民时期(Zeit des fahrenden Volkes)、宗教改革时期、巫婆审判时期(Hexenprozesse),中经吉卜赛人犯罪、炼丹方术士(Alchimisten)犯罪、偷猎犯罪、剪削钱币犯罪(Der Kipper und Wipper),***** 然后到三十年战争、农奴骚乱(Unwesen der Landsknechte)、婴儿屠杀(Kindsmörder)、秘密结社(der geheimen Gesellschaften),最后到歌德时代的犯罪和上个世纪(按:19 世纪)的强盗犯罪。书的内容远比这些要多,此处恕不能一一枚举。不过,这也许足以吊起某些读者的胃口,想去详细了解这本事实上为了乐趣和消遣而写的书。

我们似乎可以得出结论说:拉德布鲁赫确实不是杰出的刑法教义学家。他肯定也根本不想做这方面的努力。对他而言,有一点是很典型的,其刑法学论著建立在“边缘学科”(Grenzgebieten ****** 上:既属哲学、心理学,也属历史和文化。拉德布鲁赫曾经一度称自己

---

* 法兰克人的墨洛温和卡洛琳王朝时期(476—887)是日耳曼历史上的一个重要的转折时期,它标志着从古代到中世纪的过渡。

** 鞭笞派运动(Flagellanten)是中古时期鞭笞派宗教信徒所主张的一种以皮鞭自笞忏悔的运动。

*** 骑士强盗(Raubrittern)是中世纪晚期在德国出现的拦路抢劫的骑士和马贼。

**** “维塔林兄弟帮”(Vitalienbrueder)是 14—15 世纪在北海和波罗的海沿岸活动的海盗帮派。

***** 剪削钱币犯罪(Der Kipper und Wipper),是德国 17—18 世纪非法剪削钱币的边缘以减轻硬币分量的犯罪。

****** 日译本将该词译为“限界领域”。见中义胜、山中敬一译:《グスタフ·ラトズルフ》,成文堂 1992 年版,第 151 页。

是“边缘间的鬼才”(Zwischenbegabung,《书信集一》,第 37—38 页),他最初打算把《刑法的优雅》冠以《边缘上的侵犯》(Grenzfrevel)这个名称(《心灵之路》,第 39 页)。“侵犯”(Frevel)用得不当,而“边缘”(Grenz)一词却恰如其分。确实,拉德布鲁赫的爱好不在“正宗的”法学,即教义学法学,而在法与其他文化现象相交界的那些领域。拉德布鲁赫在这个领域业已取得诸多成就,即使今天也还绝没有被超越。

下面一点很对:在拉德布鲁赫那里,摆在第一位的,不过还是他的法哲学。那么我们现在就(把目光)转向他的《法哲学》,在此方面,我们打算突出其主要线条,而不想纠缠于细枝末节的问题(Detailfragen)。

我们就从拉德布鲁赫的法概念出发。在 1932 年版的《法哲学》中,“法概念”被称为是“一个文化概念,也就是说,一个关涉价值的现实的概念,它具有为价值服务的意思。法就是具有为法价值、法理念服务这个意思的现实。因此,法概念是指向法理念的。”(《法哲学》,第 29 页)这一看法,即使在 1947 年的《法哲学入门》中本质上也没什么不同:“法是具有把法理念转化为现实这个意思的东西。”(《法哲学入门》,第 3 页)

所以就这方面来说,在拉德布鲁赫那里,其早年和晚年之间并没有出现所谓的“转向”。而且也没有这个必要。因为,拉德布鲁赫的法概念完全从一开始就显露出两个特性。首先,它不是实证主义的。实证主义法概念的意思只是说:法是只要形式上正确发布而不管其内容如何的规范总和。与此相反,拉德布鲁赫强调:规范,只有当它关涉正义时,只有当它以正义为取向时,才具有法质(Rechtsqualität)。这一点具有根本重要的意义,因为这个法概念本身业已表明:拉德布鲁赫后来有关“法律的不法”(gesetzlichen

Unrecht)* 的学说,早在 1932 年的《法哲学》,确切地说,甚至早在 1914 年的《法哲学纲要》(见《法哲学纲要》,第 39 页)中就已奠定了基础。其次,拉德布鲁赫的法概念也不是自然法意义上的,因为"正确法"(richtiges Recht)** 与绝对的法价值——正义还不可相提并论。法尽管必须以法理念为取向,但在与法理念之间并不完全协调一致时,它仍不失为是法。按照拉德布鲁赫的看法,现实中所存在的只有"近似的"(annäherungsweise)正确法。问题在于:具有绝对卑鄙内容的规范,即所谓"恶法"(leges corruptae),只要它们按照形式上正确的途径来创制,是否就有效力? 这一问题不可能那么容易简单应答,拉德布鲁赫在 1933 年前对此做肯定的回答,不过后来又给予了否定。无论如何,早在 1914 年他就曾写道:在内容上应是正确的,这当属实证法的使命(《法哲学纲要》,第

---

* "法律的不法"(gesetzlichen Unrecht),是拉德布鲁赫于 1946 年发表在《南德意志法律家报》(SJZ)的文章《法律的不法与超法律的法》中提出来的概念。但在汉译作品中,该术语的翻译颇为不同,有人主张译作"法律的不公正",似乎没有体会出拉德布鲁赫提出该理论的要义。日本札幌学院大学法学部教授铃木敬夫(Prof. Dr. Keifu Suzuki)在 2001 年 11 月在北京所做的一个演讲报告中将它译为"实定法的非法"(铃木敬夫:《转变时期的法治与人权——从"刀制"到"水治"的转变》,2001 年 11 月 1 日—7 日,北京,打印稿),可以说是贴切的。另外,关于拉德布鲁赫 1946 年发表的这篇文章,日文译本将其译作《法律の形をとつたと不法超法规的法》(见中义胜、山中敬一译:《グスタフ·ラ トズルフ》,成文堂 1992 年版,第 186 页)。该文的英译本(1993 年)译者鲍尔森教授,对"法律的不法"(Statutory Non-Law,制定法的非法)和"超法律的法"(Suprastatutory Law,超制定法的法)所选的英文译名,也颇有参考价值。见 Gustav Radbruch, Statutory Non-Law and Suprastatutory Law (Bonnie Litschewski Paulson & Stanley L. Paulson trans., 1993.)

** 德文 richtiges Recht 一词,在日本和台湾地区通常被译作"正法"。见中义胜、山中敬一译:《グスタフ·ラ トズルフ》,成文堂 1992 年版,第 153 页。英文译作 The right law (See Gustav Rabruch, Legal Philosophy, in The Legal Philosophies of Lask, Radbruch, and Dabin [Kurt Wilk trans., 1950], note 1, p. 60.)。

172页)。

要详细搞清问题,我们必须阐明拉德布鲁赫法律观的哲学背景。拉德布鲁赫在第一次海德堡期间所碰到、而且在其法哲学中加以利用的有两个基本的思考模式。通过埃米尔·拉斯克,他开始熟悉西南德意志新康德主义思潮(参见《心灵之路》,第64页;《书信集一》,第10—11页,79页)。当时,马尔堡新康德主义由于坚持形式和质料的对立观点而在主要方面具有形式逻辑的性质,因而也属于西南德意志派价值哲学的分支。不过,在这一点上,特别是就拉斯克而言,问题根本就不是在谈价值本身;西南德意志派也认为价值本身是不可知的。它们所讲的,毋宁说是一种价值性事实(werthafte Tatsache),即具有其“价值相关性”(Wertbezogenheit)的文化事实。其理论出发点是由威廉·文德尔班和亨利希·李凯尔特(Heinrich Rickert)* 奠基的有关自然科学和文化科学(Kulturwissenschaten)的区分。在此,前者是在“法则学”、即法则科学(gesetzeswissenschatlich)上讨论问题,提供普遍的(自然)“法则”,与此相反,后者通过描述在历史中铸造的具体的“形态”(Gestalte)而具有“个别记述的”(idiograpisch)性质:前者为(自然)法则科学,后者为(历史)事象科学(Ereigniswissenschaften)。大体上,这也符合今天还很流行的有关“说明的”科学和“理解的”科学的划分(此可追溯至威廉·狄尔泰**),前者是自然科学,后者特指

---

* 亨利希·李凯尔特(Henrich Rickert,1863—1936),德国哲学家,新康德主义弗莱堡学派的主要代表。著有《认识的对象》(1892年)、《文化科学和自然科学》(1899年)、《哲学体系》(1921年)等。

** 威廉·狄尔泰(Wilhelm Dilthey,1833—1911),德国哲学家,生命哲学的创始人。著有《精神哲学序论》(1883年)、《哲学的本质》(1907年)、《精神科学中的历史世界结构》(1910年)等。

解释(诠释)科学(die hermeneutischen Wissenschaften)。*

拉德布鲁赫通过亨利希·利维而熟悉的第二点,是有关应然和实然、现实和价值的方法二元论(《心灵之路》,第63—64页;在《书信集一》中,很多是寄给利维的信)。这是一个最核心的法哲学难题。它所涉及的问题是:价值的东西通过什么样的方式在我们的现实世界中予以实现。有没有一种客观的、自在的价值(an-sich-seiende Werte)?换言之,是否只存在主观的价值评价?假如前两种情况都不存在,那么价值的东西是否(只)在价值性的事体(Sachverhalten,事象)上存在?

拉德布鲁赫的法概念,归根结底应归属于这最后一种"折中的"观点。在他看来,法是一种"关涉价值的"现实。一旦现实和价值之间具有某种"关系"(Beziehung,Relation),那么它们两者就不能通过一条不可逾越的鸿沟相互隔开。然而,拉德布鲁赫本人早年还是把自己看做是严格的方法二元论的信奉者的(《法哲学纲要》,第29页及以下页;《法哲学》,第1页及以下页)。依此方法论,应然和价值,绝不可能根据实然来加以解释或从实然推导出来。既不能根据现在是什么,也不能根据过去是什么,还不能根据将来是什么,来看出应当是什么——也就是说,不能否定实证主义、历史主义和进化主义。如果说拉德布鲁赫是一个实证主义者,那他无论如何也不是19世纪思想潮流意义上的实证主义者;按照艾里克·沃尔夫的说法,他的实证主义,"更贴近人道的现实主义,受歌德思想的熏陶,而不是当时自然科学的经验主义"。[57] 而且,就像其先师冯·李斯特主张他所做的那样,他在考虑法的"历史性"

---

〔57〕 艾里克·沃尔夫:《古斯塔夫·拉德布鲁赫》,载艾里克·沃尔夫著:《德意志精神史上的伟大法律思想家》,图宾根,1963年第4版,第730页。

* die hermeneutischen Wissenschaften,在目前学界有时译作"解释(科)学",有时译作"诠释(科)学"。

时,也不是在进化概念的意义上,而是根据历史法学派的精神来进行的。

根据方法二元论,某个应然,——因此,也包括法,可以追溯至一个更高的应然,最终追溯至最高的应然(拉德布鲁赫称之为“法理念”,汉斯·凯尔森[Hans Kelsen] * 称为“基本规范”〔58〕),确切地说:根据演绎法从应然可以推导出应然,但绝不可能根据归纳法从现存的东西、实际的东西和事实的东西得出应然的东西。自然和文化是俨然有别的。因此,文化现象只能根据它们固有的目的、而不是从(自然)原因出发来加以确定。正如科学规范、道德规范和艺术规范一样,法律规范也是文化法则(Kulturgesetze,文化规律),而不是自然法则(规律),前者包含应然,后者包含必然(Müssen)。这样的文化法则最终以绝对价值的实现为指向(所谓“价值关涉”),但它们并不等同于这些价值。错误,只要它是为了追求真理的认识行为,属于学术(科学)的范畴;艺术,也只是在艺术上、即以美的理想为目标而创作的极少数成功的作品。同样,对拉德布鲁赫而言,法也不是纯粹的正义;在这个意义上,他从不是一位自然法学者。亚里士多德(Aristotles)早就意识到,没有任何法律规范在任何情况下都保证是绝对正义的。只要它基本上确定是为正义服务的,那它仍然还是法律规范(《法哲学》,第1页及以下页;第29页及以下页)。

拉德布鲁赫打算从自己的法的定义出发来展开正义理论。他

---

〔58〕 汉斯·凯尔森出自维也纳实证主义学派,是除拉德布鲁赫外,20世纪德语国家法哲学的最重要的代表人物。不过,他走了完全另外一条(“规范逻辑的”)路子。参见惹尼·马契克:《古斯塔夫·拉德布鲁赫与汉斯·凯尔森》,载阿图尔·考夫曼编:《古斯塔夫·拉德布鲁赫追悼论文集》,哥廷根,1968年版,第82页及以下页。

* 汉斯·凯尔森(Hans Kelsen,1881—1973),美籍奥地利法学家,纯粹法学的创始人。著有《国际法概论》(1928年)、《纯粹法学》(1934年)、《法与国家的一般理论》(1945年)等。

很早就已经这样做了,由他修正过的公式至今仍属法哲学上有关正义讨论的基础,同时,在他去世后,这一理论的发展自然也并没有停滞不前(特别是,美国学者约翰·罗尔斯[John Rawls]* 和比利时学人沙伊姆·佩雷尔曼[Chaim Perelman]** 把这一话题又推进了一步〔59〕)。拉德布鲁赫本人在二战以后也曾经打算对《法哲学》(以及《法学导论》)加以修订;正如他曾颇有意味地注释说,这些修订的版本,"应给自然法留有更多的余地"(《书信集一》,第219页)。此一想法,不再有机会兑现了。其中的若干暗示,已加进了《法哲学入门》,也表现在我与拉德布鲁赫直至其去世前所进行的多次直接谈话之中。

首先想提前做一点注释。针对时不时脱离正题的论断,拉德布鲁赫曾彻底打算构建一个法哲学"体系",特别是正义论体系。在他那里,"(构建)体系的意图"很明显地呼之欲出(《书信集一》,35页)。而且,他业已提出的理论,本身也是一个体系。当然,它绝不是德国唯心主义体系哲学意义上的"封闭"体系。它是一个"开放"体系,它不是终结,而是不断地挑战(阿道夫·劳福斯语〔60〕)。现下大家喜欢谈"论题学"(topisch)体系或"辩疑学"(aporetisch)体系,该体系并不演绎出成型的结论,而只是用作创造性论辩的基础。西塞罗业已运用过这种论题学,所以,并不令人惊奇:论题学也不违背拉德布鲁赫的天性。

---

〔59〕 见约翰·罗尔斯:《正义论》(德文),法兰克福,1975年版;沙伊姆·佩雷尔曼:《论正义》(德文),慕尼黑,1967年。

〔60〕 阿道夫·劳福斯:《古斯塔夫·拉德布鲁赫:生平和著作》,载《海德堡年鉴》总第23—24期(1979年),第79页。

* 约翰·罗尔斯(Johan Rawls,1921—2002),美国当代政治哲学家。著有《正义论》(1971年)、《万民法》(1993年)、《政治自由主义》(1993年)等。

** 沙伊姆·佩雷尔曼(Chaim Perelman,1912—1984),比利时法律哲学家。著有《正义观念和论辩问题》(1963年)、《论正义》(1967年)、《新修辞学》(1980年英文版)、《法律和论辩》(1980年英文版)等。

如读者所知，拉德布鲁赫的体系是一个三元体系(trialistisches System)。法理念按照3个作用方向展开：作为平等的正义、合目的性和法的安定性（相对应的国家权威、国家利益和国家保障）。平等原则，即：相同者相同对待，不同者相应地不同对待（各得其所!），尽管绝对有效，但它也仅具有纯粹形式的特性。因此，还必须补充进一个内容原则：目的理念（若用另一种表达，则是：社会的正义或共同福祉的正义）；这个原则是实质性的，但其有效性只是相对的。因此，为求法的安定性，即法的和平，就有必要通过权威来确定法的内容（《法哲学》，第70页及以下页）。

在这个三元体(Trias)中，法的安定性具有优位。按照拉德布鲁赫的看法，价值和法的内容不是知识(Erkenntnis)，而只能是信仰(Bekenntnis)（《法哲学》，第9页）。因为，“没有人”能够“断言，什么是公正的；那么，我们就必须确定，什么应当是正确的；这样，制定法应当满足该使命，通过权威的绝对命令来结束相互对立的法律观点之争论；同样，法的制定也必须具有某种意志，面对任何对抗的法律观点时能够得到执行。谁能够执行法律，那同时就证明：他被赋予了制定法律的权限。”（《法哲学》，第81页）

“法在其内容上无论会怎样不公正地形成，它都总是要通过其纯粹的定在来实现某种目的，即：法的安定性的目的。”（《法哲学纲要》，第183页）

那么，这难道不是受法律上的不法约束了吗？说是，也可以说不是。无疑，上述引文在很大程度上反映出实证主义的观点。但是，拉德布鲁赫也想避开其极端的后果，他曾这样讲：“不是因为法能够实际地自动执行，它才有效；毋宁说，假如法能够自动实际地执行，乃是因为它能够保证法的安定性，那么它才有效。”（《法哲学》，第82页）因此，法的有效性应当建立在法的安定性的基础之上，而不是建立在权力(Macht)之上；但这只不过是一个概念游戏，因为拉德布鲁赫可是把法的安定性与权力联结在一起的。

另一方面,这也意味着:“假如某个现实的东西(实在法)完全具有价值和效力,那似乎也是……一个奇迹。个人良心大多被看做是对实在法的抵触,这会比牺牲个人的法律信仰更令人忧虑不安,但也可能存在着一种良心拒绝服从的‘无耻的法律’(恶法)。”(《法哲学》,第83页)这里请大家注意:个人良心!对“无耻的法律”(恶法)的抵抗权是不存在的。尤其是对法官来说不存在这样的权利:

“对法官而言,其负有职责把法律的有效意志(Geltungswillen)变得有效,为服从当局(权威)的法律命令而牺牲自己的法律(是非)感,其只能发问:到底什么是合法的,而从不问:它是否也应当是公正的。”因为,“法官只有侍奉法律而不考虑其正义性,他才不会……去为纯偶然的目的服务。即使他不再是正义的奴仆(因为法律要求他如此),但他仍然还要做法的安定性的侍者。我们鄙视背叛自己的信念而进行说教的牧师,但我们尊崇那种不让自己由于法律感的冲突而在自己的法律忠诚上动摇不定的法官。”(《法哲学》,第83—84页;也见《法哲学纲要》,第183页和《法学导论》,第34页)从这一点看,一如拉德布鲁赫在同样的地方所承认的,信仰犯的案件没有办法解决,抵抗权(Widerstandsrecht)的难题也没有办法解决。

法的安定性具有优位。尽管如此,它还不是拉德布鲁赫法哲学的核心部分。其核心内容则是目的理念(Zweckidee)。作为新康德主义价值哲学的信奉者,拉德布鲁赫摆在第一位要做的,就是重新进入到实质的哲学(materiale Philosophie),他想要“克服施塔姆勒苍白的抽象和惟理智论的片面性,而确立一个在内容上加以满足的社会理想”(马克斯·恩斯特·迈耶尔*语[61])。这一思想,

---

〔61〕 马克斯·恩斯特·迈耶尔:《法哲学》,柏林,1933年版,第21页。

* 马克斯·恩斯特·迈耶尔(Max Ernst Mayer,1875—1923),德国刑法学家和法哲学家。著有《德意志刑法教科书》(1915年)和《法哲学》(1922年)等。

也有一个相当长的成熟期。早在1905年,拉德布鲁赫就曾谈到:我们再度需要实质的政治伦理(《作为法律创造的法学》,第355页及以下页)。这里,没有必要对这种价值理论重新介绍一遍。在上文中,特别是在与法哲学的政党论的相关内容中,读者业已对此有所了解。

拉德布鲁赫为法理念的实质化必须付出的代价,就是相对主义价值论(werttheoretische Relativismus)。拉德布鲁赫的这一相对主义遭到许多人的指责。卡尔·奥古斯特·埃姆格(Carl August Emge)* 认为:假如大家承认相对主义的结论,即善与恶仅仅是一定的社会学统一体认为所是的东西,“那么这不需要作进一步的批评。对搞哲学的人来说,相对主义得出的结论是荒谬的(ad absurdum)”。[62] 威廉·绍尔(Wilhelm Sauer)** 谈到相对主义时说“把它作为非科学的东西简直都没有必要”,[63] 他的口气同样满不在乎。马克斯·恩斯特·迈耶尔也做出这样的评判:“拉德布鲁赫的理论不过是怀疑的相对主义,因而是站不住脚的。”[64] 卡尔·拉伦茨(Karl Larenz)*** 的评断较为细腻:“科学和生活、知识和信仰、思想和愿望的分离,似乎乍一看来也恰好合乎生活,合乎非理

---

〔62〕 卡尔·奥古斯特·埃姆格:《论相对主义法哲学的基本教义》,柏林/莱比锡,1916年版,第64页。

〔63〕 威廉·绍尔:《未来哲学》,斯图加特,1923年版,第68页。

〔64〕 马克斯·恩斯特·迈耶尔:《法哲学》,第76页。

* 卡尔·奥古斯特·埃姆格(Carl August Emge,1886—1970),德国法哲学家。著有《论相对主义法哲学的基本教义》(1916年)、《法哲学入门》(1925年)、《法哲学史》(1931年)等。

** 威廉·绍尔(Wilhelm Sauer,1879—1962),德国法哲学家。著有《未来哲学》(1923年)等。

*** 卡尔·拉伦茨(Karl Larenz,1903—1993),德国法哲学家和民法学家。著有《当代法与国家哲学》(1935年2版)、《法学方法论》(1960年)、《正确法:法伦理学概论》(1979年)、《德国民法总论》(1989年7版)等。

性的存在(Irrationalen);但之所以如此,是因为它将两方面分离开来并相向对立起来;而仍处在分离状态、自己已感到疑问的唯理主义之产物本身,不可能再整体地思考矛盾的东西。"[65] 不过,莱奥纳德·内尔松(Leonard Nelson)* 却彻底地走向了极端,他说:拉德布鲁赫的相对主义"并没有(由于不可能断言其绝对真实)绝对听天由命地放弃价值判断,而是仍拥有相对的嘲讽和相对的狂妄,来确立这样的价值判断"。[66]

(批评的)例子就这些够了。我们现在可以简单就此作一些回应:没有哪一个批评者敢于说,相对主义价值论如何应当被克服,也就是说,可靠的价值评判如何能够被得到;他们中间甚至还没有谁提出一个能够远远胜过拉德布鲁赫理论的法哲学纲领。更为重要的是,在这里,几无例外地存在着对拉德布鲁赫的误解,把他的相对主义、他的宽容思想同伦理的冷漠主义(ethischer Indifferentismus)相提并论。我们在上文中业已指出:在拉德布鲁赫的哲学中,责任(Verantwortung)和决断(Entscheidung)所起的作用是何等的重要。将一切都视为值得讨论的倾向有可能导致"游说无根的相对主义"(haltloser Relativismus),他把这种危险始终牢记在心(《心灵之路》,第55页)。但他也反对把主观的价值评价冒充为知识。这一点,他又绝对贴近马克斯·韦伯;在韦伯看来,相对主义是一个理论和科学(价值无涉)的思维原理,而不是一个实践行为的原则;在实践行为上,韦伯是一个伦理上的绝对主义者和严格主义者(ethischer Rigorist)(《心灵之路》,第65页)。

拉德布鲁赫的相对主义也同样如此,我们应该更有理由把它

[65] 卡尔·拉伦茨:《当代法与国家哲学》,柏林,1935年第2版,第76页。

[66] 莱奥纳德·内尔松:《没有法律的法学》,哥廷根/汉堡,1949年第2版,第115页。

* 莱奥纳德·内尔松(Leonard Nelson,1882—1927),德国哲学家。早年信奉康德主义。著有《没有法律的法学》(Die Rechtswissenschaft ohne Recht,1917年)等。

看作是斗争的相对主义，而非犹豫不决的相对主义。如果读了拉德布鲁赫 1934 年在里昂所做的题为《法哲学上的相对主义》的报告(《法律上的人》，1961 年，第 80 页及以下页)，那么大家就会发现此言不虚。拉德布鲁赫在此完成了一篇杰作，从相对主义推导出“古典自然法的传统要求”：人权、法治国家、权力分立、人民主权、自由和平等。在这一点上，大家也许可以从容地表示疑问：这样的推论是否经得起检验。该报告通过两个方面经受住了考验：首先一点，当德国的掌权者把上述自然法要求踩在脚下时，拉德布鲁赫勇敢地对这些要求加以宏扬。第二点，这个报告证实了所有称拉德布鲁赫具有极端听天由命的精神的人在说谎。拉德布鲁赫的相对主义根本就不是“绝对的”相对主义。〔67〕亚历山德罗·巴拉塔(Alessandro Baratta)很正当地把它称为是与歌德理性的人文主义相近的“积极的相对主义”(positiver Relativismus)。〔68〕根据爱德华·斯普朗格的看法，拉德布鲁赫的相对主义只是一个假象的相对主义，事实上，它所涉及的是“三极的辩证法”(dreipolige Dialektik)问题。〔69〕沃尔夫冈·弗里德曼(Wolfgang Friedmann)* 认为：像马克斯·韦伯和古斯塔夫·拉德布鲁赫这类与实证主义者对立的相对主义者共有一种根本的属性：“他们不仅在法律的发展中，而且也在日常的法律应用中信奉伦理价值之炽热的和运动的

---

〔67〕参见乌尔利希·克卢格：《法哲学上的批判相对主义命题》，载阿图尔·考夫曼编：《古斯塔夫·拉德布鲁赫追悼论文集》，哥廷根，1968 年版，第 103 页及以下页。

〔68〕亚历山德罗·巴拉塔：《古斯塔夫·拉德布鲁赫思想中的相对主义与自然法》，载《法哲学与社会哲学档案》，总第 45 卷(1959 年)，第 510 页，519 页。

〔69〕爱德华·斯普朗格：《论自然法的更新问题》，载《宇宙》杂志(Universitas)第 3 期(1948 年)，第 410 页。

* 沃尔夫冈·弗里德曼(Wolfgang Friedmann，1907—)，德裔美国法学家。著有《法的理论》(1967 年英文 5 版)等。

意义。”〔70〕

最后，我们几乎都赞同弗里茨·冯·希佩尔的观点，他把拉德布鲁赫的相对主义看做是“一个由于其谦逊的态度而使人产生迷惑的称谓”。〔71〕也许，有人会说，这是一些相对晚近的表述。正确地说，拉德布鲁赫直到(20世纪)30年代初在这一点上才日见明确。我们不可以认为，在较早的一些年代，他的特性似乎就是麻木不仁。这完全不是那么回事。还记得吧，早在1919年，拉德布鲁赫就曾谈到过“实在法的盲目崇拜”，并提出问题：到底什么地方可以激发“自然法的思维方式”，遏制将“法与国家意志相提并论”的实证主义(《民族国家中的法》，第78页)。

随着拉德布鲁赫1926年回到海德堡这个其曾有过第一次学术经历的大学城，他感觉到就像回到故乡一样。老朋友的友谊日益加深，新朋友圈子也在凝聚：女作家里卡尔达·胡赫(RicardaHuch)、* 艺术史学家古斯塔夫·哈特劳普(Gustav Hartlaub)、女社会政策学家玛丽·褒姆(Marie Baum)以及历史学家弗朗茨·施纳贝尔(Franz Schnabel)等。拉德布鲁赫在其最后的岁月，诚如马上所表现出的那样，再次体验着精神的海德堡。他觉得很幸运，正好来自“德国的东北角，假如追溯起源的话，我的家族则来自下萨克森人的血统”，因为他“感觉到目前在海德堡，这个起源就像一座水库，使我从中可以汲取巨大的能量，健全地反对那种

---

〔70〕沃尔夫冈·弗里德曼：《法律上的法原则和法律难题的解答》，载《法哲学与社会哲学档案》，总第41卷(1954/1955年)，第351页。

〔71〕弗里茨·冯·希佩尔：《作为法哲学思想家的古斯塔夫·拉德布鲁赫》，海德堡/图宾根，1951年版，第18页。也参见埃里克·沃尔夫：《请用法律思考：论古斯塔夫·拉德布鲁赫的一个座右铭》，载阿图尔·考夫曼编：《古斯塔夫·拉德布鲁赫追悼论文集》，哥廷根，1968年版，第81页。

* 里卡尔达·胡赫(Ricarda Huch, 1864—1947)，德国女作家、诗人。著有《情诗》、《德国土地上的伟大战争》等。

缺此则正好有的危险的'海德堡精神'，它的'知识人'的自负，以及它在精神上骄傲的倾向"(《书信集一》，第89页)。

收获的季节来到了。业已被告知的消息有：《法学导论》和《法哲学》的新版本出版；这两本书正快速一个接一个地移译成更多的外文版本。到1933年，有无数重要的论文刊行问世；其中的精华我们已经讲过。此外，拉德布鲁赫在国际刑法学会德国分会、共和国法官协会以及作为该协会杂志《司法》的编辑和合作者的活动，也颇有成就。汉堡大学和柏林大学招聘邀请也显然证明了拉德布鲁赫在学术上的声望正向外不断升高；但他回绝了两校的招聘。

拉德布鲁赫感觉这几年是"幸福的时期"，把它比喻为"稳定平坦的通顶之途(Höhenweg)"；[72] 不过，正当此时，在他身上也隐含着即将来临的厄运。危险愈临近，他对"即将出现的野蛮化复兴"的警告就愈频繁、愈强烈(1932年；《法律上的人》，1961年，第62页)。在一篇题为《权威刑法，抑或社会刑法?》(1933年；《法律上的人》，1961年，第63页及以下页)的文章中，他对纳粹的刑法观及其根据人种来理解的民族共同体逐点进行了清算；毫不奇怪，1933年3月发表该文的《社会》杂志(Die Gesellschaft)，旋即遭到了查封。在另一篇文章《刑法改革和民族社会主义(纳粹)》中，拉德布鲁赫把纳粹的刑法贬斥为"恐怖主义的"刑法。在那个时期，拉德布鲁赫至少毫不隐讳地讲出了一些真话(参见《法西斯主义刑法》，第433页及以下页)。来自当时的其他一些言论，可能已经提到过了。

这不是没有(遭致)后果的。

---

〔72〕 引自维尔弗里德·屈佩尔：《作为海德堡法学教师的古斯塔夫·拉德布鲁赫》，载《法律家报》，总第34期(1979年)，第4页。

在精神的流放中

1933年5月9日，拉德布鲁赫被解除教职，理由是：他“依其整个人格和迄今从事的政治活动……”，不能由此保证“他现在会为民族国家毫无保留地效劳”。[73]拉德布鲁赫泰然自若地承受了这一结果。他通过专心致力于新的任务而变不利为有利，他援引圣经的话语本身说：“他们欲与我为恶，可神却善待于我。”（《心灵之路》，第39页）

在解职后的翌日，拉德布鲁赫就着手一项新的工作：（撰写）伟大的法学家保罗·约翰内斯·安塞尔姆·费尔巴哈传记。早在第一次海德堡时期，他就开始了本书的写作（《心灵之路》，第75页），但在接下来的若干年里，他一直找不到闲暇把该书安排进写作日程。我们确实也不无理由假设：当时对拉德布鲁赫而言，时机还不够成熟去评价费尔巴哈，因为毫无疑问，他长期以来一直与这个人进行着内心的斗争。他把费尔巴哈既看做是一个榜样，也看做是一个镜像。弗里茨·冯·希佩尔对此讲过十分中肯的话：

---

〔73〕 引证自埃里克·沃尔夫：《德意志精神史上的伟大法律思想家》，图宾根，1963年第4版，第742页。

“在费尔巴哈身上,拉德布鲁赫遇到了自己在刑法课题领域上的种种难题,因为所有重大的根本问题在启蒙时代的光照下业已变得细化,而且重新再一次以充满诚实坦率的方式提出来,恰当其时,他却接受了一个非同寻常、但善变且极端丰富的人物。拉德布鲁赫像一个撑船远航的水手伴随这风暴一样的精神,在追寻的范围、方向和式样上都特别贴近他,透过理性和人道(‘莱辛精神’)而凸现出来;而且,通过斗争精神和发现的喜悦,尤其是,通过对强加于己的法学思维框框而不断涌上来的艺术家般的愤懑感,拉德布鲁赫之为人也与他近似;与他相比,(拉德布鲁赫)在原创力上也许犹有不及,但透过审慎的亲切和从容的坚定,却又略胜一筹。”〔74〕

1934年,费尔巴哈传即已杀青,假如我们撇开其论文集《论刑法的优雅》和《人物与思想》不谈,那么这本传记是拉德布鲁赫所写的(文笔)最优美的一本书。该书的重要性在法学和刑法史自不待言,即使在文化史和思想史上也是一项重要的成就。托马斯·曼和里卡尔达·胡赫等重量级的人物都曾强调过这一点(《费尔巴哈》,1969年第3版,第6—7页)。

这本书是经年成熟的果实,对此,我们在通篇都可以感受到。肤浅的传记作者多么容易陷入偏差:以至于让自己的主人翁看起来戴有超凡脱俗的光环。拉德布鲁赫绝不给其传记主人翁涂抹这样浓艳的重彩。他在必须让所描述的(主人翁)人生显现不那么光彩的地方,也敢于讲出真话。费尔巴哈,无疑是一位不同凡响的天才,他是现代德意志刑法科学的奠基人(其曾创制1813年的巴伐利亚刑法典,* 该法典是第一个现代的刑法典编纂,对在巴伐利亚

---

〔74〕 弗里茨·冯·希佩尔:《作为法哲学思想家的古斯塔夫·拉德布鲁赫》,海德堡/图宾根,1951年版,第96页。

* 巴伐利亚刑法典是费尔巴哈被任命为巴伐利亚的司法部长后(1805年)受命制定的,该法典于1813年生效,其以对各种罪名的定义准确和分类精细而著称,与法国拿破仑的《刑法典》(1810年)一起曾在几十年内成为欧洲其他国家刑法的范本。

废除酷刑起过作用),是在司法领域争取法治国理念的激情的斗士。不过,他的这一天才也是他的魔鬼;在长期的生活中,其灵魂被相互冲突的激情撕扯得支离破碎,其争强好辩的过度刺激总是不断与周遭世界产生新的冲突,即使他的朋友也把他称为是一个"异常暴躁的"家伙。拉德布鲁赫指出:(费尔巴哈的)这一生活本身几乎常常滑向精神病态的边缘。而且,他的后代也继续保持着这种既属天才、也属精神病态的混合特性。他的所有孩子几乎个个有极高的天分,三个儿子甚至都成了著名的学者:路德维希·费尔巴哈(Ludwig Feuerbach),* 唯物主义哲学家;卡尔·费尔巴哈(Karl Feuerbach),数学家和"费尔巴哈圆周"(Feuerbachscher Kreis)的发现者;安塞尔姆·费尔巴哈(Anselm Feuerbach),考古学家和《梵蒂冈的阿波罗》(Vatikanischer Apollo)的创作者——与父同名的最后一个儿子也是一位著名的画家。** 然而,费尔巴哈的孩子大概没有一个在人生上是幸福的;其中,三个孩子患有忧郁症,其余的孩子生性忧愁多疑,两个孩子有精神障碍,一个孩子早年夭折(《人物与思想》,第125页及以下页:《费尔巴哈家族:一个精神的王朝》[Die Feuerbachs;Eine geistige Dynastie])。拉德布鲁赫并没有掩饰费尔巴哈人格中的这一阴暗面,他也不需要去掩饰,因为他极其深刻地了解到:费尔巴哈身上的激情和分裂同时也是其取得成就的来源。毫不奇怪,恰好惟有拉德布鲁赫才可能对费尔巴哈有这么好的体会。因为比较这两位人物在性格和气质上的一切多样性可以看出,费尔巴哈的人生显示出与他的传记作者的

---

* 路德维希·费尔巴哈(Ludwig Feuerbach,1804—1872)是与费希特、谢林、黑格尔齐名的德国哲学家。以倡导唯物主义和对卡尔·马克思的影响而著称。著有《论哲学和基督教》(1839年)、《基督教的本质》(1841年)等。

** 安塞尔姆·费尔巴哈(Anselm Feuerbach,1829—1880)被公认是德国浪漫派古典主义画家。其创造的画面带有抒情、伤感的情调。最具特色的作品是肖像画,如《南娜》(1861年)。1876年迁居意大利。

生活有许多类似之处。像拉德布鲁赫一样，费尔巴哈在本性上也是一位具有艺术家气质的人，一位德意志语言的大师，其著作类似拉德布鲁赫的作品，具有极高的审美品味。两人都在青少年时就“在灵魂上逆反”法学，两人又都是“具有内疚之心的法学家”(Juristen mit schlechtem Gewissen)，他们是有关法的价值的怀疑者，但他们对法的必然性又都有如此透辟的感受，因而激发出巨大成就的能量。

在庆祝弗朗茨·冯·李斯特 60 寿辰之际，拉德布鲁赫以模仿的笔法寄给他一张颜色发黄的费尔巴哈的名片(《法学导论》，第 8 页)：

“火之光*，我和你！
越过百年目送
在高空里，彼此
闪烁知心的会意。”

拉德布鲁赫本人后来无疑已经预见到这一点。因此，在他 60 岁生日时假如再把这个名片寄返于他，似乎是合乎常理的。但在当时，1938 年，他被隔离起来了。只有在遥远的日本，人们才想着给他编辑一本祝寿论文集。〔75〕

〔75〕 在日本，也是很早(1961—1967 年)出版了 11 卷本的拉德布鲁赫法哲学著作。拉德布鲁赫对日本法律思想的巨大影响，宫泽浩一业已著文说明，见《古斯塔夫·拉德布鲁赫与日本法学》，载阿图尔·考夫曼编：《古斯塔夫·拉德布鲁赫追悼论文集》，哥廷根，1968 年版，第 366 页及以下页。

* “费尔巴哈”(Feuerbach)的名字，可直译为“火之流”。这里，拉德布鲁赫用“火”(Feuer)一词，其所传达的，是个人感同身受的费尔巴哈和恩师李斯特的人格形象。在《法学导论》第 7—8 版序中，拉德布鲁赫曾对此做过这样的阐释：“‘火之光’是对李斯特生平最好的比喻：‘火’象征他的气质，然而这不是以熊熊烈火和浓烟涂抹事物扭曲的影像；‘光’是审慎的理性，但不是像苍白的月光那样，只是指引着没有生命、没有灵魂的现实的幽灵。”(古斯塔夫·拉德布鲁赫：《法学导论》，王怡苹、林宏涛译，台湾地区商业周刊出版社 2000 年版，第 8 页)

在费尔巴哈传记之后，紧接着又有两本书，这我已在多处向读者提到过，即：1938 年的《论刑法的优雅》和 1944 年的《人物与思想》。两本书都是以前发表的部分论文汇编成册的，但其丰满性和完美性显现出（前后）一贯的线索。拉德布鲁赫之丰沛的艺术家特质，其广博的人文素养，其精神的宽度以及其“边缘间的鬼才”（Zwischenbegabung），于此处都突然迸发出来了。我们所见到的是拉德布鲁赫与之心交神会的一些伟大思想者的超凡世界：歌德、西塞罗及其著作《论义务》（Officien）的译者施瓦岑贝格（被称为“德意志的西塞罗”），然后是莎士比亚（《一报还一报》）、塞缪尔·约翰逊（Samuel Johnson，人们常常只称其为“约翰逊博士”）、* 汉斯·巴尔东 **（他的女巫画像）、巴塞尔的历史研究专家伊萨克·伊塞林（Isaak Iselin，他生活于 18 世纪，对萨雷·贝卡里亚的作品下过工夫）、特奥多尔·冯塔纳（Theodor Fontane）、弗朗茨·冯·李斯特……其恢弘的研究论文《米开朗琪罗：梅迪契教堂的绘画》（Michelangelo：Mediceerkapelle）在《人物与思想》中达到了一个高峰，且对每个佛罗伦萨艺术的鉴赏家和爱好者来讲也是一个启迪；上已提及，这些作品是拉德布鲁赫与赫尔曼·坎托洛维奇、特娅·坎托洛维奇夫妇间友谊的记录。

当时，几乎所有的德国杂志都对拉德布鲁赫关起了门户；惟一的例外，是由卡尔·奥古斯特·埃姆格负责编辑出版的《法哲学与社

---

* 约翰逊（Samuel Johnson，1709—1784），英国诗人、评论家、散文家和《英文辞典》的编写者。同时他也是一位著名的道德家，强烈反对战争，要求给战俘人道待遇，一贯捍卫穷人和被压迫者的利益，反对欧洲殖民主义，支持黑人和其他土著人民的权利。曾被都柏林大学和牛津大学授予法学名誉博士学位。

** 汉斯·巴尔东（Hans Baldung），据称是活跃在 15—16 世纪斯特拉斯堡（1484—1545 年）的德国画家和版画雕刻家。

会哲学档案》(Archiv für Rechts-und Sozialphilosophie)。* 但许多外国的期刊向他开放,其中刊载有他用英文、法文、意大利文、荷兰文,也有用德文撰写的文章。《法哲学上的相对主义》(Le Relativisme dans la Philosophie du Droit)(1934 年)和《法的目的》(Le but du droit)(1937—1938 年)两篇文章后来收在《法律上的人》这本集子里出版(《法律上的人》,1961 年,第 80 页及以下页;第 88 页及以下页);** 研究论文《作为法律思维形式的事物的本性》(La natura della cosa come forma giuridica di pensiero)(1941 年)表达了拉德布鲁赫"事物的本性"学说的序幕,在其晚年直至去世之后,该学说还一直起着重要的作用。

总而言之,拉德布鲁赫在国外的声望愈增长,其在德国国内愈执拗地沉默。1934 年,他收到考纳斯大学(Kownow)*** 的招聘邀请,但他考虑到官方的责难而未能遂行(《书信集一》,第 108 页)。同时,他还收到纽约大学、苏黎世大学和里昂大学的聘请(《心灵之路》,第 37 页)。但他能够成行的是在 1935—1936 年于牛津大学的大学院(University-College in Oxford)进行为期一年的研究。拉德布鲁赫感受到,这一年的时间非常集中地孕育了他的新的想法。

---

* 《法哲学与社会哲学档案》(Archiv fuer Rechts-und Sozialphilosophie,简称 ARSP)系国际法哲学与社会哲学学会(IVR)会刊。1907 年(在该学会成立两年之前)在柏林创刊,早期刊名为《法哲学与经济哲学档案》,由德国著名法学家、新黑格尔主义法学派的代表约瑟夫·柯勒(Joseph Kohler)和弗里茨·伯罗茨海默(Fritz Berolzheimer)担任主编,1936 年以后刊名改用现称。每年出版 1 卷及若干丛书(专辑)。

** 在《法律上的人》这本文集里,《法哲学上的相对主义》(Der Relativismus in der Rechtsphilosophie)和《法的目的》(Der Zweck des Rechts)两篇文章分别标明出处:前者为拉德布鲁赫在里昂大学所作的学术报告,发表于法国杂志《法哲学档案》(Archives de Philosophie du Droit)1934 年第 1—2 卷;后者为其在罗马召开的国际法哲学研究所大会上所作的报告,发表于《国际法哲学研究所年鉴》,1937—1938 年。

*** 考纳斯(Kownow),常写作 Kaunas,立陶宛的一个城市。

1936年后,我们看到了他更多用英语发表的论文,其中最重要的就是那本富有才气的小册子《英国法的精神》(Der Geist des englischen Rechts)(简称GeR;其第一版于1946年发表),即使在今天,这仍然是一本值得向每个想了解英国法材料的德国法科学生亟待推荐的必读书。至少,拉德布鲁赫关于美国的大法官奥利弗·温德尔·霍姆斯(Oliver Wendell Holmes)*的文章,〔76〕也间接地是其牛津之行的一项成果。很明显,思想的孕育是以彼此相对的方向进行着的。从阿奇博尔德·亨特·坎贝尔(Archibald Hunter Campbell,英国爱丁堡大学)那里,我们可以获得英语法学界对拉德布鲁赫的尊重的明白记录,〔77〕但这绝不是惟一的材料;例如,安东·赫尔曼·乔鲁斯特(Anton Hermann Chroust,荷兰鹿特丹大学、美国印第安纳大学)、朗·富勒(Lon Fuller,美国波士顿大学)、伯伦德·凡·涅科克(Barend van Niekerk,南非的德班大学)和朱利尤斯·斯通(Julius Stone,澳大利亚悉尼大学)等均对拉德布鲁赫表

〔76〕《奥利弗·温德尔·霍姆斯》,载《南德意志法律家报》(Sueddeutsche Juristen-Zeitung)1946年第1期,第25页及以下页。

〔77〕阿奇博尔德·亨特·坎贝尔:《古斯塔夫·拉德布鲁赫的法哲学与英国法学》,汉诺威—明登,1949年(英文和德文版)。

* 奥利弗·温德尔·霍姆斯(Oliver Wendell Holmes,1841—1935),美国法学家。实用主义法学奠基人。曾任美国联邦最高法院法官。著有《普通法》(1881年)、《法律的道路》等。

达过他们的敬意。[78]

这里若想把外国对拉德布鲁赫自精神的放逐以来所发生的整体"反馈"(Feedback)都记述下来,可能是一种奢望。特别要指出的是,早自1912年起,当格尔奥格·卢卡奇(Georg Lukacs)* 这位匈牙利哲学家于海德堡逗留两年期间,拉德布鲁赫即与其建立了较为密切的关系;两人之间逐渐有频繁的通信往来,这显示了他们个人的相互崇敬,以及在事业上有多方面的一致性。[79] 卢卡奇与"海德堡学人圈"(Heidelberger Kreis)的其他著名人士也保持着联系,即使有时他们(例如同卡尔·雅斯贝尔斯)之间的关系并不总是同样和谐的。

拉德布鲁赫在日本的影响,上文业已做过交代;这一影响至今也还没有中断。在韩国,拉德布鲁赫的影响也愈来愈显著;[80] 三

---

〔78〕 安东·赫尔曼·乔鲁斯特:《古斯塔夫·拉德布鲁赫的法哲学》,载《哲学评论》(1944年)总第33期,第23页及以下页;L. 朗·富勒:《古斯塔夫·拉德布鲁赫的法哲学》,载《20世纪中叶的美国法哲学》(1954年)第6卷第4期,第457页及以下页;也见:《法学教育杂志》1953—1954年,第481页及以下页;伯伦德·凡·涅科克:《来自海德堡警告的声音:古斯塔夫·拉德布鲁赫的生平和思想》,载《南非法律评论》第90卷(Vol XC)第3部分,1973年8月,第234页及以下页;朱利尤斯·斯通:《人类法与人类正义》(Human Law and Human Justice),悉尼,1965年版,第227页及以下页。也可参见E. W. 帕特森(E. W. Patterson):《导言》,载《拉斯克、拉德布鲁赫和达班的法哲学》(The Legal Philosophies of Lask, Radbruch and Dabin),1950年版(《20世纪法律哲学丛书》第4卷),第27页及以下页(XXVIIff.)。

〔79〕 这方面的报道,见察巴·瓦尔加:《论古斯塔夫·拉德布鲁赫与格尔奥格·卢卡奇之间的关系》,载《法哲学与社会哲学档案》,总第67卷(1981年),第253页及以下页。

〔80〕 参见阿图尔·考夫曼:《古斯塔夫·拉德布鲁赫和韩国法哲学》,载《郑钟勗教授追悼文集》,东京,成文堂1985年版,第112页及以下页。

* 格尔奥格·卢卡奇(Georg Lukacs,1885—1971),匈牙利哲学家、文艺理论家。20世纪新马克思主义的重要代表人物。著有《历史和阶级意识》(1923年)、《理性的毁灭》(1954年)、《社会存在的本体论》(1973年)等。

位年轻的韩国法学者用德语写作以拉德布鲁赫为题的博士论文。〔81〕在意大利，拉德布鲁赫过去和现在都有非常多的朋友；值得列举的，有吉奥尔吉奥·德尔·韦基奥(Giorgio Del Vecchio)、* 亚历山德罗·巴拉塔和马里奥·A. 卡塔尼奥(Mario A. Cattaneo)。〔82〕此外，在阿根廷、巴西、日本、南斯拉夫、韩国、波兰、

---

〔81〕权宁百：《古斯塔夫·拉德布鲁赫法哲学中"事物的本性"学说的发展和意义》，博士论文，萨尔布吕肯，1963年；金智洙：《古斯塔夫·拉德布鲁赫思想中的"方法三元论"和"事物的本性"》，博士论文，弗莱堡，1966年；郑钟勗：《古斯塔夫·拉德布鲁赫相对主义法哲学之路》，博士论文，波恩，1967年；也见同一作者：《论古斯塔夫·拉德布鲁赫的自然法转向》，载《法哲学与社会哲学档案》，总第56卷(1970年)，第245页及以下页。

〔82〕拉德布鲁赫与德尔·韦基奥之间的关系见诸多处通信联络(Br/a)；也参见德尔·韦基奥：《法哲学教程》，巴塞尔，(德文)第2版，1951年，第294页。巴拉塔要想认识拉德布鲁赫，他还太年轻，但在思想上却已是他的学生；参见亚历山德罗·巴拉塔：《古斯塔夫·拉德布鲁赫思想中的相对主义与自然法》，载《法哲学与社会哲学档案》，总第45卷(1959年)；阿图尔·考夫曼编：《古斯塔夫·拉德布鲁赫追悼论文集》，哥廷根，1968年版，第173页及以下页。卡塔尼奥的情况也相类似；例如《古斯塔夫·拉德布鲁赫思想的最后阶段：从相对主义到自然法》(L'ultima fase del pensiero di Gustav Radbruch; Dal Relativismo al Giusnaturalismo)，载《哲学杂志》(Rivista di Filosofia)，总第50期(1959年)，第61页及以下页。此外，也参见：路易齐·塞柯：《古斯塔夫·拉德布鲁赫的葬礼致辞》(Onoranze a Gustav Radbruch)，载《国际法哲学杂志》(Rivista Internazionale di filosofia del Diritto)，总第26期(1949年)，第3册，第302页及以下页；同上作者：《古斯塔夫·拉德布鲁赫》，载《国际法哲学杂志》，总第27期(1950年)，第3册，第125页及以下页；G. 涅齐奥：《论古斯塔夫·拉德布鲁赫的思想》(Intorno al pensiero di Gustav Radbruch)，载《政治学》，总第18期(1953年)，第3号；迪诺·帕西尼：《古斯塔夫·拉德布鲁赫〈法哲学入门〉意大利译文版导言》(Introduzione alla edizione italiane"Propedeutico alla Filosofia del Diritto"di Gustav Radbruch)，1959年版；V. 帕拉佐罗：《古斯塔夫·拉德布鲁赫的法哲学》(La Filosofia del Diritto di Gustav Radbruch)，载《意大利文化档案》(Archivio della cultura italiana)，第3卷(1941年)；同一作者：《古斯塔夫·拉德布鲁赫与尤利乌斯·宾德的法哲学》(La filosofia del diritto di Gustav Radbruch e di Julius Binder)，米兰，1983年版，第1页及以下页。

* 吉奥尔吉奥·德尔·韦基奥(Giorgio Del Vecchio，1878—1970)，意大利法学家，新康德主义法学在意大利的代表人物。著有《法概念的哲学前提》(1905年)、《自然法的概念和法的原理》(1908年)、《法哲学教程》(1930年)、《论正义》(1952年)等。

葡萄牙、俄国、西班牙……等等国家，有关拉德布鲁赫著作的翻译和文献讨论仍在继续进行。这里，我必须中断相关的叙述，尤其是，我肯定自己不完全熟知所有的情况。

所有这一切都不可能改变下面一点：在那个独裁的年代，拉德布鲁赫陷入精神隔绝的状态，这种隔绝与其渴求谈话和喜好讨论的天性是极端矛盾的。确实，他也保留着个人的朋友圈：卡尔·雅斯贝尔斯、里卡尔达·胡赫（"一位令人惊奇的女性"，《书信集一》，第 209 页）、玛丽安妮·韦伯（Marianne Weber，拉德布鲁赫对她的书《圆满的人生》[Erfülltes Leben]给予了高度的称赞；《书信集一》，第 178—179 页）；一位儿时的朋友，即赫尔曼·林克（Hermann Link），在吕贝克还与他保持着联系（有关林克，见《书信集一》，第 242 页及以下页）。令他心痛的，是其最亲密的朋友赫尔曼·坎托洛维奇之逝；坎托洛维奇是在流亡中去世的（殁于英国的剑桥；他是犹太人）。在一封信中，拉德布鲁赫写道：

"他是近 40 年来我最要好的朋友；他是我所认识的最伟大的学问家和最有才智的人。同他的每一次谈话都充溢着思想的冲击，同时富有诙谐和愉快的心情，我要对他表示感谢的，多得无以形容，不仅在治学上，而且也在做人上。"（《书信集一》，第 131 页；参见《心灵之路》，第 70 页及以下页〔83〕）

在众多的学生中，黑尔加·艾因塞勒和阿格尼丝·史瓦西特颇受拉德布鲁赫的信赖；当时的许多信件可以从中证明。〔84〕也不能不提一下，在海德堡大学法学院里，拉德布鲁赫也有为数不多的几个投缘的同事：沃尔夫冈·米特迈耶尔教授（Wolfgang

〔83〕也见《追忆赫尔曼·坎托洛维奇》，载《瑞士刑法杂志》，总第 60 期（1946 年），第 262 页及以下页。

〔84〕阿格尼丝·史瓦西欲出版论弗朗茨·冯·李斯特作为刑法教义学家的博士论文（1933 年），由于作者属非雅利安血统而被《刑法文丛》（Strafrechtliche Abhandlungen）的编辑回绝。参见《书信集一》（Br/a），第 281 页。

Mittermaier)、* 赫伯特·恩格尔哈德、卡尔·恩吉施(Karl Engisch)**(恩吉施深得拉德布鲁赫的赏识,成为其教席的后任者)。

但他们尽管对他怀有诚意,都不可能改变拉德布鲁赫的命运,尤其是,不能排遣其精神流放的感觉。笼罩在拉德布鲁赫周围的空气是冰冷的。有人称他在德国最黑暗的时期的学说是“极其无创造性的精神的表现”(卡尔·拉伦茨语〔85〕),但愿说这话的人对此不曾有(前后不一的)矛盾。这是何等的歪曲啊!换言之,真的是一无所知吗?在德语圈内,还有其他哪一个法哲学家,在创造力这一点上能够与拉德布鲁赫相匹敌?也许还有汉斯·凯尔森,不过连他也被纳粹党(政权)革除了。

当然,我们也不应否认,当时与拉德布鲁赫为伍并不是没有危险的。大约在拉伦茨写下上引那句话的同时,拉德布鲁赫在罗马做了一个题为《法的目的》(Der Zweck des Rechts,1937 年)的学术报告,他这样表示:“一旦法不过是元首的命令,那么即使由法赋予的元首的约束力,以及法治国和公法权利也就说不清楚了。而这些概念,本来形式上只有根据实证主义内容的法之安定性思想,实质上则只有根据个人主义内容的正义思想才能够被阐明。更进一步讲,假如法只是对公共利益负责的元首之命令,假如它不是某种固有规律性的展开,而这个规律性不依附于赤裸裸的合目的性思

〔85〕 卡尔·拉伦茨:《当代法与国家哲学》,柏林,1935 年第 2 版,第 74 页。

* 沃尔夫冈·米特迈耶尔教授(Wolfgang Mittermaier,1867—?),德国法学家。早年曾任吉森(Gießen)大学法学教授,与拉德布鲁赫、威廉·克罗纳(Wilhelm Kroner)、胡果·森茨海默(Hugo Sinzheimer)等人共同编辑共和国法官联合会主办的《司法》杂志。

** 卡尔·恩吉施(Karl Engisch,1899—1990),德国法学家。著有《法律适用的逻辑研究》(1960 年 2 版)、《法律思维导论》(1971 年 5 版)、《寻求正义之路:法哲学的主题》(1971 年)等。1934 年夏,恩吉施接替拉德布鲁赫担任海德堡大学法学院教席,讲授刑法、刑事诉讼法和法哲学。

想，不依附于唯令是从，那么法院的独立性就变得是根本不可理喻的。”（《法律上的人》，1961 年，第 102 页）

对纳粹之不法国家（它让一切统统无效），这是何等愤怒的控诉！元首的命令成了最高的法律，完全不顾及法的安定性和正义，公权利不再被承认，法院的独立性被废除。而所有这一切都是在（人们的）赞同之下，甚至经常是根据绝大多数法学教授、尤其是国家法教授和法哲学教授的倡议之下进行的（我们可以忘掉这些人的名字，但绝不可以忘记这件事本身）。〔86〕这样，拉德布鲁赫觉得自己很孤立，有谁会感到惊奇呢？在 1939 年 1 月所写的一封信中，他感到自己“被这个时代从内到外完全隔绝起来了”（《书信集一》，第 128 页）。

此前不久，他遭受了一次几乎令人难以承受的命运的打击。拉德布鲁赫与夫人莉迪娅自从结婚以来生有两个孩子：女儿蕾娜特（Renate），生于 1915 年 9 月 8 日；儿子安塞尔姆（Anselm），生于 1918 年 12 月 9 日。拉德布鲁赫先后失去了这两个子女。蕾娜特于 1939 年 3 月 22 日在巴伐利亚阿尔卑斯山的一次滑雪事故中丧生。安塞尔姆于 1942 年 12 月 6 日于斯大林格勒战场阵亡。

拉德布鲁赫特别疼爱女儿蕾娜特。1916 年，他在法国战场的一个战壕里给刚满周岁的女儿写了封信，它可以看做是父亲给女儿所写的信中最美的一封（其完整地付印在《心灵之路》，第 85 页及以下页）。（在信中）拉德布鲁赫根本没有向她叙述战争、死亡和武器，而是讲一些“无关紧要的”（unwesentlich）东西，但也是父亲想要在这个去神的世界（entgötterte Welt）揭示的东西：花草、动物、太阳、风，甚至跳蚤和臭虫——（按照歌德的说法）它们也属于

〔86〕 对此详见阿图尔·考夫曼：《法哲学和民族社会主义》，载《法哲学与社会哲学档案》，丛书第 18 卷（1983 年），第 1 页及以下页。

全体。〔87〕而且,他还对她谈到诗人和哲学家创造的惊奇,谈到人最终要完全单独面对与之四眼对视的上帝和灵魂。

蕾娜特与她的父亲在许多方面很类似(参见《书信集一》,第105页),勤奋、好思、健谈。1936年共同的意大利之行,使他们两人(的趣味)彼此更为接近。事后,拉德布鲁赫写信给蕾娜特说:"……同你旅行的期间对我完全是巨大的快乐。对在我看来总是属于紧要问题的东西,你都感觉如此灵敏,你对意大利也有如此的感受,这使我对此次旅行完全心满意足。对我们两人而言,这是完全纯净的共同生活的几周。"(《心灵之路》,第140页)

蕾娜特先后在马尔堡、维也纳和慕尼黑学习艺术史。她开始做的博士论文《中古和近代之间的德国农民身份:一个艺术史的初探》(Der deutsche Bauernstand zwischen Mittelalter und Neuzeit; Ein kunstgeschichtlicher Versuch),在其死后由父亲代为完成;这篇论文于1941年出版(1961年2版)。拉德布鲁赫试图以那篇人情温热的学术短文《西塞罗——对图丽雅*的哀思与慰藉》(Cicero——Trauer und Trost um Tullia)以治愈其受伤的心灵(《人物与思想》,第14页及以下页)。"图丽雅娜,安乐归息,安乐归息,慰余痛兮"(Tulliola, deliciae, deliciolae meae)——拉德布鲁赫本来也可以对蕾娜特这样说。像西塞罗试图所做的那样,他也想为死获取生的意义。

在(死人的)灵柩前,我们所体验到的是:"死在限制生的同时,也在形成生,死亡的形象突然清晰地浮现在我们面前,而同时我们

〔87〕 特别有趣而可赏读的,是题为《论跳蚤的形而上学》的文章,这篇文章是拉德布鲁赫在战壕里为《预备役军人》(Landsturmmann)刊物所撰写的。载《法兰克福报》,总第60年卷(Jg.)第181期(1916年7月2日)。

* 图丽雅(Tullia),西塞罗的女儿。早年英逝,西塞罗为此做专文《论安慰》(Consolatio)寄托哀思。拉德布鲁赫当时的情景亦同西塞罗,写作该短文,表达同病相怜之情。

能够看到生命中的形象。死意味着……迄今仍隐秘的实际形象的澄明。”或者用西塞罗的话讲:“吾人沉记于心之形象,较吾人以肉眼所见之,尤属吾人之真实形象”(Necenim minus nostra sunt,quae animo complectimur,quam quae oculis intuemur;《人物与思想》,第29页)。

拉德布鲁赫与其儿子安塞尔姆的关系是另一种形式的,当然至少是充满爱意的,但他们两人在心智和秉性上存有区别,不同于拉德布鲁赫与蕾娜特两人那样能够达到心灵上的和谐一致。安塞尔姆从小性格内向、沉默寡言,另一方面,他也能够比蕾娜特更容易摆脱父亲的“沉重”(Schwere)(《书信集一》,第105页)。1937年中学毕业以后,安塞尔姆很快应征入伍。他属于不走运的那一代人,他们在和平日子(假如我们可以把当时的局势称做是和平的日子的话)服役两年,然后立即上战场。作为少尉,安塞尔姆先是到法国,然后就奔赴东部前线。他最初打算学习文学和新闻学专业(《书信集一》,第128页),不过后来又决定学习法学。拉德布鲁赫对他这一决定极为赞赏,他早就希望儿子与其共同学习(因为他也必须像安塞尔姆一样学习新的东西),他向安塞尔姆保证,儿子若有志于法律实务,他绝不想强迫其当学者(《书信集一》,第144页)。对于儿子安塞尔姆,拉德布鲁赫也极为操心,自从安塞尔姆到了东部战线(这由许多信件证实),拉德布鲁赫就想(为儿子)做些文字上的纪念。他为儿子准备了一本警句选集送往战场作为精神上的行军装备,这本警句选集“作为基础应当有助于我的儿子闲聊有关法的基本问题”(《法律警句集要》,第5页),其很多内容同时也是讲拉德布鲁赫本人的一个语录汇集(拉德布鲁赫是一位警句和格言的热心搜集者)。该集子于1954年以《法律警句集要:致安塞尔姆的格言集》(Kleines Rechts-Brevier; * Spruch für Anselm)

---

* 日译本将 Kleines Rechts-Brevier 译作《小法语录》。见中义胜、山中敬一译:《グスタフ·ラ　トズルフ》,成文堂1992年版,第179页。

为书名出版(1962 年出第 3 版)。

蕾娜特的墓地位于海德堡山地公墓(Heidelberger Bergfriedhof)最美的地段。后来拉德布鲁赫也依葬于此。为纪念蕾娜特,墓碑装饰有她所倾心的雅典娜(Athene)* 形象。安塞尔姆的墓立有十字架。两个墓地的符号象征着什么,拉德布鲁赫所作的哀诗《沉思的雅典娜》里的语句讲得再好不过了:

沉思的雅典娜

——追思小女蕾娜特与吾儿安塞尔姆

来自太阳的光辉,多廊柱的神殿巍然屹立,
我在这陌生空渺的土地上凝望,
静静守护那一方无名的墓地。
我被遴选承担这一神圣的职责,
她安睡于此,也许带着我的精神气息,
秀发灿若金黄,追此民族本性,亦如我类
有少女的羞怯、细嫩,灵巧敏捷的才气
爱好艺术,崇尚学问,
在灾祸来临呼救之时,如我般得助,
无论是残酷的战争,还是果挂枝头的和平时期。
啊,真渴望这沉睡者的安息之地
花环庄严,鲜花依依!

为何我目不转睛
凝视那一边? 你从哪里来,年轻的勇士

---

* 雅典娜(Athene),古希腊神话中的智慧女神和雅典城市的保护神,是战争、艺术和智慧的象征。罗马人把她称为"密涅瓦"(密纳发)。

你严肃，你傲慢，你贵族般泰然，
既非奥德赛，亦非波里登兄弟之姿，*
啬于辞令，沉默实干，
待友以诚，至死信守名誉，
侍奉战神，却渴望灵魂。
让我看看：那长矛，像是一把牧师的杖杆。

你的墓碑，神秘的十字架，
是新神的神圣飘幡？
绝非战争英雄，如刚烈英雄般忍受，
忠厚至死，直至痛苦地死在十字架边，
他像纯真的少女，绝不与人为仇，
不，他最强烈地与人友爱，诚实直到生命的终点。
啊，爱，伴随着这两位熟睡之人
沉入墓地的里面。爱，把神圣的光环
安放在他们的墓碑之檐。爱，让逝者
生命永延。我成了虔诚的转达者，
报道女神和新来的爱神聚会圣山？

——古·拉**

我曾反复地问到：拉德布鲁赫为何没有连同全家移居国外。难道他身上就没有过太多的苦难、太多的悲伤、太多的痛楚？难道他在 1945 年后就不能不如此更令人信服地支持新的法治国家吗？

---

* “奥德赛”(Odysseus，一译“奥德修[斯]”)为古希腊荷马史诗《奥德赛》中的主人公。“波里登兄弟之姿”(Peliden Bruderbild)，用典不详。

** 古·拉(G. R.)为古斯塔夫·拉德布鲁赫名字的缩写。

这些问题是很难回答的。首先据我所知,对此拉德布鲁赫没有留下任何的文字表述,他在我面前也从未谈及此事。无疑,他遭受的不幸简直太多了,尤其是他的孩子的死亡;但这毕竟是难以逆料的。他所感受的精神上的孤独才令他痛苦难挨。他曾经写道:“人生出来就是要说话的,如果人被迫宁死不说一句话,必然要损及他的灵魂。”(《心灵之路》,第136页)

假如他移居到另一个西方国家,也许不必承受这永远一言不发的角色。但可能他又陷入另一种孤苦。对一个学者而言,尤其是对于一个类似诗者的人而言,由于他的世界是由语言构成的,丧失语言的家园绝对是难以克服的,即便他掌握了纯熟的外语。拉德布鲁赫之形式(格调)完美的著作,还只能用德语写成。

假如当年拉德布鲁赫不是在德国亲身经历过独裁统治,我绝不相信拉德布鲁赫能够在二战后的若干年里比以前更加令人信服地产生影响力。拉德布鲁赫对纳粹政权没有作任何的让步。随着1945年闹剧过去以后,拉德布鲁赫才又问心无愧地站了起来。他在治学上整装待发。

法的革新

1945年9月7日,拉德布鲁赫被恢复了教职。同时,他当上了海德堡大学法学院的院长。从这一时刻开始,他尽管年事已高且健康欠佳,但仍孜孜不倦地从事大学的重建。他注意到自己到了法定退休的这一把年纪,本来辞职也是情有可原的,因为辞职对他来讲可以"避免有教学活动的高峰",而这些教学活动"将会进一步加重病情"(《心灵之路》,第136页)。但1946年1月22日在给卡尔·奥古斯特·埃姆格的一封信中,他这样写道,尽管"经历了(纳粹统治)12年之后,在全新的形式下,具有(比以前)重得多的教育上的责任,且几乎以老一套的活动方式",但他仍感受到能够讲课,是"某种幸运"(《书信集一》,第196页)。1946年8月20日写信给阿格尼丝·史瓦西,他又说:"在1月份已经过去的这两个学期,尽管我身体特别虚弱,我强烈感受到讲课的幸运,此前从未有过。"(同上)

学生们(绝大多数是刚刚从战场回国的士兵)可以听到这样的课程,其所感受的幸运可能也绝不会少。拉德布鲁赫给他们上6个学期的课,直到他们参加(国家)考试。当1948年7月

14 日他结束了自己的教学活动,为学生做了一场令人动情的告别(教席)演讲,当时他谈到自己对所遇到的这一代学生的最大感受是:渴求文化,渴求学习,实干能力无与伦比,在克服物质的贫穷上堪称典范。[88] 诚如在写给胡果·马克斯(Hugo Marx)的信中所讲的,对他而言,“别离教学是很难受的,站在讲坛上的最后一刻……可以想见是一次令人伤感、动人肺腑的体验”(《书信集一》,第 229 页)。

拉德布鲁赫对这一代“失望、没完没了地批评、故而在信仰上进行思想斗争”(《书信集一》,第 210 页)的学生非常操心劳神。几乎没有任何一个学生听他的讲授是白费力气的。自从 1945—1946 年冬季学期起,一些学生获得特许每周到他位于弗里森贝格(Friesenberg)的住处(拉德布鲁赫从未拥有一所私宅)聚会,形成约 15 个人(其中部分学生有流动)的圈子,就所有的话题进行讨论;对当时等待的情形,这些学生肯定永远不会忘记。拉德布鲁赫本人也相信,这些谈话对他来讲也意味着某种充实,因为他获得的“不只是学生状况的珍贵图景”,而且也有“在澄清和发现意义上的一定影响”(《书信集一》,第 197 页;《心灵之路》,第 149 页)。在其演变成这个时代的时髦词汇之前,这里已经实践着目前称为“理性的论辩”、“理想的言谈情景”(ideale Sprechsituation)的东西了。拉德布鲁赫引导着谈话,但他根本没有显露出指手画脚的痕迹。他依靠深思熟虑的见识和广博的人生阅历而形成权威。大家谈话的机会完全平等。但这不是一个“学派”。拉德布鲁赫绝对避免引入某个以教义为取向的学术训练,而且他本人在李斯特学派里也只勉强算作学生。今天不存在任何使拉德布鲁赫学术得以永生的

---

〔88〕 埃德文·孔茨曾为这次演讲写过一篇报道,发表于《莱茵—内卡尔报》1948 年 7 月 15 日。也见玛丽·褒姆:《尾声:兑现(1945——1949 年)》。载《心灵之路:我的生活片段》,第 148—149 页。

“学派”。他的学生遍及各大陆，把他们凝聚在一起的，不是什么教义或某个特定的理论（譬如凯尔森的规范论），而是一种思考方法。可以期望，这种极深刻地呵护人道的思考方法将永世长存。

尽管孜孜不倦地为学生和大学操劳，拉德布鲁赫当时也没有疏于学问上的耕耘。他基于对法哲学讲义的重新整理，编成《法哲学入门》（Vorschule der Rechtsphilosophie），这本书是拉德布鲁赫后期法哲学进一步发展的重要记录。意义更为深远的，是那篇于 1946 年发表的《*法律的不法与超法律的法*》（Gesetzliches Unrecht und übergesetzliches Recht）一文，该文在当时引起巨大的轰动，不仅仅是因为它非常清晰地确立了拉德布鲁赫新获取的立足点，而且更主要地，是因为这篇文章为司法提出了一个当下可实际操作的*公式*（Formel），根据这个公式，可以将无效的“法律的不法”和无效的“*非法*”（Nicht—Recht）同有效的法之间划清界限。联邦宪法法院和联邦最高法院曾多次利用这一公式。对于此点，还将回头来谈。

针对当时那些（经常是摆在法院面前的任务艰巨的）重大法律难题，拉德布鲁赫完全依靠其被各方所认可的权威影响力，对下面的提问进行表态：反人类的犯罪，告密者问题（在纳粹统治期间，追随政府者真诚地告发那些敌视希特勒的人，由此这些［被告发的］人被无情地判处刑罚——那么对告密者，到底应判其剥夺［他人］自由罪，还是判其杀人罪来予以惩罚？），根据希特勒密令而进行的灭绝“*劣等生物的生命*”（lebensunwertes Leben）活动，等等。〔89〕

在大量的讲话和报刊文章中，拉德布鲁赫谈到“法的革新”（《法律上的人》，1961 年，第 107 页及以下页；《古斯塔夫·拉德布

〔89〕 见《南德意志法律家报》第 1 期（1946 年），第 105 页及以下页；第 2 期（1947 年），第 131 页及以下页；第 2 期（1947 年），第 343 页及以下页；第 3 期（1947 年），第 633 页及以下页。

鲁赫追悼论文集》,第26页及以下页),民主法治国的革新(《政治警句集》[Politische Aphorismen],1947年;《法律智慧警句集》,第267页及以下页)和政党的革新(《新的政党——新的精神》[Neue Parteien—neuer Geist],1945年;《法哲学补遗》,第336页及以下页)等问题。当时还没有其他人比古斯塔夫·拉德布鲁赫更有资格来推动这些革新。他的法哲学业已包含着对之革新的因素。的确,其相对主义和相对主义民主观也有助于通过腐败的国家权力而滥用。对这一点,我们不可能、也不应当加以掩饰。但当其他人以常常简直令人难堪的方式支持纳粹国家政权,找各种可能的借口来试图刷洗自己的罪过时,拉德布鲁赫却在此期间从未说过或写过其事后(post festum)必定感到羞愧的东西,他才毫不掩饰地承认,他自己在某些看法上搞错了,他透过所体验的灾难获得了新的看法(《社会主义文化论》,第81页)。

拉德布鲁赫的短文《五分钟法哲学》(Fünf Minuten Rechtsphilosophie,这篇文章也在电台上播放过[《法哲学补遗》,第327页及以下页])透彻清晰、简明扼要地展示了如何将(理论)强调的重心放在1945年的形势上:

1.实证主义由于坚持"命令就是命令"、"法律就是法律"的口号,而使法律职业人连同整个民族均无自卫能力,来抵抗如此专横、如此残暴、如此罪恶的法律(按:此处指希特勒统治的"第三帝国"法律)。它最终把法与强权等同起来:哪里有强权,哪里就有法。

2.纳粹发布的口号是:凡对人民有利的,就是法;在这一点上,也可以认为:凡对掌握国家权力者有利的,也都是法。但不是必须声称,所有对人民有利的,都是法;毋宁相反:仅仅是法的东西,才是对人民有利的。

3.法意图趋向正义。正义不过是指:不管是谁,一视同仁。如果推崇谋杀政治对手,命令谋杀异类,以相同的行为对待自己志同道合之人,而处以最残忍的刑罚时,这既不是正义,也不是法。

4.假如我们不会总能将公共利益、法的安定性、正义这三种法的价值和谐地统一起来,且因此即使不完全的法也必须有效;然而,可能有些法律,其不公正性、公共危害性是如此之大,以至于它们的效力必须被否定。

5.有一些法的基本原则,它们的效力比任何法律规则更强而有力,以至于,一项法律,若与它们相矛盾,就变得无效。我们将这些基本原则称为自然法或理性法。

在拉德布鲁赫那里,第一条思想,即对实证主义的否定,早在(纳粹)独裁政权建立前的很长时期即已成熟。而法优先于有利性——更确切说:凡违背法律的,可能是对人们不利的,这一思想在拉德布鲁赫的法哲学中至少有牢固的基础。该思想是很古老的。西塞罗早就提出过一个简便易记的公式,即:“凡不公正(不符合伦理),亦决非有利;并非因为有利才公正,而是因为公正才有利”(“Est enim nihil utile, quod idem non honestum, nec, quia utile, honestum, sed, quia honestum, utile.”西塞罗:《论义务》第3章,第30节)。继承了西塞罗的(思想)遗产的施瓦岑贝格,将这一公式在1507年的《班贝格刑法典》(Constitutio Criminalis Bambergensis)*第125条中确定下来,这也构成《卡洛琳那刑法典》(PGO;参见其第104条)的出发点。在《论义务》—德文译本中,他写道:“任何人都不应怀有这样的愚蠢,即他自己想最终有用且善良,却又不希望实施真正的正义。”拉德布鲁赫从心底里把这一观点书写下来。在1941年于瑞士发表的研究论文《出于正义与公益之爱:约翰·冯·施瓦岑贝格的一个公式》(Aus Lieb der Gerechtigkeit und Gemeiner Nutz; Eine Formel von Johann von

* 即《班贝格刑事死刑法院规则》(Bambergische Peinliche Halsgerichtsordnung von 1507)。

Schwarzenberg)(《刑法的优雅》,第 70 页及以下页)中,他表达了对该公式之明白无误的信奉。

读者也许还记得,拉德布鲁赫的"法律的不法"思想,并不是在独裁政权事实上发布那些"无耻的法律"(Schandgesetze,恶法)(《法哲学纲要》,第 175 页)之时才突然冒出来的。至少,他在 1924 年就已经阐明:"一个甚至连平等以平等对待、不平等以不平等对待都不情愿的命令,却可能是实际起作用的,可能是实用的,的确还可能是必要的,并且因而是绝对生效的。然而,我们应当否定该命令具有法之名分,因为只有那些旨在最低限度地为正义服务的东西才是法。"(《法理念的难题》,第 45 页)

但毫无疑问,拉德布鲁赫最初高估了法的安定性价值,因而过分强调法的实证主义因素,强调法的实证性(Positivität)。但随着后来出现了其早期就认识到的"法的野蛮化复兴"现象,他没有必要完全改变自己的(思想)体系,而只是必须把自己强调的重心放在别处。他有关"法律的不法"无效及取而代之的"超法律的法"学说,仅仅是其早年构思的法概念之逻辑结果;只是说:此时他强调的重心更多的是实质的正义,而不是法的安定性。这里逐字逐句复述这一学说的核心思想,看起来还是合适的:

"(平等原则意义上的)正义和法的安定性之间的冲突是可以得到解决的,只要实在的、通过规则和权力来保障的法也因而获得优先地位,即使其在内容上是不正义的、不合目的性的;除非实在法与正义之矛盾达到如此不能容忍的程度,以至于作为'非正确法'的法律必须向正义屈服。在法律的不法与虽内容不正当但仍属有效的法律这两种情况之间划出一条截然分明的界限,是不可能的,但最大限度明晰地做出另外一种划界还是有可能的:凡正义根本不被追求的地方,凡构成正义之核心的平等在实在法制定过程中有意地不被承认的地方,法律不仅仅是'非正确法',它甚至根本上就缺乏法的性质。因为我们只能把法,也包括实在法,定义为不过是这样一种制度和规则，即依其本义，它们注定是要为正义服务的。”（《法律的不法》第107页；《法哲学补遗》，第345—346页；也参见《法哲学入门》，第32页，108—109页〔90〕）

拉德布鲁赫以前说过，我们尊崇那种不让自己由于法律感的冲突而在自己的法律忠诚上动摇不定的法官（《法哲学》，第84页）；而此时，他则更精炼地提出了严格主义的命题：法官的品行应该是“不惜一切代价，甚至包括牺牲生命，以正义为本”（《法律的不法》第108页）。

另一方面，拉德布鲁赫也警告不要把“当今的超法律的法与以前的自然法相等同”（《费尔巴哈纪念演讲》，第32—33页）。而且，他对自己学说的危险之处也有所意识：“我们完全意识到承认超法律的法的危险性，它甚至把实证主义招惹来作为自己的对手。通常而言，在将来，法律实证主义对于承认*实定法*（Gesetz）而不考虑其内容评价也必然总是有话可说。”〔91〕正如我们所清楚地看到，在拉德布鲁赫那里，“超法律的法”绝不是绝对的自然法原则的兵器库，而是在出现极端的*法的倒错*（Rechtsverkehrung）场合（进行矫正）的一个*终极根据*（ultima ratio）。

但（超法律的法）这一点是不是就可行呢？埃里克·沃尔夫认为，根据拉德布鲁赫学说，“还不可能找到实践上之可行性的具体标准”。〔92〕弗里茨·冯·希佩尔则认为，“只要其正义理论还不拥有新的、单义的内容”，那么藉助拉德布鲁赫的公式来解释不公正的

〔90〕也见弗里茨·鲍尔：《民族社会主义的“法律的不法”和德国刑事司法》，载阿图尔·考夫曼编：《古斯塔夫·拉德布鲁赫追悼论文集》，哥廷根，1968年版，第302页及以下页。

〔91〕《司法短训班课程》，载《威斯巴登信使》（Wiesbadener Kurier），1947年9月23日。

〔92〕埃里克·沃尔夫：《古斯塔夫·拉德布鲁赫的生平和著作》，载古斯塔夫·拉德布鲁赫著《法哲学》，斯图加特，1973年第8版，第71页。

法律属无效的法律,还没有任何的可能性。[93] 关于“单义的”这个词,这里没有必要进行争论;我们假定希佩尔所指的事实上是“在主体间有效的”、“可达成共识的”。撇开这一点不谈,批评者们还忽略了下面的事实,即拉德布鲁赫只做出了否定的命题:什么东西不是法;他没有说:什么东西(正当的东西、正确的东西)是法;他只是证伪,而不是证实。这一“否定的哲学”(philosophia negativa)思想,是牢固地建立在西方的哲学传统上的,它本身并不确信对事物本性的认识,而确信对非本性的东西(Nicht-Wesen)的认识。在晚近的时期,尤其是在卡尔·波普尔(Karl Popper)及其门徒的“批判理性主义”(Kritischer Rationalismus)中,这种认识被再度加以研究。根据他们的观点,科学根本不能通过实证来证成(begründen),而只能对所提出的命题加以证伪;间接地说,即:假如长远地看(“in the long run”)某个命题不能被证伪,那么就形成了该命题之真理性的一个表征。

对此,这里不拟作详细的讨论。下面的内容只提请注意一点:没有任何科学能够绝对限定在证伪活动(Falsifizieren)之中。它也必须通过正面地来证成。也就是说,假如我们根本没有什么是“法”这样的概念,那么我们同样也可能没有什么是“不法”这样的概念。这也是对法的实质上最低限度的内容所作的古老的——康德式的追问,是对最低限度的自然法(Minimum an Naturrecht)的追问;舍此,进行法哲学的证成是不可能的。

拉德布鲁赫把法的这一最低限度之实质伦理的、“自然法的”内容首先看做是各种人权(Menschenrechten)。在他那里,这一思想在1933年前很长一段时期里也都可以见到。例如,他在1919年所写的一篇文章中,就曾抱怨“在德意志法律意识和其他各国的

---

〔93〕 弗里茨·冯·希佩尔:《作为法哲学思想家的古斯塔夫·拉德布鲁赫》,海德堡/图宾根,1951年版,第39页。

法律意识之间存在着深深的鸿沟，而后者在'人权'的形成中对任何实在法保持着某种超国家的评价标准，保持着与自然法的活生生的关联”(《民族国家中的法》，第78页)。后来在《法哲学入门》中(这本书是由两位听课的学生——哈拉尔德·舒伯特[Harald Schubert]和约阿希姆·施托尔琛堡[Joachim Stoltzenburg]根据拉德布鲁赫于1946—1947年冬季学期的法哲学讲座所作的笔记，经其授权编纂而成)，他完全清楚地宣称：“彻底弃绝人权……是绝对不正确的法。”(《法哲学入门》，第27—28页)

但这不只是一个附带的注解。在《法哲学入门》的下文中，拉德布鲁赫进一步非常具体地论证其所定义的“作为法概念的人道”问题：(人道)作为与人友善，对抗无人性的残暴；作为人类尊严，对抗非人的侮辱；作为人性教养，对抗反人类的文化灭绝(《法哲学入门》，第94页及以下页〔94〕)——大家认识到这三种法的价值。承认人权，或者更确切地从否定方面讲：不否认人权，这是所有法律的正当性(正统化)的基础。即使自然法的原则在具体方面还包含若干疑点，但几个世纪的努力已经塑造出了这样一个稳固的实体，而且广泛协调地融于所谓人权和公民权宣言之中，“至于说它们的某些方面，也还只能由于有心里的疑问而保持怀疑”(《法哲学补遗》，第328页)。

故此，拉德布鲁赫的法哲学就达到了自然法—实证主义之争业已达到的深处：达到了人权哲学；就像拉德布鲁赫的伟大先驱——保罗·约翰内斯·安塞尔姆·费尔巴哈所做的那样，〔95〕该哲学摆脱了客观的自然法思想，因而极力证明：人作为一种“自然的”

〔94〕 参见汉斯—皮特·施奈德：《古斯塔夫·拉德布鲁赫对当代法哲学的影响》，载古斯塔夫·拉德布鲁赫：《法哲学》，斯图加特，1973年第8版，第368—369页。

〔95〕 见保罗·约翰·安塞尔姆·费尔巴哈：《作为自然权利之学概论的自然法批判》(Kritik des natuerlichen Rechts als Propaedeutik zu einer Wissenschaft der natuerlichen Rechte)，阿尔托纳(Altona)，1796年版。

根本被造物(Grundausstattung),拥有某些特定的主观的权利,这些权利是先于国家的(vorstaatlich),因此它不应被国家剥夺,而只应被其承认和保障。所以,正确地理解的话,拉德布鲁赫所引申出来的,正是一个超越于实证主义和自然法的立足点。

作为先于国家来考虑的各种人权,是自由主义和个人主义的产物。人的个人主义观念的表现,是把人格(Person)的法概念即人人平等和自由包容在一起。但在现实中,并没有这个预设为前提的人人自由和平等,它们只有在条件根本上可能时,才必须被确立下来。个人主义的人权是对拉德布鲁赫社会法(思想)的必要补充。在1926年海德堡就职演讲《法律上的人》中,拉德布鲁赫业已勾勒出这种必须怎样立足于现代法律制度上的新的人类形象:这个形象不再是非常精明、自私自利、精于算计的个人,而是担负同类人责任(mitmenschliche Verantwortung)的人。在《法哲学入门》中,他对这一着眼点作了详细的论述。社会法不再只知晓抽象的人格概念,而且也揭示出人类之个体特性:雇主和雇员、工人和职员、偶犯和惯犯、可矫正犯和不可矫正犯……由此,社会的强势地位和弱势地位,即人格的不平等也昭然若揭;把平等不是设定为出发点而是设定为法律制度的目标,就成为社会法的使命。进而就产生了从私法到公法的重心转移——社会法(最初为劳动法)也就随之兴起了,因为某些特定的法律关系(劳动、租赁等等)不再单独委托给私人间的活动,而在受保护的弱者所需要的场合由公法来加以调整。主观权利也被赋予了社会义务的内容:“所有权负有义务。它的使用应同时有利于公共的福祉。”(《德国基本法》第14条第2款)经济法(例如通过卡特尔立法)必须考虑反对经济上的超级权力。有意思的是,拉德布鲁赫在劳动法兴起的过程中观察到新法生成的一个特征:某些迄今具有纯粹社会学特性的事实,被上升而具有法律的意义;换言之,对新法的形成而言,“事物的本性”

至关重要(《法哲学入门》,第96页及以下页[96])。

在拉德布鲁赫看来,除了来源于"人的本性"的人权以外,"事物的本性"也是第二个为立法预备的实质要素,即规定法律内容的要素。读者可能还记得,这个要素在1924年的文章《法的理念与法的质料》中已经谈到过:凡形式对质料进行规定的地方,它也总被质料所规定(《法的理念与法的质料》,第343页及以下页)。这一"理念的质料规定性"(Stoffbestimmtheit der Idee)是与"质料的理念规定性"(Ideebetimmtheit des Stoffes)相对应的。尽管这最后一个术语(译者按:"质料的理念规定性")在拉德布鲁赫那里并不存在,但亚历山德罗·巴拉塔非常确信地解释说,[97]拉德布鲁赫就是这样来辩证地理解"事物的本性"的。法的理念("本性")和法的质料("事物"):理想—价值性和现实—存在性这两者处于相互渗透的关系之中。

在1948年的纪念文章《作为法律思维形式的事物的本性》(Die Natur der Sache als juristische Denkform,该文的主题来自1941年用意大利语发表的同名文章)中,拉德布鲁赫追溯自西塞罗、卢克莱修(Lucrez)、* 贺拉斯、托马斯·阿奎那(Thomas von

---

〔96〕 参见托马斯·森·维尔腾贝格:《论古斯塔夫·拉德布鲁赫的"社会法"理念》,载阿图尔·考夫曼编:《古斯塔夫·拉德布鲁赫追悼论文集》,哥廷根,1968年版,第200页及以下页;库尔特·塞尔曼:《古斯塔夫·拉德布鲁赫的社会主义和社会法》(博士论文),慕尼黑,1973年;埃伯哈德·艾兴霍弗尔:《古斯塔夫·拉德布鲁赫:社会法的理论家》,载《社会改革杂志》,总第29卷(1983年),第393页及以下页。

〔97〕 亚历山德罗·巴拉塔:《古斯塔夫·拉德布鲁赫思想中的相对主义与自然法》,载阿图尔·考夫曼编:《古斯塔夫·拉德布鲁赫追悼论文集》,哥廷根,1968年版,第173页及以下页。

* 卢克莱修(Lucrez,约前96—约前55),拉丁诗人和哲学家。著有长诗《物性论》,表达了希腊哲学家伊壁鸠鲁的原子论,对后世的古罗马诗人维吉尔产生影响。

Aquin)、* 孟德斯鸠、歌德、席勒、弗里德里希·卡尔·冯·萨维尼、布尔卡德·威廉·莱斯特(Burkard Wilhelm Leist)到亨利希·德尔恩堡(Heinrich Dernburg)、** 格尔奥格·耶律内克、马克斯·韦伯,来展开自己的“事物的本性”学说(《事物的本性》,第 157 页及以下页;也见《法哲学入门》,第 19 页及以下页)。根据该学说,“法的质料”是生活的各种关系和事实,但又不是那些(未经加工的)自然主义原初状态,而是作为“社会构造物”(Sozialgebilde)的状态,例如,不是作为性—生殖的关系,而是作为单婚制(一夫一妻制)或多婚(配偶)制(Mehrehe),作为母权制或父权制等等,简言之:法的质料是一个可以在概念上多样态预先构成(vorgeformte)的现实。拉德布鲁赫引证歌德的《威廉·迈斯特的漫游时代》的句子来支持自己的看法:“凡有人的地方,也就有规则”(Ubi homines sunt, modi sunt;《事物的本性》,第 16 页)。他本来可以把这个句子追溯得更早。大约在公元前 6 世纪,阿那克西曼德(Anaximander)*** 就曾讲过一句话:“一切存在的,也作为存在者在秩序中存在。”(Alles was ist, ist auch als Seiendes in Ordnung.)

拉德布鲁赫把“事物的本性”这个难题看做是当代法哲学的一个关键问题(《书信集一》,第 257 页)。但他不像后来有些人那样,

---

* 托马斯·阿奎那(Thomas von Aquin, 1225—1274),欧洲中世纪神学家和经院主义哲学家。著有《神学大全》。

** 亨利希·德尔恩堡(Heinrich Dernburg, 1829—1907),德国民法学家。著有《普鲁士私法教程》(3 卷本,1871—1880 年)、《学说汇纂教程》(3 卷本,1884—1887 年)等。

*** 阿那克西曼德(Anaximander,约前 610—前 546),古希腊米利都学派哲学家。曾写过古希腊第一部哲学著作《论自然》,但已散失。提出万物产生于“无限定”的理论。

把这个部目(Topos)* 的特色加以拔高,将它看做是一个真正的法源,与实定法同等重要(甚或超过实定法),以此对该部目过分使用。拉德布鲁赫则相对谨慎得多。"事物的本性"这个概念尽管有实质化的倾向(Materialisierungstendenz),但拉德布鲁赫原本只是打算在新康德主义的意义上承认其为一种"思维形式",从而决定在一定程度上缓解价值和现实、应然和实然之间截然对立的二元论,并不是要扬弃这个二元论(《法哲学入门》,第 21 页)。不过,它与以前的观点之间的区别还是颇为明显的。《法哲学》这本书讲,来自"事物的本性"的决定,还只是"直觉的顿悟,而不是认识的方法"(《法哲学》,第 7 页),而现在则称:事物的本性是"严格理性的方法的结果,不是某种'直觉的顿悟'"(《事物的本性》,第 162 页)。在认识论上,这一步自然是值得注意的,但也并非是没有问题的。

拉德布鲁赫对这里实际所讲的"严格理性的方法"问题完全没有提供证明,这一步问题更多一些。他至少没有展开一套认识论和方法论,这是其理论大厦中存在的最致命的弱点之一。他认为,只有有病的科学,才总是忙于研究自己的方法论,健全的科学并不总是习惯于太多地了解自身(《法学导论》,第 199 页)。所以,在他的著作中,有关其所遵循的法学方法,只有极少的论点线索。我们就紧扣这极少的论点线索。

拉德布鲁赫是"客观"解释论(以法律的意义为指向)的信奉者,从这方面看,他又是法律实证主义的公开对头,而后者若要保持前后逻辑一贯,则必然偏向"主观"解释论(以立法者的意志为指向)(《法哲学》,第 109 页及以下页)。那么,令人感兴趣的是,拉德

---

* 部目(Topos,有时也写作 Topoikataloge),是古希腊修辞学上的一个概念。其希腊文为 Toπos,原义为"所在地"、"处所"、"位置",引申为"同类事物之所",即"部目"。每一个部目包括一系列同类的事例,如"比较部目"、"通用部目"等。相关的内容,参见亚里士多德:《修辞学》,罗念生译,三联书店,1991 年版,第 29 页及以下页。

布鲁赫(于《法哲学入门》)在反驳实证主义法学的上下文里提出了“(哲学)解释学”(Hermeneutik,诠释学)概念(《法哲学入门》,第76页)。这个字的疏排法(斜体)证明拉德布鲁赫这样做并不是完全不经意的。当然,假如斗胆一点,我们愿意把拉德布鲁赫称做是施莱尔马赫(Schleiermacher)、* 狄尔泰、海德格尔和伽达默尔(Gadamer)** 等人意义上的解释学学者。也绝没有证据证明,他肯定与这些人的理论是唱对台戏的。相反,他对解释学的思想很熟悉。在给卡尔·恩吉施的一封信中,他曾写道:“即使认为立法者创设一般概念的场合,他实际上也仅仅在与类型(Typen)打交道,而根据这个类型并不能对疑难案件加以涵摄(!),而只是或多或少地接近(!)它们。故此,通过把疑难案件归类或不归类,该类型才逐渐获得清晰的界限,并愈来愈成为一个类概念。”(《书信集一》,第181—182页)

在这里,“能够从特殊过渡到一般,再从一般回到特殊”(《法哲学》,第103页),既是法律感的特征,也是精神的特征。特别凑巧的是,我后来在不知道这封信内容的情况下,曾经写过有关法律发现的类推及类型学程序的东西。[98](要了解)拉德布鲁赫如何熟知“解释学的前判断”(更确切说:“前理解”)(当然,他没有用这个词),“科学上阅读的建议”(该建议是他对女儿蕾娜特学习作出的指导)可资证明:为了使阅读“有成效”,需要“带着一定的问题和由此而引起的好奇心去面对每一本书”;不能够在这个意义上去有效

---

〔98〕 阿图尔·考夫曼:《类推与“事物的本性”:兼论类型学说》,海德堡,1982年第2版。

* 施莱尔马赫(Friedrich Ernst Daniel Schleiermacher,1768—1834),德国神学家和哲学家,现代哲学解释学的早期代表。曾参与筹建柏林大学。著有《基督教信仰阐明》、《论宗教》(1799年)、《独白》(1800年)等。

** 伽达默尔(Hans-Georg Gadamer,1900—2002),德国当代哲学家,解释学的代表人物之一。著有《歌德与哲学》(1947年)、《真理与方法》(1960年)等。

阅读的东西,“就不要读下去,也不应过分受其折磨”;通过阅读,“我们知道能够在这本书中发现点什么……;由这一点出发,我们也必须尝试着去获取其学问的历史和当代发展方向的图景……”(《书信集一》,第121页)。故此,书只有读到这种程度才行。只有当我们具有某种希望去发现点什么的想法,我们才将能够发现它;只有当我们在案件中去看法律、在法律上去看案件,我们才可能使两者相互间形成“对应”。

早在1905年,拉德布鲁赫就曾做过这样的表述:“法律感先行于结论,法律应在事后为此给出理由和界限。”(《助产与刑法》,第3页;这里我们必须做一些更正:不只是法律感,而首先是理由[Ratio]先行于结论。)

因此,当恩吉施在拉德布鲁赫有关“事物的本性”的论证中发现某种(解释学)循环(Zirkel)时,[99] 这也完全是顺理成章的:我们把自己的传统搬过来加在“事物的本性”上,照恩吉施的说法,我们把从“先祖”(vorangegangene Geschlechter)那里流传下来的意义附加在它上面了。

不过,我们还是回来谈拉德布鲁赫“事物的本性”理论。这里,说他的法哲学“回到事情本身”(“zur Sache”,埃德蒙·胡塞尔[Edmund Husserl]* 语),是对的。不过,要把这与某个“本体(存在)论的自然法”(ontologisches Naturrecht)联系起来谈,[100] 则看

---

〔99〕 卡尔·恩吉施:《作为法哲学家的古斯塔夫·拉德布鲁赫》,载《法哲学与社会哲学档案》,第38卷(1949—1950年),第313页。

〔100〕 参见汉斯—皮特·施奈德:《古斯塔夫·拉德布鲁赫对当代法哲学的影响》,载古斯塔夫·拉德布鲁赫:《法哲学》,斯图加特,1973年第8版,第359页及以下页;艾里克·沃尔夫:《古斯塔夫·拉德布鲁赫》,载艾里克·沃尔夫著:《德意志精神史上的伟大法律思想家》,图宾根,1963年第4版,第737页、739页、755—756页。

* 埃德蒙·胡塞尔(Edmund Husserl,1859—1938),德国哲学家、20世纪现象学学派的创始人。著有《算术哲学》(1891年)、《逻辑研究》(1900—1901年)、《欧洲科学的危机与先验现象学》(1954年)等。

起来有些冒险。故此,当我曾断然说拉德布鲁赫的法哲学总是“法的本体(存在)论”(Rechtsontologie)时,〔101〕我本人就很冒昧地对此作了这种(错误的)理解。在这一点上,只要但凡还有点正确,那就无论如何也不能在实体本体(存在)论(Substanzontologie)的意义上来理解之。归根结底,只有对(为立法者任意处置[Disposition]设定界限的)法内容的承认,才被认为是“不可支配”(Unverfügbarkeit)意义上的“本体(存在)论(问题)”;我们不是在实体意义上的法(Recht in Substantiellem),而是在关系意义上的法(Recht in Relationalem,例如,“事物的本性”不过是一种关系)中,才可以找到这种(正确的)理解。〔102〕

由此出发,拉德布鲁赫的三元主义法哲学(trialistische Rechtsphilosophie*)也从一个新的角度展现出来。如其自身所表明的那样,拉德布鲁赫尽管可以固守在相对主义上,但这里也有一个限度——只是“其内容所涉及的是法的目的”;而他在正义和法的安定性的形态上,却为这个三元体系安插“两个虽属形式上的、但也是客观的构成要素”(《书信集一》,第203—204页)。因此,法的内容在相对主义之中仍然保持不变。但此时拉德布鲁赫把法理念的三种构成要件(Ausformungen)——正义(平等原则)、合目的性与法的安定性,更看作是不可分割之整体的诸要素,是相互需要又相互补充的“诸角度”(Aspekte)。〔103〕而个人主义、超个人主义

---

〔101〕 拉德布鲁赫:《法律智慧警句集》(阿图尔·考夫曼编),编者序,1963年版,第7页。

〔102〕 详阿图尔·考夫曼:《对法律逻辑与关系本体论的前思考》(Vorüberlegungen zu einer jurisitischen Logik und Ontologie der Relationen),载《法的理论》(Rechtstheorie),总第17卷(1986年),第257页及以下页。

〔103〕 参见卡尔·拉伦茨:《法学方法论》,柏林/海德堡/纽约/东京,1983年第5版,第95页。

* 日译本将 trialistische Rechtsphilosophie 译作“三元论的法哲学”。见中义胜、山中敬一译:《グスタフ·ラ トズルフ》,成文堂1992年版,第201页。

和超人格主义这另一个三元体(Dreiheit)所涉及的,不再是法自身可能的最高价值问题,而只是它们的共同作用,即一个人怎样既是个体人(Individuum),同时也是同类人(Mitmensch,同胞)和文化体人(Kulturperson)。这样,法理念最终是人的理念的流露。那么从这一点出发,可能而且必须要相应地进入到法人类学领域。〔104〕

随着其法哲学逐渐趋向实质化,拉德布鲁赫的民主见解(Demokratieverständnis)也变得更加内容化(inhaltlicher)。他明显地脱离"多数万能"(die Mehrheit kann alles)这一立场。上文已就此点作过交代。不过,从承认先于国家的人权到承认同样在实质上理解的法治国思想(Rechtsstaatsgedanken)比民主思想具有优位,这完全是符合其前后逻辑的。

在1949年的《社会主义文化论》后跋中曾这样讲:"我们希望法治国家要有个人自由,不要有专政,即使它自称是无产阶级专政。我们希望有科学自由,而不要有教条压制(Dogmenzwang),哪怕它是所谓科学社会主义的压制。"(《社会主义文化论》,第85页)论"法律的不法"这篇文章以下面一句话作为总结(这句话本来应该在所有课堂上讲授):"民主的确是一种值得赞赏之善,而法治国则更像是每日之食、渴饮之水和呼吸之气,最好是建立在民主之上:因为只有民主才适合保证法治国。"(《法律的不法》第108页)〔105〕

尽管有这么多紧迫的日常事务,拉德布鲁赫当时仍然沉湎于

〔104〕 根据拉德布鲁赫的法哲学看起来似乎可以进入法人类学,汉斯—皮特·施奈德业已指出了这一点。见施奈德:《古斯塔夫·拉德布鲁赫对当代法哲学的影响》,载古斯塔夫·拉德布鲁赫:《法哲学》,斯图加特,1973年第8版,第370页及以下页。

〔105〕 对此,也见马里奥·卡塔内奥:《作为法治国之理论家和维护者的古斯塔夫·拉德布鲁赫》,载阿图尔·考夫曼编:《古斯塔夫·拉德布鲁赫追悼论文集》,哥廷根,1968年版,第182页及以下页。

自己“边缘上的侵犯”(Grenzfrevel)。* 冯塔纳的小册子 ** 于此时问世,读者在下一章还将详细了解该书的内容。这本书,连同 1946 年出版的由其编选的诗集《抒情的人生引领》(Lyrisches Lebensgeleite), *** 是拉德布鲁赫个人独特本性的表白。在《司法漫画》(Karikaturen der Justiz) **** 中,拉德布鲁赫证明自己是奥诺雷·杜米埃(Honore Daumier) ***** 版画的爱好者。他为纪念文集撰写的题为《魔笛的刑法》(Das Strafrecht der Zauberflöte;《启蒙时代》,第 23 页及以下页)的文章表明,自己的思想与共济会运动(Freimaurerei)两者之间也并不存在隔阂;对于消除在共济会上的流俗偏见,他做得非常合适。拉德布鲁赫与其学生亨利希·格文纳(Heinrich Gwinner,有关他的情况,见《书信集一》,第 200 页)合著的《犯罪史》我们(在上文)已经做过评介。这里似应加上拉德布鲁赫的其他学生对这本书的评判:衮特·施本德尔(Günter Spendel)称该书“作为刑法史如何能够在文化—艺术—思想史上达到深化”这个方面是一个“卓越的范例”。〔106〕自然,这里还必须提一下他的

---

〔106〕 衮特·施本德尔:《古斯塔夫·拉德布鲁赫:一个法学家的生活图景》,汉堡,1967 年版,第 26 页。

* 这里的“边缘上的侵犯”(Grenzfrevel)是一个多义语,它既指《刑法的优雅》这本书原拟冠以的书名(见拉德布鲁赫:《心灵之路:我的生活片段》,斯图加特,1951 年版,第 39 页),也指拉德布鲁赫对自己研究法律边缘性问题的自嘲。

** 即《特奥多尔·冯塔纳,抑或怀疑与信仰》(Theodor Fontane oder Skepsis and Glaube,1945 年 1 版,1954 年 3 版)。

*** 这本诗集收录了从艾兴多夫(Joseph Frieiherr von Eichendorff,1788—1857,德国诗人和小说家)到里尔克(Rainer Maria Rilke,1875—1926,德裔奥地利著名作家,被公认为对 20 世纪德语文学具有重要贡献者之一)迷人的抒情诗歌,拉德布鲁赫曾为此撰写了一篇论述抒情诗本质的精致导言。

**** 《司法漫画》这本书是拉德布鲁赫自办发行的,其中附有古斯塔夫·拉德布鲁赫挑选并写导语的杜米埃版画集(Lithographien von H. Daumier,海德堡,1947 年版)。

***** 杜米埃(Honore Daumier,1808—1879),法国 19 世纪著名画家。其画题材涉及法律生活,如《三个律师谈话》、《共和国》、《立法肚子》、《出版自由》等。

《心灵之路:我的生活片段》,读者此时对这本书已经相当熟悉了。拉德布鲁赫对"我的生活片段"这本书的意图曾做过如下的描述:"这本自传的使命不是纪念,我的意图不简单是要叙述事件或描绘事件的环境,而是通过报告本人的发展过程,我要拥有属于自己的人生。"(《心灵之路》,第105页)

拉德布鲁赫积极活跃地参与战后不久的政治情事,这本来应该是明摆着的事实。不过,他由于健康欠佳而不想再接受政治职位;他看到自己的合适位子在学问和教学(《书信集一》,第193页)。他起初也不想再加入某个政党;他认为,假如他自己在政治上不带有任何色彩,那么才有能够保持自己对学生的影响力(《书信集一》,第206页)。此外,他也想观望,(德国)基督教民主联盟(CDU*)自身是否会建立"第二种形式的社会主义",即是否会建立一个"基督教的社会主义"(christlicher Sozialismus)。他本来希望,而不是担忧:社会民主党会与共产党抱成一团(《书信集一》,第194页)。可是这两党之间很少情投意合。基督教民主联盟有些"令人担心的沮丧",库尔特·舒马赫(Kurt Schumacher)** 领导下的社会民主党(SPD)则让人看出某种"变化的意思"(《书信集一》,第206、228页);故此,拉德布鲁赫于1948年7月再度加入社会民主党(《书信集一》,第224页),则最终是很顺理成章的事。饶有兴味的是,他至少对联邦德国头几年建立基督教民主联盟和社会民主党的"大"联合政府表示拥护,因为他已经看出这种危险,即:当时社会民主党还不可能配当"一个真正民主的在野党"(《书信集一》,第251—252页、256页)。

---

* CDU的德文全称为Christlich-Demokratische Union。在1948年,德国联邦共和国成立时,CDU成为执政党,长期执掌联邦德国政府的权力。

** 库尔特·舒马赫(Kurt Schumacher,1895—1953),德国政治家。1930—1933年担任德国国会议员。1933年被纳粹逮捕,关押10年。二战后重建社会民主党,1945年10月任该党主席。

拉德布鲁赫此时也获得了许多头衔：被海德堡大学科学院和(意大利)波伦亚大学科学院(Accademia delle Science di Bologna)授予荣誉博士，当选为德国法学家大会名誉会员、巴登国家法院成员，如此等等。对拉德布鲁赫在独裁时期所遭受的不公，人们恨不得用所有这些来加以补偿。尽管他也不能免却虚荣(《心灵之路》，第72页)，但却以平静的心情谢绝了一些这样的头衔，在他70寿辰纪念日上有一个插曲可以佐证(我根据记忆对此加以报道)：当海德堡市市长在祝辞中暗示，本城还想表达一项特别的敬意时，拉德布鲁赫立刻巧妙地答道：您最好不要用我的名字给街道命名，恐怕将来人家(害怕)都不敢从这条街上经过了！话虽如此，至今无论在国内，还是在国外，还是有那么多的街道、广场、基金会、大楼、协会、讲坛等等，用拉德布鲁赫的名字来命名。

1948年11月21日拉德布鲁赫70寿辰纪念对于每一个获准参与的人来说，都是其亲身感受的一次盛况空前的经历。拉德布鲁赫情绪极佳，以洋溢着机智和雄辩的话语对各种祝贺表示简要的答谢。其友人和学生打算为其捐资出版一本题为《文化哲学与法哲学论稿》(Beiträge zur Kultur-und Rechtsphilosophie)的祝寿论文集，其中，一些名人，如特奥多尔·豪斯(Theodor Heuβ)、马克斯·哈亨堡、弗里德里希·达姆施塔特尔(Friedrich Darmstädter)和弗里茨·冯·希佩尔等对此给予了捐助。不过，原来的纪念文集由于时局不顺而没有得到落实；对这本书，当时整个世界几乎所有在法哲学和刑法领域排得上位子和有名头的人都答应要贡献稿件。[107]但20年后《古斯塔夫·拉德布鲁赫追悼论文集》(Gedächtnisschrift für Gustav Radbruch)出版时，他们中的许多人已不再活在人世了；该书应该说对那本当时没有落实的祝寿文集做了一些补救。

---

〔107〕 参见阿图尔·考夫曼编：《古斯塔夫·拉德布鲁赫追悼论文集》，哥廷根，1968年版，第13—14页。

一切幸福、一切光荣都是有代价的。拉德布鲁赫也有心情郁闷的某些幽暗的时刻。他感受到外部时局的诸种压力。1945—1946 年冬季学期伊始,他在给海德堡占领军当局汇报自己的生平履历中以下面的评语作结:“在废除民族社会主义之后,面对所有的期待,我的新工作——恢复教学活动,担任法学院院长,参与大学评议会的活动等等,使我获得了新的生活乐趣;假如对德国而言,现在和未来不再如此灰暗,那我宁愿称之为幸福。”(《古斯塔夫·拉德布鲁赫追悼论文集》,第 25 页)这绝不是某种一时的情绪(Augenblicksstimmung)。在去世前不几天,他写信给瓦尔特·格茨(Walter Götz)说:“现在政治上的所作所为,……很少令人感到愉快。在可见的未来,这也几乎是不可能的……”(《书信集一》,第 258 页)

不过,拉德布鲁赫也承受着自身内在状况的压抑。尽管授课“给他带来比以前更多的乐趣”(《书信集一》,第 205 页),但他的疾病(他患有帕金森综合症)愈来愈消耗其精力。1949 年 2 月 7 日,他在给姐姐阿里妮·拉德布鲁赫(Aline Radbruch)的信中写道:“我面前还有好多事要做,我总担心时日不多、精力不济而做不完这么多事。”(《书信集一》,第 237 页)早前给弗朗茨·布卢姆(Franz Blum)写信也说:“后来通过重返教席而给予平反,我虽然因为可以获得再次达到我教学活动顶点之印象而感到巨大的幸福,但另一方面,它又来得太迟了,因为我有一种感觉,即在教学和活动的幸福中耗尽自己——不过,归根结底,这确实也是一种美好的感觉,一种鞠躬尽瘁(in serviendo consumor)的感觉。”(《书信集一》,第 201 页)

拉德布鲁赫特别想重写《法学导论》和《法哲学》(《书信集一》,第 192、219 页)。对此,他已经不再可能做到了。不过还有其他一些计划(《书信集一》,第 229、231 页),他也一起带进了坟墓。

关于拉德布鲁赫之死,本来应该在叙述完其宗教的观点之后再来谈的。因而这里只讲几句。1915 年他在战壕里写给女儿蕾娜特的信,其结尾处说:“透过那扇黑洞洞的、狭窄的小门,人……不是在群体中,而是个个都处在森然恐怖的孤寂之中;对得永生的人而言,有关亏欠之债,其最终而严肃的谈话,不是你同国家和民族之间进行的,而是上帝与你四眼相对完全单独进行的。最终存在的只有上帝和灵魂。”(《心灵之路》,第 95 页)

1949 年 11 月 23 日,拉德布鲁赫偿还了他的亏欠之债。他于 2 天前过 71 岁生日后身体突然倒下。他不再需要经受病痛的磨难了。很少有人知道:与其关系要好的海德堡天主教牧师里夏德·豪泽尔(Richard Hauser),将拉德布鲁赫的遗体在入殓前一天做了天主教的祈祷礼(坚信礼)。天主教的教会法无疑不允许豪泽尔这样去做。但大家可以推想,豪泽尔得到了上天的准许。

文化与宗教

拉德布鲁赫记得早年在其父母家里很少接触宗教,甚至根本不与教会打交道(《心灵之路》,第18页)。但他身上肯定从一开始就有宗教的情愫,否则似乎就很难解释清楚:宗教情愫会对他有如此不同寻常之强烈的影响。[108]埃里克·沃尔夫曾经把拉德布鲁赫的这一生命特性归结为“*形而上学的渴求*”(metaphysisches Bedürfen)。[109]这一说法肯定不完全是杜撰的,确实,拉德布鲁赫本人对马克斯·舍勒(Max Scheler)*讲过的那段“美妙言辞”:“必然为一切善事服务”的上帝之子“喜乐的形而上的无忧

〔108〕 对此,参见里夏德·豪泽尔:《隐秘的生活之路:古斯塔夫·拉德布鲁赫与宗教》,载阿图尔·考夫曼编:《古斯塔夫·拉德布鲁赫追悼论文集》,哥廷根,1968年版,第50页及以下页。

〔109〕 艾里克·沃尔夫:《古斯塔夫·拉德布鲁赫》,载艾里克·沃尔夫著:《德意志精神史上的伟大法律思想家》,图宾根,1963年第4版,第746页。

* 马克斯·舍勒(Max Scheler,1874—1928),德国哲学家和社会学家。早期现象学学派的代表人之一。著有《伦理学中的形式主义和实质价值伦理学》(2卷本,1913—1926年)、《论价值的崩溃》(1923年)、《人在宇宙中的地位》(1928年)等。

感觉”,颇有自己的体悟(《法的宗教哲学》,第10—11页)。但假如我们从中推论出拉德布鲁赫思想中有非理性的成分,那就错了。认为形而上学必然是非理性的,这是一个被广为流传的误解。亚里士多德和托马斯·阿奎那的古典形而上学完全是理性的;只是它不建立在经验实证的前提条件上,就此点而言,它属于是思辨的。

拉德布鲁赫的形而上学也是理性的。至少对其法的宗教哲学(Religionsphilosophie des Rechts)而言,这样讲是适当的。这导致一个基本的矛盾:一方面是基于世俗眼光的法的本质性(die Wesenhaftigkeit des Rechts),另一方面是基于宗教眼光的法的非本质性(Wesenlosigkeit);拉德布鲁赫却完全根本不把这个矛盾视为非理性主义的侵入。完全相反,他认为:“真诚地去发现和揭示事物深在的矛盾,是我们理性之最终的、最高的和最令人骄傲的功用;我们身上绝没有赋予比理性更高的神秘莫测的感官。”(《法的宗教哲学》,第25页)信仰是拉德布鲁赫悉心地与理性的洞察加以分开的东西:在他看来,认识和信仰表白是两码事。他的宗教哲学与个人的信仰情怀根本没什么关系。然而,拉德布鲁赫也信神吗?他是一个基督徒吗?

毋庸置疑,拉德布鲁赫是一个虔信的人,但他把宗教与神学相区分:“信仰是一回事,神学是另一回事。神学是人类的思考工作,信仰在信奉者看来则是神的赏赐和恩典……”(《冯塔纳》,第60页;《人物与思想》,第197页)“为什么没有神就不该有宗教?神是神学,而不是宗教。”[110]“无论如何都要肯定生命”,这是宗教的原始本性,“即使它也许恰好完全不知晓何为上帝和来世,何为圣经和信仰,何为牧师和教堂”(《社会主义文化论》,第72页)。这确实不是一个基督徒要说的话,而更像一位自由意志论者(Freidenker,无神论者)讲的话。

---

〔110〕《世俗学校》(Die weltliche Schule),基尔,1920年版,第9页。

但拉德布鲁赫的二律背反精神也渴求有神的宗教,而且其生命愈临近终结,这种渴求变得愈强烈。1945 年,他写道:"即使在'自由意志论者'、即无神论者那里,被信教者看做是上帝占据着的信仰的位子上也不简单是空着的。人们可以有理由说:灵魂由宗教本性而生(anima naturaliter religiosa),对我们的文化圈而言,我们甚至可以追溯至这句话(德尔图良的原话)的最初形式:灵魂由基督的本性而生(anima naturaliter christiana)。"(《冯塔纳》,第 10 页;《人物与思想》,第 156 页)1949 年,他又特别强烈地指出:"宗教的渴求只有在上帝那里才能得到安宁——这就是为什么:上帝的名字,一旦被情不自禁地挂在嘴边时会有多么大的强迫力!但只有在实在的宗教中,虔诚才会获得社会教化的、可以流传的形态:西方人,无论他愿意与否,都是'天生的基督徒'(von Natur Christ)。"(《社会主义文化论》,第 82 页;也见《心灵之路》,第 138—139 页)在同一处,他接着说:"不过,基督教绝不仅仅可以想像为托尔斯泰按照字面理解的(耶稣在山上对门徒所作的)圣训之形态:不只是作为一个惟独重要的个人灵魂之形而上的个人主义,作为对抗一切尘世社会生活方式的无政府式的冷漠态度。既存在着基督教的自然法,也存在着基督教的社会主义。"

对这些话,首先有两点值得注意。还是在 1927 年,拉德布鲁赫就把基督教称为"激进的个人主义":"这个极端的个人主义除了(!)所有的社会伦理之外,还有其充分有效的场所,当然是在多分层人类灵魂(vielgeschichtete Menschenseele)中的完全不同的(!)层面,它就像社会伦理一样,完全把自己的根扎在人类的体验之中,也就是说,把根扎在临产的妇女和垂死的人的体验之中。对这些人而言,根本不存在有共同体,他们同任何一个共同体都中断了联系,即便其亲人紧紧抓住他们的手,其仍然感到可怕的孤独,因为对他们而言,所存在的只有灵魂和他们必然坠入危险的永恒的深渊。"(《社会主义文化论》,第 69 页)

对宗教的这一极端个人主义理解的逻辑后果,似乎必然在根本上把宗教和文化完全分割开来,因为按照拉德布鲁赫的看法,文化在我们这个时代只能是群体(大众)的文化、社会文化。不过,当拉德布鲁赫本人站在“永恒的深渊”的入口处时,他才体会到宗教是一种“社会的生活形式”。

这与第二点相关联,该命题为:既存在着“基督教的自然法”,也存在着“基督教的社会主义”。那么,在拉德布鲁赫那里,“基督教的社会主义”这个思想早就有了苗头,但直到1926年,他还把这个思想看做是“遥不可及的”(in weiter Ferne liegend)(《超越马克思主义?》,第374页)。在相对更早的时候——1922年,还可以见到这样的句子:“没有宗教,绝不会有文化。”[111] 但只是在拉德布鲁赫暮年,这些洞见才真正形成。他把“基督教的社会主义”看做是对“所有非马克思主义类型的社会主义者的总动员(Sammelruf)”,这些社会主义者是:他们不再必须把虔信视为纯粹的“私事”、不再必须一味地宽容,而是想“懂得保障基督教在大众生活与国家生活中的积极影响”(《法哲学补遗》,第337页)。拉德布鲁赫确实抱有这样的希望:1945年,所有的基督徒和非马克思主义的社会主义者将联合起来组成一个党派(《书信集一》,第194页)。这一希望流于幻想,而且它必然流于幻想。由于历史上形成的多方面的原因,基督教教会,至少是天主教教会,宁可参加某个右倾的、甚或法西斯的政权,也不愿意哪怕只接受“社会主义”一词。上述态度本身难以与历史上耶稣的态度相调和,当然,这是另一码事。因而,历史上总是不断有一些人,他们不是把基督教和社会主义看做势不两立的矛盾体,而看做仿佛是在扶助弱势群体、非特权阶级和被压迫者中的两股相互强化的力量。古斯塔夫·拉德

[111] 《宗教是私事》(Religion ist Privatsache),载《妇女家藏》(Der Frauen Hausschatz),汉堡,1922年版,第68页。

布鲁赫就是他们中的一个。

读者可能还记得,拉德布鲁赫出于伦理的根本情感而倾向社会主义:他不想比别人过得更好。在拉德布鲁赫看来,他人,其无论是*老百姓*(das einfache Volk)、普通人,还是普通的劳动者、死刑犯人,总之:这些都是自己的邻人。他在写给格哈特·豪普特曼(Gerhart Hauptmann)的一封信中自己称这种态度是"社会同情心",他认识到:(上帝)所造之存在者,当他"意识到他(上帝)……的话在最庄严的时刻把同类人(同胞)的感同身受连接在一起"时,绝不能感到自满(《书信集二》,第18页)。早在1906年,他在一次授课中以这样的誓言作结:"我可以向你们保证,在每个人身上都有某个点,我们可以设定它,以使其得到完全改变;然而对于人本身,我们只能通过爱来加以影响,必须在你们身上唤醒对最贫苦之人和最不幸之人的爱,这就是我的愿望。"(《书信集二》,第4页)

拉德布鲁赫最深沉的确信是:人是善的;无论如何,没有更好的方式"来唤醒人类身上的善,不如这样来对待人,好像他们本来就是善的"(《书信集二》,第6页)。

由此出发,我们也就找到进入拉德布鲁赫宗教哲学的通道。其指导思想源自《旧约·创世记》(第1章第31节)的那句话:"*神看着一切所造的都甚好*(Gott sah alles an, was er gemacht hatte: Es war sehr gut)。"在这里,拉德布鲁赫归根结底把自己的价值哲学的立场前后一致地贯彻到底。在价值方面,可能存在有四重态度:第一是自然科学的"价值盲目"态度,第二是伦理学和美学的"价值评价"态度,介乎它们两者之间的是各文化科学(也包括法学)的"价值关涉"态度,第四种,不过也是跨过所有其他三者的是宗教的"价值超越"态度(《法的宗教哲学》,第9—10页;《法哲学》,第1页及以下页)。

"宗教是对一切现存者的最终肯定;是对一切存在物表示肯定

和赞同的微笑的肯定主义(lächelnder Positivismus);* 是不管被爱者有价值还是无价值的一种爱;是幸者与不幸者的来世极乐、罪者与无罪者的来世恩典;是比一切理性及其问题更高的和平;……宗教意味着对无价值的超越,因此必然同时也是对有价值的超越;可以想见:有价值和无价值既是同样有意义的,同时又是无关紧要的,这似乎是一个对立。……宗教作为对有价值和无价值之对立的超越,因而又是以这个对立为前提的。无论如何,宗教是对一切现在者(Seienden)的肯定……宗教起源于不堪承受价值与现实之间的反差,对它而言必须随时要重新出现,不应立即从价值超越的态度堕落为价值盲目的态度。宗教不是修道院,人们走进去,就不再想走出来;而是路边的小教堂,在此人们把行杖倚靠在墙边做短暂的祷告。"(《法哲学》,第2—3页;也见《法哲学纲要》,第37页)"宗教不是状态,而是行动"(Religion ist nicht Zustand, sondern Akt)(《法的宗教哲学》,第12页)。

根据这一段引文可以看出,拉德布鲁赫原先把宗教的态度视为完全彻底的个人主义态度:"'直面上帝'只在个人和他的灵魂间才发生。"(《社会主义文化论》,第69页)但在此前两页,他也曾写过这样的句子:"毫无疑问,世界上似乎从没有基督教存在,因而也好像没有社会主义",根据这一点,他自然也不想否认它们之间的差异。拉德布鲁赫基于自己哲学的根本构想对于这样的立场(即宗教只触及个人,因而属私人之事)也可能是难以坚持到底的。这个立场甚至意味着:基督徒之作为基督徒,对其同类人(同胞),对整个世界最终根本不负担责任。确实,过去和现在有一些神学家坚持这个主张,但拉德布鲁赫不能够这样来论证问题。而且他也没有这样去做。藉审议1920年的社会民主党的党纲之机,他曾强

---

* "微笑的肯定主义"这个译名,见中义胜、山中敬一译:《グスタフ·ラ トズルフ》,成文堂1992年版,第214页。

调:即使我们把宗教视为私事,它也不应因此变成个人之事,因为它也是“共同体的事”,是“劳工阶级的事”。[112] 然后到 1927 年,这种看法变得愈来愈明确了。此时大家可以在他那里读到:由于具有邻人之爱(Nästenliebe,近人之爱)律令的基督教伦理更加强调伦理上的近距离活动(Nahwirkung),即强调人与人之间的直接关系,与此相反,社会伦理则首先强调远距离活动(Fernwirkung),强调“陌生人之爱”(Fernstenliebe,远人之爱)——这就是仁爱(Caritas)和团结(Solidarität)之间的区别。但仁爱与社会伦理之间并不存在矛盾,而意味着“随着经济关系日益复杂化,对基督教邻人之爱的一种续造(Fortbildung)”(《新教团契》,第 5 页)。因此,“社会主义……不应弃绝基督教伦理的动机给予它自己的支持”(《新教团契》,第 8 页)。

拉德布鲁赫讲这话时主要考虑的是诞生于 18 世纪的自治思想对经济生活的影响,这一问题早就受到过马克斯·韦伯的关注。照此说法,只遵循自身法则的经济,不再受制于宗教—伦理律令的影响。获利冲动的贪得无厌,自由竞争的肆无忌惮,经济命运和财富分配的不公正,劳动的去灵魂化(Entseelung der Arbeit),* 阶级斗争的残酷性,无业者为一方和逐利者为另一方之间丧失一切理性的对立冲突——拉德布鲁赫所列举的这些结果,直到今天还必然找到踪迹。正因为这样,“宗教的支撑被自治的思想打碎,文化的统一性也遭到破坏”(《新教团契》,第 8 页)。

拉德布鲁赫的文化理解主要是由其社会主义和宗教的观点所决定的。根据他的信念,群众(大众)时代的文化只能是群众(大

---

〔112〕 我这里引自雷纳图·德·罗萨:《卡尔·雅斯贝尔斯〈大学的革新:1945—1946 年讲演与书札〉后记》,海德堡,1986 年版,第 364 页。

* 劳动的去灵魂化(Entseelung der Arbeit),按照当代的观念,似乎亦作“劳动的异化”。

众)文化(Massenkultur)。* 他用辛辣的语言严厉批评了所谓的“文化人”(Gebildeten)之个人主义文化矫饰(Kulturgetue):这些人“上午赞赏尼采,下午则称赞托尔斯泰,今天为豪普特曼感动,明天却为霍夫曼斯塔尔(Hofmannsthal)** 兴奋,用格奥尔格(George)*** 和戴默尔的口气感叹;以同样的方式行走于画廊之间,一会儿对李卜曼(Liebermann)**** 的人物肖像、一会儿对托马(Thoma)***** 的绘画惬意地点头赞许,完全没有主见,完全对自己人格的一贯性不负责任。艺术不再是个性的要求,而成了附庸风雅以及审美上的品头品足的对象”(《社会主义与文化》,第 92 页)。

即使在今天,我们仍可以看到有这种人,这种暴发户(Parvenu),他们必须把自己打扮得好像对所有“文化的东西”感兴趣,因为文化归根结底根本就引不起他们的兴趣,他们因而也没有可能性,把那属于其本性的东西与那疏离其本性的东西区别开来。

但对群众(大众)文化怎么看?拉德布鲁赫本人对下面的说法给予了反驳:“群众是伟人放弃其独自生活的原罪。群众是恶劣的。”(《社会主义文化论》,第 27 页)对此,他的答复,同时也是社会

---

* 群众文化(Massenkultur),当然按照现下的通常理解,也可译为“大众文化”,相应地德文 Masse 一词亦可译作“大众”。

** 霍夫曼斯塔尔(Hugo von Hofmannsthal,1874—1929),奥地利诗人、剧作家和小品文作家。著有《提香之死》(1892 年)、《白扇》(1898 年)、《埃及的海伦娜》(1928 年)等。

*** 斯特凡·格奥尔格(Stefan George,1868—1933),德国抒情诗人。曾成立了自己的文学流派,称为“格奥尔格派”。该派刊物为《艺术之页》。他本人著有《颂歌》(1890 年)、《新的帝国》(1928 年)等。

**** 李卜曼(Max Liebermann,1847—1935),德国油画家和铜版画家。曾领导过德国的印象画派。1898 年被选为柏林科学院院士,后担任院长。作品有《拔鹅毛的妇女们》(1872 年)等。

***** 托马(Hans Thoma,1839—1924),德国画家。作品有《黑森林与陶努斯山的风光》(Schwarzwald-und Taunuslandschaften)、《指路的村人》(Der Dorfgeiger)、《奔逃中的安息》(Ruhe auf der Flucht)等。

主义者的答复是："的确，群众并不善，群众能够按照他们的固有价值把个人拖入深渊；这本不是什么犯罪，因为令人讨厌的是，即使没有群众心理的影响，一个根本无害的人也可能去从事犯罪。但群众也能把个人抬到天上，使之变得狂热，直至形成英雄主义，而对此，他作为个人可能是完全无能为力的。"（《社会主义文化论》，第28页）群众是文化的原材料。职是之故，这里所讲的，不是群众的解体，而是群众的文化问题。群众必须嫁接在一起，必须获得其成为共同体的形式。"群众文化就是共同体文化的表现。"（《社会主义与文化》，第93页）

如果说社会只是法律关系的某种结合，那么在共同体中人们则由于某个共同的事业而联结在一起。正如人只有"忘我的投身事业"（selbstvergessene Sachlichkeit）* 才会变得有性格，一个共同体也惟有通过在共同的事业中联合起来才会形成性格——"我们本来只知道什么是为善事的投身事业"（《社会主义文化论》，第15页，20页）。这正是群众文化如何可以形成的方式，即群众通过"在它的文化中意识到其共同体的存在"（《社会主义文化论》，第18页）而如何构成一个民族、构成一个国家的方式。的确，文化在其成就上是民族的，这些成就的价值"只有展现出每个民族的独特文化能力时"才会得到人们的赞赏，而且"只有带着民族特性的标志，其文化对其他民族的魅力才会得到增强"（《天主教会》，第386页）。

高度的个人文化要求献身于事业。技术时代的文明人对此有所欠缺，令人堪忧。"时间就是金钱"这个说法几乎无耻而露骨地

---

* 在本书里，Sachlichkeit这个词出现多次（如德文原版第90页），却殊难移译，按字面涵义应译为"客观求实"、"实事求是"或者"客观性"，但根据上下文看，此译却不尽恰当，故此处强译作"投身事业"。日译本则直译为"不偏不党性"。见中义胜、山中敬一译：《グスタフ·ラ　トズルフ》，成文堂1992年版，第218页。

表白了这一欠缺。“那似乎成就了我们无限渴望的哥特式穹顶,那似乎怎么也揭示不尽工匠沉迷工作之完全忘我乐趣的波斯地毯,那似乎带着喷泉般话语、若时钟发条的苏格拉底,那似乎融入我们时代强急节奏的歌德,如此等等,都成了难以企及的想象。”(《战争的哲学》,第155页)

拉德布鲁赫常常主动关注我们这个时代的焦躁不安和无耐性,之所以如此,主要是因为他本人就曾有无耐性的倾向,并且在这一点上总是不断地反省自责。在《无耐性者箴言集》(Aphorismen zur Ungeduld)* 中,他意味深长地表达了这种反省。

在这个箴言集中有一句话是这样讲的:“耐性赢得了历史的持续价值,它把持住了飞逝而过的瞬间,它战胜了时间,因为它不担心流失时间,它在路途中的每一步都同时在靠近目标,它在劳作中已经分享到应得的成果。它是一种平衡、信仰和信赖。它创造了波斯地毯和哥特式穹顶。它是温柔的文化之母。”(《法律智慧警句集》,第466段)“文化是有耐性的,技术是无耐性的。无耐性就是这个时代的印痕和标记。”(《法律智慧警句集》,第467段)

技术时代的文化是群众的文化。不过,耐性又应当如何孕育呢？拉德布鲁赫给予了明确的解答:只有回归于孤独。“个人要学会适应孤独的时刻,只有通过这样,共同体才拥有丰富和充实。共同体需要有人——它也在极大的程度上耗损人。谁只想过一种共同体生活,他将很快耗尽生命,到头来发现自己在精神和灵魂上也很快被抽离一空。总是重新需要有回归自身的孤独的时刻……以便为灵魂之泉不断充溢生命的活水。”(《社会主义与文化》,第95页)

拉德布鲁赫在其一生中,也包括在其积极从政的那些年头,一

---

* 日本学者将这本书的书名译作《不寛容ついての箴言》(见铃木敬夫:《法哲学序说》,成文堂,1988年,第206页)。

直在使用这个“孤独权”(Recht auf Einsamkeit),他曾一度将它称为一项不成文的人之基本权利(《社会主义文化论》,第86页)。

就此结束绕圈子。从本源上讲,宗教是个人主义的。但在信教人的尘世生存中以及由此而归结的对世责任中,宗教又变成了社会的生活形式。在当今时代,文化归根结底是群众文化。但从事文化作品创造的人也需要孤独,以不使自己变得委顿枯竭。在这一点上,“没有宗教,绝不会有文化”这已被引述的句子,在拉德布鲁赫的(理论)体系中具有绝对正当(正统)的地位。

对作为人类文化现象之一的法而言,这个结论也可加以适用。在拉德布鲁赫看来,法必须经受双重的考察:一个是世俗的,另一个是宗教的。法,依世俗的观点看可能是颇有价值的,但依宗教的观点看却可能是毫无意义的(《法哲学入门》,第40页)。从法律的视角看,合法与违法,例如财产与盗窃,本质上是有别的;但依宗教的观点看,任何表面上的财富,在本质上都是不法的,耶稣甚至夸奖那个不义的管家,因为他做事聪明。* 是的,简直可以这样说:不要与恶人对抗,自己不要抵抗,而是给人外衣时连内衣也给他,对打你右脸的人,连左脸也由他打。**

“不管守法还是违法——两者同样都是无关紧要的。在人之相互关系中最紧要的,惟有且只有爱。共同体生活,归根结底不是作为凌驾于个人之上的法律制度的结果,而是作为个人的基督教之爱的映射,进入宗教的视野之内的。”(《法哲学》,第93页;《法

---

* 故事见《新约·路加福音》。耶稣对其门徒讲到:有一个财主的管家,别人向他主人告他浪费主人的财物。主人叫他来告诉他:你不能再作我的管家。管家于是把欠他主人债的人一个一个叫来减免了他们各自的账目。耶稣夸奖那个不义的管家做事聪明,因为“今世之子,在世事之上,较比光明之子更加聪明”(《新约·路加福音》,第16章第1—8节)。

** 语见《新约·路加福音》,第6章第29节。

的宗教哲学》,第18页及以下页)

法之深刻的问题性在宗教的视角下表现出来,这也总是拉德布鲁赫一再加以课题化的对象。当然,法是一个无感情的必要之物(Notwendigkeit),但法确定要为之服务的正义,还不是最高的价值。比尘世的正义更高的是爱——对此,大家想一想那则有关葡萄园园户的比喻。* 与爱具有相同本性的是仁慈:它“是一种象征,表明在世界中存在着一些价值,这些价值比法律能汲取更深的水分,能达到更高的顶点”(《法哲学》,第174页)。像爱一样,仁慈也意味着是对人的肯定,而不管其是有价值还是无价值(《法哲学补遗》,第330页)。它不存在于任何强制之下,也不存在于正义的强制之下,它不是如开挖沟渠般的有意施舍,而是有意的非理性捐济。诚如自然世界中的奇迹,仁慈在法的世界中,若“妩媚的姊妹,令人惊奇”(《人物与思想》,第47页)。它的意义在于暗示法和正义的界限及制约性(《法哲学入门》,第42页)。拉德布鲁赫绝没有看错:在当今世界,在这个受目的理性主义(Zweckrationalismus)支配,除了抓住命运、排除偶然似乎没有更重要的东西存在的世界,归根结底不再为施行仁慈留有余地了。今天,连犯罪人的“赦免”本身都通过国家元首而被法律化了,也就是说,听命于平等处理的律令——而从前,这种赦免是委托给身贵位显的妇人们的怜悯,是求婚者向行刑官提出的免刑请求,同时也完全是偶然的惊喜,有点命悬一念得以释然的感觉。不过,拉德布鲁赫也看到:由于目的理性主义,我们将逐渐丧失我们文化中的一些部分:

“假如现在我们实际上只能以纯粹可计算性来解决生活问题的话,——那么过这样的生活,难道还是有价值的吗?偶然性、不可计算和无以评价、惊奇和悲伤、音乐慢板(Ritardando)的甜美柔

---

* 典出《新约·路加福音》第20章第9—17节:耶稣对老百姓设喻谈基督之爱的意义。

畅和渐快节奏(Accelerando)的迷人顿挫,如此等等简直就构成了诱人魂魄的音乐,职是之故,我们才热爱生命:'偶然——这是世界最古老的贵族。'(尼采语)假如我们不再期望有所谓'惊奇者',那生命(人生)会是什么样子呢? 人,只要还没有完全沉沦于日常的事务,他将总会优先选择不确定性的快乐,而不是'快乐'的确定性。"(《法学导论》,第195—196页;《法律上的人》,1961年,第100—101页)

为此,我们必须重新获得这种感觉:什么是我们能够听命于目的理性主义的,什么是不能够听命的(《法哲学补遗》,第334页)。确实,电脑在法律事务中也将占有广阔的作用空间。不过有谁愿意在性命攸关的事情上受机器的摆布呢? 下面这句话直到今天,也还是正确的:"一个欠缺宗教之庄严仪式的法,是软弱无力的。"〔113〕

现在,我们能否回答这个问题:拉德布鲁赫是不是一个信徒? 他是不是一个基督徒? 拉德布鲁赫是按照福音教的礼仪受洗的。不过,在其一生中,我们却可能看到其愈来愈倾向于天主教教义。但对此也不要评价过高。的确,他曾在一个从句中讲到:"……我一度本应改变宗教信仰……",但这一点还没有什么根据说,他曾一度认真地考虑过皈依问题。拉德布鲁赫赞赏天主教教堂仪式之美,赞赏来自其宫殿的艺术品的宏富,他也把天主教视为其他文化组织的蓝本,像梵蒂冈这样的文化组织应当授予国际法上的主权地位(《法哲学入门》,第104页及以下页;《天主教会》,第388页)。故此,认为他可能不言而喻想皈依天主教教义,是难以想象的。

拉德布鲁赫于1943年5月19日写给艾里克·沃尔夫的一封信中所作的信仰表白,(对于理解他的想法)是有意义的。他说:"我本性上喜欢怀疑,并且将保持这种怀疑,——因为怀疑使人宽

〔113〕《法的革新》,载《变革》杂志(Die Wandlung),1947年第2卷,第39页。

容、仁善,而信仰则经常只使人狂热。"〔114〕冯塔纳"信仰的怀疑"(gläubige Skepsis)态度也是符合拉德布鲁赫的态度:"怀疑,只是微笑着怀疑,只是一种疑问,这不是绝望,而是在清朗里顺从天意。"(《冯塔纳》,第10页;《人物与思想》,第156页)

故此,拉德布鲁赫是不是一个虔信的(确实绝不是教会意义上的)基督徒这个问题,仍然是没有答案的。但我们可以肯定的是:他经历过了(其早年在法国战壕里给女儿蕾娜特写信谈到的)上帝与灵魂之间最终的对话。

〔114〕 埃里克·沃尔夫:《古斯塔夫·拉德布鲁赫的生平和著作》,载古斯塔夫·拉德布鲁赫著《法哲学》,斯图加特,1973年第8版,第67页。

战争与和平

按照拉德布鲁赫本人对自己的理解，他是一位和平主义者(《心灵之路》，第 79 页)。也许，他一开始还并不是这样一个人；无论如何，在其早年的著作，也就是 1910 年《法学导论》第 1 版中，这种和平主义观念还没有得到清晰的表达。但随着第一次世界大战愈来愈明确地宣告结束，拉德布鲁赫否定战争的声音也变得越来越明朗。大家或许这样想，当一战最终爆发的时候，他应完全努力避免卷入战争。事实相反，他却自愿报名应征。这到底应作何理解呢？

拉德布鲁赫报名参加了红十字会，以便“用这种方式尽快进入前线，既分担危险，但又不必去杀人”(《书信集一》，第 40 页)。战争狂热当时几乎使(德国)整个民族陷入兴奋，但却离他无限遥远。他感到自己置身于这个热火朝天地“把所有人的灵魂整体冶炼为一个民族”的运动之外；早在 1915 年，他就担心：“战争过后的临近时期，我以及如我同类的人将经历更为深刻的孤独，而目前的孤独只是它的前兆”(《书信集一》，第 41 页)。

但为何他只想分担(战争)危险呢？假如说

他已经实际得到了这种(危险)分担的话,那么他最初在红十字会期间并未做到这一点,而是在接受军训、奔赴法国前线之后才实现的。拉德布鲁赫本人曾提出自己为何要卷入战争的问题,他认为有三个方面的答案。那就是:第一,他明显地渴求想确证自己,用布朗宁(Browning)* 的话说:"我要去证明我自己的灵魂";除了"美"之外,"英雄气概"也总是最令他感动的(《心灵之路》,第 80 页)。战争临近结束,他撤到后方,此时他写信给妻子:"我好像更愿意呆在我们连队的战壕里。"(《书信集一》,第 64 页)。他感到,敌手在前线是受到尊重的,而对敌人的仇视却与远离前线成正比例地增长着的(《法律智慧警句集》,第 280 段)。在他看来,"士兵"是一个独特的(sui generis)世界,这个世界并不必然与战争的理由和目的有什么关系(《书信集一》,第 160 页)。第二点,拉德布鲁赫受其上已提及的"根本的社会感情"所激励:本不想要比别人更好。他要像别人一样当一名普通的士兵。但其最终担任少尉,归根结底是违背其个人意愿的。他后来也极力避免从士官职位中谋取利益(《心灵之路》,第 82—83 页)。第三点,也许是最主要的一点,他之所以自愿报名入伍,"是因为恰恰一个和平主义者负有责任向自己和别人证明:因为他本人还没有成长起来,去足以反对战争。只有亲自参与过战争的人,……过后才可能更有力地去对抗战争。"(《心灵之路》,第 81 页)

拉德布鲁赫并不是"过后"才反战的。1917 年 5 月 7 日,他在法国前线写给恩斯特·坎托洛维奇(Ernst Kantorowicz)的一封信中就这样表示:"'战争'的整个场面是去神的、罪恶的,在同样的意义上,有点像奥古斯丁描述的罪恶之城(die civitas terrena)。"(《书信集一》,第 55 页)

---

* 布朗宁(Robert Browning,1812—1889),英国维多利亚时代最杰出的诗人之一。著有诗剧《帕拉塞尔萨斯》(1835 年)和长诗《指环和书》(1868—1869 年)等。

1917 这同一年发表的文章《论这场战争的哲学》(Zur Philosophie dieses Krieges)中的言语则清晰得多。他把战争说成是“令人难以言状”、“令人难以想象”、“令人难以形容”的(《战争的哲学》,第 139 页),而且他还提出下面让人难受的问题:这场战争有必要吗? 换言之:假如它是许可的,那么它也许甚至是应当的?这场战争有意义吗,或者至少有某种重要性吗?(《战争的哲学》,第 140 页及以下页)它没有意义。

在对待“正义的战争”问题上,拉德布鲁赫也坚守其价值论的基本立场。无论伦理学还是法哲学均不能解答战争问题。“自卫战争”自身也没有证成的根据;这个字眼所存在的不仅是意义含糊,而且首先是国际法上的正当自卫概念的矛盾性:任何战争的当事者都诉诸正当自卫,而只有胜利者才能够决定到底谁在诉诸自卫这一点上是正当的。“不过,我要对你们说:你们不要去与恶人对抗。”(《战争的哲学》,第 148—149 页;《法哲学》,第 99 页及以下页)

按照拉德布鲁赫的观点,假如战争在根本上能够被证成的话,那么只有通过宗教的价值超越的态度。“即使在非正义战争上,宗教也还可以找到某种更高种类的价值。当任何纯粹经验的考察受到令人绝望的悲观主义主宰时,在它们身上宗教态度的形而上学之乐观主义突然会涌现出来;这属于人类本性的极端悖谬的特征。”(《法哲学》,第 203 页)

此一说法绝不是牵强附会的。即使在今天,也还有一些著名的神学家,他们直接把原子战争中人类生命的千万次毁灭说成是“上帝威严及其秩序的宣言”,而绝对不是(耶稣在山上对门徒所作的)圣训的问题(Frage der Bergpredigt)(古斯塔夫·贡德拉赫

[Gustav Gundlach]语〔115〕)。这里,拉德布鲁赫也表现出像是一个真正的基督徒:"人们可以把教堂的大钟铸造成大炮,但绝不可能把(基督)圣训的精神转化为军事武力。"〔116〕

人们也不能够利用宗教作为借口,来掩盖不法的战争所应承担的责任。因为我们不要忘了:"正义之神(Theodizee),纵然用冒昧的话来说,也只是神的证成根据,而绝不是人的证成根据;宗教哲学绝不是伦理学;既成事实(fait accompli)的宗教补偿也绝不是其惹事者事后证成的根据。"(《战争的哲学》,第159页)相应地,宗教对战争的态度确实也固守着某种奇妙的矛盾:它对待战争,有点像是对待疼痛,"它盛赞其涤浊之力,却又诅咒其苦痛过程"(《战争的哲学》,第160页;《法哲学》,第204页)。

在拉德布鲁赫看来,宗教的考察以外的其他一切考察都必然会把战争看做是不明智的、背离意义的灾祸(同上)。随着世界大战最终结束,他发誓:绝不要再有战争!(《宪法演讲》,第4页;《法学导论》,第198页)当然,此前及二战后在战场上失败的士兵也常常一再地这样发誓。但发誓没有什么用,人们照样不断地被武装上战场,振振有辞地高喊口号:"如果你想要和平,就要准备战争!"(Si vis pacem, para bellum)对此,拉德布鲁赫说,再没有比这句话更严重的错误了(《法学导论》,第193页)——我们还必须补充说:也再没有比这更持久(易犯)的错误了。到底为何发生战争,拉德布鲁赫非常精到地归结为下面这种情况:战前在许多人那里缺乏"非历史的气魄"(unhistorischer Mut),"只想等着海牙(国际法院)做出和平工作的判决,不能针对'战争必然发生'这一垂头丧气的

〔115〕 引自阿图尔·考夫曼:《正义——通向和平的遗忘之路》,慕尼黑/苏黎世,1986年版,第27页,第45—46页(此处也还有其他持相同观点的神学家们所发表的意见)。

〔116〕《"正义战争":论为了一句口号而战》,载《国际联盟德国分会通讯》(Mitteilungen der deutschen Liga für Völkerbund),1919年4月28日第9号,第2页。

顺从状态提出果敢的决断:‘战争不能发生,也不应该发生’”(《年轻的法律学生》,第 8 页)。拉德布鲁赫希望,甚至有一阵子还曾相信:当时的战争浪漫主义和战争的精神气氛最终会破产,因为它们只通行于过去的战争,而不可能再适用于今天的战争。自从战争意味着大屠杀、暴死,意味着不仅碾死男人,而且碾死女人和儿童,意味着万般的恶行和犯罪时,战争就丧失了它的荣耀。

1929 年他这样写道:“战争,由于其自始至终遵循自身的逻辑,那么它本身在伦理上就行不通。”(《法学导论》,第 197—198 页)而 10 年以后,我们却经受了最近的、也残酷得多的战争。

拉德布鲁赫徒劳地希望,他身后成长的这一代人不要再遭受一次世界大战。然而,当战争确实来临时,他再次提出希望,尽管带着完全绝望的心情。1940 年 6 月 16 日,他写信给当时在法国前线的儿子安塞尔姆:“我们在(第一次)世界大战中通过思考而试图安慰自己,这场战争的意义在于:它必定是最后的战争——而情况却是另一个样子的:结果是一场新的战争,而且目前的这场战争在恐怖性这一点上远远超过以往发生的所有战争。即便如此,你们这一代人仍然可能获得建立在正义及各民族和解基础上的永久和平,不像我们(这一代)对此追求,却徒劳无功。”(《书信集一》,第 135 页)尽管如此,当时战争还没有完全表现出彻底的恐怖性。

今天的情况又怎么样呢?政治家和军事家们许诺:用原子弹作为标志,战争就不可能进行,通过“威慑的均衡”将会维持保障和平。人们需要核武器,不是为了要使用它,而仅仅是为了威慑潜在的对手。当人们可以制造威慑时,好像他们同时也宣告了这个意图:不会去利用威慑!拉德布鲁赫即使完全站不住脚,但也早就一眼看穿这一算计的危险性。他的思想简直就预告了我们当今的情形;所以,我们完全有理由在这里对这一思想谈得更详细一些。

拉德布鲁赫这样写道:外交辞令“杜撰出多种多样的形式,为的是宣示武器的优越性,而又不实际地使用它们……这些宣示政治实力的诸种形式最终获得了如此独立的生命,以至于大家在这一点上几乎忘记了它们的实现基础,忘记了某种战争的可能性。刀剑似乎在那儿还放着,为的是待价而沽,不是为了在战争中挥舞;为的是倚之而斗,不是持之而战。直到有一天,现实因为(象征)符号……而颠倒……政治变成了一场表达威胁姿态的游戏,大家想认真地对待这些姿态,但其意思却最终是不把下面这句话当回事:如果你想要和平,就要准备战争!——此时,假如一个政党或另一个政党脱离游戏规则,把它们所知道的被认为不太认真的东西当回事,如此强迫它们的对手勉强地认真对待之——那么任何人都不想要的战争也就开始了。它们的确全部想要的惟有威慑,而不是武力……政治,假如其本质是想通过以战争相威胁来获得和平,那么它就必然会违背其一切承担者的意志,带着同样的必然性而最终导致战争;而战争则让本身无用的威胁变成暴力。”(《战争的哲学》,第146—147页)“我们不可能永久地按着刀剑(之柄)厮杀,万不得已,也得拿着刀剑厮杀。”(《战争的哲学》,第200页)

但直到今天,人们还仍然抱有荒唐的幻想,让愈来愈多的武器来保证和平。那么,人们是否看到,这种军备的螺旋越来越接近“*无回旋之点*”(point of no return),因此战争再度变得“不可避免”?但有人说,我们可以通过裁减军备进行讹诈。而拉德布鲁赫看到的却与此不同:“无武装者被解除武装。”(《人物与思想》,第48页)

然而,对于应如何获得永久的世界和平这一问题,这并不是他的惟一答案。世界和平是启蒙运动的一个宠儿,也没有什么不可思议的,因为它是理性的产物。那时最著名的蓝图是康德1795年的小册子《*论永久和平*》(Zum ewigen Frieden)。康德是这样解释的:人类的自然状态并不是和平状态,而似乎是战争状态;这种战争即使不经常爆发,但也总使人感到有威胁。故此,我们必须促进和平。按照康德的观点，能够促进和平的，惟有理性，据此各民族之间建立和平同盟（Friedensbund），该同盟就像一个永久的和约，它不仅仅决定某一次战争，而且决定所有的战争都不可能再发生。

现在，我们根据对国际联盟和联合国的经验，对于"世界国家"（Weltstaat）和"世界和平"的创建已非常失望。各国的领导人，尤其是超级大国的领导人至今还不打算让他们的特殊利益服从（全世界的）整体利益。明眼人长期以来就明白：康德意义上的同盟，只有单个国家让出它们的一部分主权，——换言之：只有当该同盟自身凌驾于主权国家之上时，它才能够保障和平。

拉德布鲁赫的思考就放在这一点上。他想把"天主教会"（geistigen Mächten）当作"国际法主体"而使之享有超国家的、被赋予独立主权的地位，只有这样，"世界公民"才成长起来，舍此则不可能有世界国家，也不可能有世界和平。在他看来，这个模式的蓝本就是罗马教廷（der Heilige Stuhl）的主权。这个构想之最初征候在相当早的时候，也就是 1917 年就已形成（《战争的哲学》，第 156—157 页）。此后，在 1929 年版的《法学导论》中，拉德布鲁赫对这个问题的态度更为明确。他在书中曾强烈地抱怨：在世界大战期间，非天主教教界本身——天主教以外的组织并没有建成一个"超国家的权威机构"，而这个机构在面临福音教派"战争神学家"连同其"德意志神"和"神圣战争"说教之复辟时，本来"能够以基本上听得到的方式表达出（基督）圣训的精神"的（《法学导论》，第 176—177 页）。第二次世界大战后，并且 1946 年首次在纲领性的文章《精神国际》（Die Internationale des Geistes）中，他才完全重视有关"世界法"（Weltrecht）和"世界和平"的观念（《法律上的人》，1961 年，第 125 页及以下页）。

拉德布鲁赫在这篇文章中指出：迄今为止植根于启蒙时期的和平运动，之所以都以失败告终，是因为它们都想创设一个国际（国家之间）的争端判决机制（Streitentscheidung），而过去所存在的是一个超国家的共同体意识。由此,他想到,历史上曾一度有过一种超国家的组织:中世纪的天主教教会。

“那时,整个基督教是一个团体宗教的统一体,国际范围的无数特殊的组织机构,特别是各种修道会,横跨各个国家而设立。不过,它们均在教会的保护伞下追求对整个文化的保护和维持,由此也部分地享有了超国家的特性。基督教的艺术在欧洲是统一的,而各个国家又同等地享有其风格感觉(Stilempfinden)的变化。文化人的世界语,即拉丁语,使欧洲能够形成统一的学术、共同的书写文献。通过教皇授予特权的各个大学,使各国站在讲坛和教席上授课的学者们连成一个整体,他们从一所大学迁居到另一所大学时不用顾忌国籍和语言上的限制。而且在各大学的影响下,一个国际性的法,即罗马—教会法体系,也逐渐主宰着(整个)欧洲。”(《法律上的人》,1961 年,第 126 页;《法哲学入门》,第 105 页;《天主教会》,第 385—386 页)

所以,一度所存在过的,类似一个“世界国家”——欧洲当时就是“世界”。直到宗教改革之后,国家和教会才相互分离,分属于不同的文化领域,并自成体系。今天,文化是有民族(国家)性的,世界逐渐化解为拥有主权的单个国家。连微型的梵蒂冈国本身,都成了这样一个主权国家。

但国际法学把罗马教廷的主权仅仅解释为是一个根据历史才说得通的反常现象——因为只有各个国家才能够成为国际法主体,而梵蒂冈则似乎不属于现实的国家;针对这一说法,拉德布鲁赫强调:教皇不单单是作为梵蒂冈这个微小国家的首脑而拥有主权权威,而且他是“在整个精神的世界中的掌权者”。

不过,事实上,教皇的主权“不应纯粹理解成是一种历史的残余,而更应看做是未来进行国际法重构的蓝本。凡在罗马—天主教形态上适用的东西,其不应只单单适用于宗教的其他形态,也就是在斯德哥尔摩结成的其他基督教教会组成的整体,而且也完全适用于其他文化领域。‘学者共和国’(Gelehrten-Republik)、‘世界文学’(Welt-literatur)不应只停留在理念或华丽的辞藻上，而且应成为组织体，成为国际法主体，与罗马教廷具有相同的合法身份，与国家在同一个层级上来对待，或者把在世界公共舆论中具有相同分量的私人团体置于同等的地位，这样，它们在国际参议会(Rat der Völker)中的发言权才不可能被忽略。”(《法律上的人》，1961年，第126—127页；《法哲学入门》，第105—106页；《天主教会》，第388页)

无论如何，创设这样的国际机构，其先决条件是：有这样一批人，他们准备着“全力以赴走出民族(国家)的界限，并且全心全意为超民族(国家)的使命服务”。而且，一个超民族(国家)的法律制度和由此形成的世界和平——只有当它们在具有超民族(国家)感觉的人类中得到体现的时候，也才有可能实现。“只有先有世界公民，然后才可能有世界法官。”(《法律上的人》，1961年，第128页；《法哲学入门》，第106页；《天主教会》，第389页)

创建这个世界法及与此相关联的世界和平，这个使命首先就落在了法律职业人的肩上；在法官阶层，必须形成超国家的法(《费尔巴哈纪念演讲》，第33页)。“对法律职业人而言，把战争当作一种不可避免的灾祸来容忍”，是不怎么合适的。“特别是对其要提出这样的问题：在我们人类安身立命的这个星球之上，到底是应由偶然性统治着，还是应由理性统治着。”(《法哲学》，第204页)

有关这个构想，的确漂浮着些许的共济会的精神，散发着一丝《魔笛》的气息。拉德布鲁赫似乎对此也不予否认。是的，大家可能会问：他本人对其想法的可行性是否相信？在某些时刻，他大概会有这个想法，不过他无论如何也不会像当今许多政客和另一些人所做的那样，把和平建立在一种天真的目的乐观主义(Zweckoptimismus)的基础之上。相反，他那令人警醒的呼吁，听起来与其说本身颇有信心，还不如说更有些失望：“第二次世界大战可怕的经历,及至原子弹(爆炸)而达到顶峰,这使我们面临抉择:要么世界和平,要么世界毁灭。我们不能放弃希望:整个世界的思想界总还会及时地领悟和恳求关注人类及其精神面对的可怕危险。”(《法律上的人》,1961 年,第 129 页;《法哲学入门》,第 107 页;《天主教会》,第 389 页)

对此,英国人阿奇博尔德·亨特·坎贝尔曾做如下的评论:“我们希望他说得是对的,但愿可以找到这样的人,其精神和才能能够拯救世界。可是,假使世界再度沉入黑暗时期,拉德布鲁赫也只不过是其末日中闪耀的最明亮、最纯粹的一束光芒而已。”[117]

40 年以后的今天,说理性似乎使我们离稳固的和平愈来愈近,这看起来还根本不是那么回事。拉德布鲁赫极为深刻地料定事情也必然如此。他在这个事情上,于去世前 5 天所写的最后的话是:“所有的民族作为整体都没有能力做到以史为鉴;形势比人强。”(《书信集一》,第 258 页)

---

[117] 阿奇博尔德·亨特·坎贝尔:《古斯塔夫·拉德布鲁赫的法哲学与英国法学》,汉诺威—明登,1949 年(英文和德文版),第 29 页。

人道主义者·学者·伟人

拉德布鲁赫是一位人道主义者，一直愿意跟着读到此处的读者，对此一定不会怀疑。拉德布鲁赫作为人道主义者，不只是在他享受到所谓人道主义学校教育那个表面意义上来讲的。人道主义是他崇高的品质。社会主义者、宗教人(Homo religiosus)、大学教师、学者、政治家……所有这一切都源于他是一位人道主义者。在这个意义上，他也信奉共济会的理想：宽容、理性、完美、自由、平等、博爱(《启蒙时代》，第32页)。

拉德布鲁赫并没有把人道理解成柔弱无力、婆婆妈妈，理解成在19世纪业已变了味的“人道的陶醉”(Humanitätsduselei)。康德本人在《道德的形而上学原理》(Metaphysik der Sitten)中，就切萨雷·贝卡里亚的刑法改革努力而谈到“矫揉造作的人道之同情的过分伤感”(康德：《道德的形而上学原理》，科学院版，第335页)。但即使在关切刑法改革时，拉德布鲁赫的观点也完全(与此)不同。他以人道代替暴虐，以矫正和教化代替威吓和报复——“但(这)不是以软弱来代替无人性，因为教育者必须……不单要有一颗充满悲悯的心，而且也要

有坚强的手腕。”(《法律上的人》,1961年,第109—110页)

上文曾已简要提示,拉德布鲁赫非常冷静、非常理性地把人道理解成是一个法概念,此概念转向三个方面:作为与人友善,对抗无人性的残暴;作为人类尊严,对抗非人的侮辱;作为人性教养,对抗反人类的文化灭绝(《法哲学入门》,第94—95页)。而且,他还看出这个法概念应在我们法律制度的三个方面予以确认:第一,人类尊严以及基本权和人权的宪法保障;第二,对反人类犯罪的惩罚,该犯罪自身不仅针对单个人的法益,如生命或自由,而且针对作为全体的“人类”(由此也导致国际法上的后果);第三,在国内刑法上,不仅仅社会要防范犯罪人,而且犯罪人也必须防范国家的专横(“自由大宪章”思想*),由此必须废除非人道的刑罚,如死刑(《法哲学入门》,第95—96页)。

即使在这里,又有谁会感到奇怪:拉德布鲁赫也一如既往地步歌德之后尘呢?歌德在其《威廉·迈斯特的漫游时代》一书中曾这样讲:“难道没有什么办法必须实施人道,使之达到这种程度:即使对有罪者也待以温和,对犯罪人也加以关怀,对不人道者也施以人道!”(人道实际上是否已经实现了呢?)拉德布鲁赫的确有理由在歌德的这个表达中找到共济会主义的因素。不过,他在其中也同时发现了“天主教的思想”。这初看起来可能是一个悖论,因为我们看到天主教对共济会有根深蒂固的反感。自然,拉德布鲁赫也发现:人道的理念是外在于基督教、独立于基督教,甚至是在与基督拯救宗教的对立中发展起来的。尽管如此,那么:

“事实上,人道理念与基督教有亲近的关系,它从基督教身上体验到深刻的根基和宗教的提升。”(《启蒙时代》,第49页)而且:对我们而言,歌德是“一种象征,其表明,在天主教教义和共济会主

---

* “自由大宪章”思想是弗朗茨·冯·李斯特所提出的观点。他把刑法看作是“犯罪人的自由大宪章”(die Magna Charta des Verbrechers)。

义之间看起来不可逾越的对立之处，也有跨越的桥梁”（《启蒙时代》，第 49 页）。因为，最终说来：“仁爱（caritas）与人道（humanitas）难道不应当是相互亲近的吗？”（同上）

拉德布鲁赫的人道主义包含着对一切人的宽容——但宽容不是纯粹勉强地容忍他人，而是对持异见者信仰“（进行）判断的耐性和公正”，这些持异见者的信仰同自己的信仰一样既难以反驳，也难以证明（《法律上的人》，1961 年，第 81 页）。上文业已指出，拉德布鲁赫的宽容观最初走得太远了，其甚至对患偏执狂的独裁者应该说都是适用的（《法哲学》，第 77 页）。后来由于对独裁偏执狂有活生生的经历，他才对上述思想加以修正：“假如个人主义的法被用来完全扼杀个人主义，假如宪法规定的自由被滥用去最终根除这一自由本身，简言之：假如不宽容还在利用宽容，以便能够灭绝宽容自身”，那么我们将来就不可以再加以忍耐（《社会主义文化论》，第 85 页）。但拉德布鲁赫并未把“对不宽容者绝不宽容！”这样的口号，像今天的某些政客甚或教会的人所做那样，视作一个不在场的理由（Alibi），以便将对手“一刀两断”。拉德布鲁赫坚守宽容理念，并身体力行、率先垂范，而且他还将这种精神传导给他人。在当代，美国人约翰·罗尔斯曾写过一本著名的书籍，在书中，他把正义解释为公平（Fairness）。[118] 在这个意义上，也恰好在这个意义上，拉德布鲁赫是一位“正义之人”（Vir iustus）。这绝不是牵强附会的。在《心灵之路》中，他自己曾写道：“我……常常直面这样的问题，英国人阐述的幸福论* 的人生观和伦理的人生观之结合的种类，即公平限度内的幸福，是不是一个彻头彻尾可以接受的生

---

〔118〕 约翰·罗尔斯：《正义论》（德文），法兰克福，1975 年版；同作者：《作为公平的正义》，弗莱堡/慕尼黑，1977 年版。

* 幸福论（Eudaemonismus）是一种哲学理论，该理论认为：一切行为的目的是为了幸福，通过道德行为而可以获得幸福。

活准则。”(《心灵之路》,第 137 页)这样的句子表明,偶尔把拉德布鲁赫称为是一个道德主义者,也未尝不可。

就内在必要性而言,说拉德布鲁赫的人道主义也必定是社会主义——,反之亦然(《社会主义文化论》,第 9 页),这简直是不言而喻的。社会戏剧,如格哈特·豪普特曼的《织工》(参见《书信集二》,第 18 页;《人物与思想》,第 89 页),和社会小说,如歌德的《威廉·迈斯特的漫游时代》(参见《人物与思想》,第 84 页及以下页;《社会主义文化论》,第 76 页及以下页),都很早并持久地影响着拉德布鲁赫。上面,“完善”(Vervollkommnung)一词业已道明此点。而且,这个词在拉德布鲁赫那里也还有某种社会关联性。在一本非常有名的著作中,埃里希·弗罗姆(Erich Fromm)* 以下面这种形式表达完善之形成的问题:拥有抑或存在(Haben oder Sein,书名同此)。拉德布鲁赫的座右铭则与此不同:拥有,是为了存在(参见《心灵之路》,第 33 页)。他原本就不是马克思主义派的社会主义者,这种社会主义者想要废除一切私有制或财产。但他认为:私有只有达到有利于人格形成的程度时,才具有伦理上的正当性。拉德布鲁赫甚至论述过“财产权的人格说”(Persönlichkeitstheorie des Eigentums),他对其涵义之所指,借用歌德的歌剧《普罗米修斯》(Prometheus)一段句子予以具体的说明(《法哲学》,第 134 页;《人物与思想》,第 90—91 页):

> “埃庇米修斯:那么,有多少是你的呢?
> 普罗米修斯:满足我活动的范围!
> 无所位属其下,无所居于其上!”

---

* 埃里希·弗罗姆(Erich Fromm,1900—1980),德裔美国心理学家、社会哲学家。他研究了心理和社会之间的相互影响,提出所有已知的社会结构在所有的方面均不能适应人类的基本情绪需要。认为将精神分析的原则应用于社会病的治疗,人类便能设计出一个心理平衡的“健全社会”。著有《逃避自由》(1941 年)、《健全的社会》(1955 年)等。

一个艺术拥护者可能会斥资百万于绘画,而暴发户则不会这样。

合法财产"并不是人对物的支配,而是人与物之间的关系。不仅人有其尊严,物也有其尊严。不仅人可以利用物,物本身对人也有所要求,要求人在利用和享用物之价值时也要相应地爱惜与呵护其价值"(《法哲学》,第135页)。

这也与下面一点相联系,即拉德布鲁赫对马克斯·韦伯早就贴切描述过的卡尔文教之天职理想(《新教伦理与资本主义精神》,1920年版),也可能有所吸收:天职是"内心世界的禁欲",也就是说,工作只是为了其自身,而不是为了利润(《刑法的优雅》,第126—127页)。只是我们不可以在为艺术而艺术(L'art pour l'art)的意义上来理解之,好像人们不在乎通过自己的工作创造了什么样的价值。

像许多其他重要的法学家一样,拉德布鲁赫也不是出于天性而投身"相当枯燥的法律学术"的(《书信集一》,第7页),如读者所知,他甚至曾表达出对法律研习的反感。但与其他人有别的是,在拉德布鲁赫那里,这种对法学隔膜的态度从来没有丧失,他即使作为法律学者,也总是那种"具有内疚之心的法律职业人"。不过,在拉德布鲁赫看来,正是这一点才构成"好的法律职业人":

"法律科学和法律价值的伟大怀疑者们:如托尔斯泰、杜米埃、阿纳托尔·法朗士,* 还有基希曼(Kirchmann**),对于那些正在成长的法律职业人来讲都是进行自省之弥足珍贵的警示者。因为

---

* 阿纳托尔·法朗士(Anatole France,1844—1924),原名阿纳托尔—弗朗索瓦·蒂波,法国作家。1921年获诺贝尔文学奖。著有《苔丝》(1890)、《现代史话》(1897—1901)、《企鹅岛》(1908年)等。

** 基希曼(Julius Hermann v. Kirchmann,1802—1884),德国法学家。曾任柏林检察官和Ratibor上诉法院副院长。1871—1876年参加进步党,担任帝国国会议员。著有《作为科学的法学之价值无涉》(1847年)和一些法哲学论文。

只有那些具有内疚之心的法律职业人,才能成为好的法律职业人。”(《费尔巴哈纪念演讲》,第24页;也参见《法哲学》,第107—108页)“法律职业的要求之一是,必须每时每刻同时意识到该职业的崇高及其深刻的问题性。”(《法哲学入门》,第93页)拉德布鲁赫认为:假如莱辛(Lessing)* 成为法学家,那他“似应属于最伟大的德意志法律思想家之列”(《书信集二》,第25页)。

精通法律,知道如何机敏地解释法律,懂得在法律的逻辑键盘上如何技艺精湛地表演,通常被当作完全不同于“好的法律职业人”的另一种类型。拉德布鲁赫则完全不这样看。他以前曾远离经验的思考;在1904年所写的具有很强的逻辑因素的教授资格申请论文中,他曾经讲道:“重视法学方法中的逻辑因素……就把那些偶入法门的法律职业人(die Zufallsjuristen)和天生的法律职业人(geborene Juristen)”区别开来了(《行为概念》,第18页)。还有更尖锐的:“司法必须使秤砣(Lot)压住人类——生活知识的公担 **,这不仅根本上适用于一般的法官,而且绝对特别地适用于刑事法官。”(《法学导论》,第118—119页)

因此,拉德布鲁赫一再地提醒人们:在我们这里,传统的教育和考试制度把法律职业人类型推向极端,“他们看起来不像是最令人期望的一类,也就是说:(他们)属于缺乏有生命的法律感、缺乏温暖的人情味而冷冰冰的、精明机敏的理智人”(《书信集一》,第214页〔119〕)。

---

〔119〕 也见《法律职业在专业和特征上的前提条件》,载《法律职业人:法学教育专业杂志》,丛书第9卷,1949年,第391—392页。

* 莱辛(Gotthold Ephraim Lessing,1729—1781),德国18世纪最伟大的戏剧家,也是社会、戏剧和宗教评论家、哲学家和美学家。代表作有《拉奥孔,或称论画与诗的界限》(1766年)、《汉堡剧评》(1767—1769年)、《论人类的教育》(1780年)等。

** 公担(Zentner),是在德、奥、瑞士等国适用的度量单位,其重为50公斤(德国)。

然而，这不是指拉德布鲁赫在法学上大谈某种非理性主义。他本人是一位公认的具有理性的人，当然这种理性并不局限于纯粹形式主义——可计算的事情上。他的强项不在于知性的分析活动，而在于理性的综合活动。[120] 当然，今天，法学中的分析因素被大书特书，而且，无疑，这是一个很重要的因素。但如果种种迹象正确的话，那么我们会再度承认：单单根据分析，不会为法律获得更多的东西。纯粹的分析学家也许作为数学家、逻辑学家或认识论学家所起的作用可能更大一些。为了在法学上获得有价值的东西，至少而且首先必须成为能够认识整体的综合论者(Synthetiker)。拉德布鲁赫在很大程度上就拥有这种才能。

如前所说，拉德布鲁赫是一个具有理性的人。在其《法哲学》中，他曾公开表达出"对理性主义"的信奉，"该理性主义'仍然想停留在我们称之为启蒙的前夜里'(拉伦茨语)"，它"并不赶非理性时代的时髦，当然它也不认为，世界是由理性(无限)切分的，没有除不尽的余数"，它只是看到"自己的使命在于理性地揭示最终的矛盾"，"而不是陷入矛盾的非理性的迷雾之中"。(《法哲学》，第8章)不过，这不仅仅是信条。拉德布鲁赫几乎所写的每一行字都表现出这一闪光的理性。它具有古典式的简洁性："简洁乃真理之据"(simplex sigillum veri)，也是他对自己所提出的要求(《书信集一》，第241页)。但这绝不是由于简略化而形成的简洁性。拉德布鲁赫经常长时间地绞尽脑汁思考事情，直到它们变得清晰明朗、一眼洞穿，然后他才可能用浅白的语句来阐释他们。其语言的迷人之点在于：形式与内容总是协调一致，语言的表达通常与(讨论的)主题相得益彰。拉德布鲁赫的理性与其说遵循新康德派的批判主义风格，不如说更追随歌德的风格——它也总是睿智。拉德

---

〔120〕 参见卡尔·恩吉施：《古斯塔夫·拉德布鲁赫》，载《海德堡科学院大会通讯》，年度丛书1943/55，海德堡，1959年版，第80页。

布鲁赫不会去用语言的暴力化(Sprachvergewaltigungen)和花哨的词汇来强行表达那不可言说的东西,这样的语言表达绝不会令人信服,而至多起劝说作用,但通常则只可能招致混乱。他非常精确和严谨地去说事情,——面临当今占主导地位的语言的变乱(babylonische Sprachverwirrung)* 之情形,这不失为一种亲切的行为,这种行为更喜欢直来直去的社会学风格(Soziologismen)和心理学风格(Psychologismen)。拉德布鲁赫讲话(连他自己也都这么认为),从来就不单纯是一种说话的方式(facon de parler)。

很少有法学家,能够像古斯塔夫·拉德布鲁赫一样,适合用"睿智"这样的称呼。但就此而言,它又不被认为是一种怡享生活的老人之睿智(Altersweisheit),一种不再可能受(心灵)折磨的温逸态度。毋宁说,这是另一种睿智,拉德布鲁赫本人曾一度谈到它:只有惟一的道路通达于此,这条道路需要"穿越激情"(《年轻的法律学生》,第 12 页)。拉德布鲁赫对事情——对真理,总是殚思积虑、绞尽脑汁,他甚至把难题"通盘掂量,逼入绝境",直至他能够将难题克服。[121] 他绝不是一下子就成为智者的。他的学术创造不像弗里德里希·卡尔·冯·萨维尼当年那样,均匀地流于笔端。在他那里总有一些窝工现象(Arbeitsstockungen)。

1917 年他写信给妻子说:我必须"强逼"自己"去创作",直至等待着"创作的灵感"出现,等待着(灵感)"只一点一滴"地流淌,间或也"伴随有说不出来的劳累和长时间的停顿",而一旦灵感涌上

---

〔121〕《法律职业人——邪恶的基督徒》,载《墨鱼》杂志(Die Argonauten),1915 年,第 130 页。

* 语言的变乱(babylonische Sprachverwirrung),典出《旧约·创世纪》第 11 章。圣经载:洪水以后,挪亚三子后裔各立邦国。那时,天下人的口音、言语都一样。他们在示拿地平原要建一座通天塔。耶和华(上帝)为阻止建塔,在那里变乱天下人的语言(口音),使他们的言语彼此不通。于是,通天塔由于人们语言不通而停工不造了。那塔名叫巴别塔(现音读"巴比伦塔"),按照圣经的注释,"巴别"就是"变乱"的意思。

来，那么我“一阵子就只知道工作，避开一切可能分散我的注意力和打扰我的事情，躲避几乎所有的谈话，专心致志地做我的工作……，以便尽可能长时间地保持创作状态。这种状态有时也持续两周、甚至八周的时间。然后，（事情）大体上就完成了……，不过，谁要是分享这种体验，就应当（对此）有同情的理解。”（《书信集一》，第56—57页）

当然，这个操心劳神、痛苦熬煎、悲观绝望的拉德布鲁赫并不是完整的拉德布鲁赫。完整的拉德布鲁赫，除了睿智外，也还有聪明。他本人曾写过一篇文章，题为《聪明颂》（Lob der Gescheitheit）。其中讲到，我们仰慕睿智，我们赞赏敏思，我们敬畏机灵甚于对它的尊敬，但我们喜欢聪明。因为“聪明给家庭带来快乐，就像蜡烛给寒冷的昏暗带来光明。它为物体承受重量、为生活减轻负担”。〔122〕拉德布鲁赫也是这样。他还能做到对求知的愉悦好奇和问学的快活清朗。

拉德布鲁赫是一位“好的法学家”，因为他本不仅仅是一个法学家。卡尔·恩吉施曾经对此作过这样的表述：“古斯塔夫·拉德布鲁赫既不只是哲学家，也不完全是哲学家，因为他同时也是法学家、政治学家、历史学家和艺术家。但正如他并不把下列其他所有这一切搁在一起：作为法学家而思考政治的事情，作为政治学家思考法律的事情；他在自己的法学著作中把法学的洞察与历史学的细致感觉结合起来……，抛开其他学问，哲学不会作为一个兴趣领域进入他的视野；抛开法教义学的研究，他也不会发表法哲学论著；同样，他仿佛也不把政治的修养退回到哲学上，而是按照哲学的方式来对待这一切，他是具有哲学的思维观念和态度的法学家、

〔122〕《聪明颂》，载《墨鱼》杂志，1916年，第144页。

政治学家和历史学家,不过他总是既作为哲学家,也是艺术家。”〔123〕

拉德布鲁赫完全是一个整体,这构成了他的人格。正好这一点,也使他有资格被称为“好的法学家”。他不仅仅做了下列这样和那样的事情:创制法律,解释法律,表达法律原理(Lehrsätze),对法律进行哲学反思——,他也还不断地将法律整体纳入视野,不断地以歌德的风范来“用法律思考”。〔124〕

在现代知识论上,“理性论辩”(rationale Diskurs,于尔根·哈贝马斯*语)作为真理发现方法扮演着非常显著的角色。无疑,在最近的时期,这个论辩的规则又在很大程度上被精细化了。然而,事情本身并不是新的,我们早在柏拉图创建的雅典学园就熟悉了它们。其实,拉德布鲁赫对论辩也不陌生,即使他并不是把论辩在认识论上作为真理发现的手段来加以把握的。但他以导师的风范来践履这种论辩。当时在他家每周集会(上文已提及此事)的学生圈中,所进行的讨论是不受强迫的,所有的论点都受到认真对待,没有任何人被另眼相看,大家都一致认为:任何论点原则上都是可以修正的,但不可以排除坚持立场的态度(Standfestigkeit)。拉德布鲁赫所依据并热心仿效的,简直就是各种贺拉斯式的品德(Horazische Tugenden):正义(iustitia)、不可动摇的信用

〔123〕 卡尔·恩吉施:《作为法哲学家的古斯塔夫·拉德布鲁赫》,载《法哲学与社会哲学档案》总第38卷(1949—1950年),第305页。

〔124〕 参见埃里克·沃尔夫:《请用法律思考:论古斯塔夫·拉德布鲁赫的一个座右铭》,载阿图尔·考夫曼编:《古斯塔夫·拉德布鲁赫追悼论文集》,哥廷根,1968年版,第76页及以下页。

* 于尔根·哈贝马斯(Juergen Habermas,1929—),德国当代社会哲学家。著有《大学生与政治》(1961年)、《公共领域的结构转型》(1962年)、《认识与兴趣》(1968年)、《晚期资本主义的合法化问题》(1973年)、《论历史唯物主义的重建》(1976年)、《交往行动理论》(1981年)、《道德意识与交往行为》(1983年)、《后形而上学思想》(1988年)、《事实与价值》(1992年)、《真理与论证》(1999年)等。

(incorrupta fides)、坦率的真诚(nuda veritas)、羞怯(道德)心(pudor)、持之以恒(tenax propositi)。[125] 我们还可以在卡尔·波普尔所创立的“批判理性主义”这一点上来好好思考一下拉德布鲁赫,准确地说,他甚至是波普尔的一个先导者。[126] 因为他也不把任何命题看做是绝对的,在他看来,任何东西都是可修正的。而且,“开放社会”模式,也与其最内在的本性相契合。他的全部哲学和学问都总是公开的、理性论辩的一部分,其对所有论点开放,只是这些论点的提出应当真诚。他坚守歌德的规则,“不轻易事先完全拒绝某个事情”。[127] 如果要谈拉德布鲁赫思想转型的话,那么特别在下列意义上讲是切合实际的:他从理论理性转到了实践理性。[128]

在我们即将结束游历古斯塔夫·拉德布鲁赫传记之路时,那迄今完全压在心底的一个问题逐渐浮现出来:拉德布鲁赫是一位“伟大的”法学家吗? 授予他上述的称号,(学界)不乏有这样的声音。1949 年 11 月 26 日,卡尔·恩吉施在拉德布鲁赫葬礼演说中把他称为是一颗“最亮的恒星”(Stern erster Größe)。[129] 在此之前,格奥尔格·施塔德缪勒(Georg Stadtmüller)称赞他“大概是德国在世

---

〔125〕 见《法律职业在专业和特征上的前提条件》,载《法律职业人:法学教育专业杂志》,丛书第 9 卷,1949 年,第 391 页。本文引自《贺拉斯歌集》(Horaz' Oden)第 1 卷,第 246—247 页;第 3 卷,第 3 节,第 1 页。

〔126〕 也见汉斯—皮特·施奈德:《古斯塔夫·拉德布鲁赫对当代法哲学的影响》,载古斯塔夫·拉德布鲁赫:《法哲学》,斯图加特,1973 年第 8 版,第 354,356—357 页。

〔127〕 引自埃里克·沃尔夫:《德意志精神史上的伟大法律思想家》,图宾根,1963 年第 4 版,第 752 页。

〔128〕 引自汉斯—皮特·施奈德:《古斯塔夫·拉德布鲁赫对当代法哲学的影响》,载古斯塔夫·拉德布鲁赫:《法哲学》,斯图加特,1973 年第 8 版,第 359 页。另见拉德布鲁赫本人所著《监禁心理学》,载《刑事科学杂志》总第 32 期(1911 年),第 353 页。

〔129〕 卡尔·恩吉施:《悼念古斯塔夫·拉德布鲁赫》,载《刑事科学杂志》,总第 63 卷(1950 年),第 147 页。

的法学家中最伟大的人物”。[130] 埃里克·沃尔夫在古斯塔夫·拉德布鲁赫逝世差不多15年之后，通过把他编进《德意志精神史上的伟大法律思想家》这本书而为其树碑立传，——与施瓦岑贝格、萨维尼、费尔巴哈、耶林等人相提并论。[131]

但我们如何能够归根结底了解作为法学家的伟人呢？哪些东西构成了这方面的伟大：通晓法律、解释法律并将法律应用于生活事实？在一次同我的谈话中，拉德布鲁赫曾说道：只有当一个法学家是一位伟大的立法者时，他才可能被证明是一个天才人物；在这一点上，当时拉德布鲁赫想到的是保罗·约翰·安塞尔姆·冯·费尔巴哈。其后，拉德布鲁赫甚至也作为立法者进行活动，他作为立法者所取得的成就，无疑也表现出非同凡响。但是否根据这样的立法活动就证明他是一个“伟人”，一个近似费尔巴哈式的人物，大家可能对此还表示疑问。故此，立法——即法律形成的技术，还只是可以把一个法学家称为“伟人”的突出事例之一。拉德布鲁赫尤其是通过他称为“边缘上的侵犯”的方式，在非常显著的程度上擅长于这种技术：把法从纯粹的法律领域发掘出来，并将其安放进更大的文化、历史、政治和宗教的关联之中。

然而，伟大长、伟大短，讲来讲去——在这一点上，谁实际上是一个“伟人”，要由历史来决定；拉德布鲁赫在去世40年之后很长时期还没有过时。从我们今天的眼光看，可以有把握地说的是：拉德布鲁赫本已是一位重要的人物。有些人靠自己的知性（理智）和理性而具有重要性；有些人靠自己性情和灵魂而具有重要性；有些人，当然是极少数，在两个方面的能力都很突出。拉德布鲁赫就是

---

〔130〕 格奥尔格·施塔德缪勒：《历史经验眼光中的自然法》，雷克林豪森，1948年版，第31页。

〔131〕 埃里克·沃尔夫：《德意志精神史上的伟大法律思想家》，图宾根，1963年第4版，第713页。

这最后一种人。

拉德布鲁赫成了大人物，而最终成名，也是其有意识和直接努力的结果。“只有通过忘我地投身事业（Sachlichkeit）才会成为名人。心焦气燥、急见功效想练好独具品味之书法的年轻人，真正得到的却是难看的字体，而从不会是有个性的书法。故此，想径直谋求成为名人，绝不会是名人，而不过是一只花镜在手的浪荡公子。”（《社会主义文化论》，第16页）——“名人不是可以被刻意追求到的；它只是忘我地投身事业的一种意外收获，只是赏赐和恩典。”（《法哲学纲要》，第93页；另见《罗马法与革命》，第9页）

拉德布鲁赫只想成为其本应是的那种人（《书信集一》，第16页）。职是之故，他做事虔诚，因为他相信自己，因为他避免使自己脱离本性，因为他宁愿逆流而行，也不愿投机钻营、附和所谓的“通说”。他绝不是那种随波逐流的人。

在这些问题上，拉德布鲁赫将歌德确立为自己的典范。像歌德一样，他也把为自己忙碌看做是没有出息、（心灵）堕落的：“人们如何能够了解自身？通过观察绝不可能，大概只有通过行动。尝试着去履行义务，你才同时懂得你自身是什么。不过，到底什么是你的义务呢？即：当务之急。”所以，不是要“认识你自己！”，而应该说是要“考验你自己！”（《社会主义文化论》，第77页）

拉德布鲁赫信奉积极的人生。这一点上，他对待那些不起眼的小事也是如此（《心灵之路》，第95页）。尤其是，要人的活动，“从不采取军事—国家行动的形式”，而“总是完全悄无声息的、隐然随意的”（《法律智慧警句集》，第525段）。虽然他也可能富有激情，甚至是颇为激动，但他不好斗，不傲慢，不自负，——他很和气。他身上缺少德国人的恶习——爱发牢骚与好讼，[132] 即使事情关

---

〔132〕 耶林：《为权利而斗争》，导言，克里斯蒂安·鲁舍尔编，纽伦堡，1965年版，第14页。

己，他也宁愿把自己钟爱的和平摆放在正当的权利之前(《法学导论》，第154页)。

假如让拉德布鲁赫本人在镜子前挑自己的毛病，那么他才察觉得出自己的弱点和失误。当然，绝对有这样的弱点和失误。至少，他对这个事实产生过疑问。他也常常对自己表示失望。但他也看到：只有对艺术一窍不通的人，才会“每时每刻感到自己是人类社会绝对有用的一员”(《法哲学》，第108页)。我们对一个伟人所珍爱的，难道也不正是失误和不足吗？拉德布鲁赫针对西塞罗曾这样写道(《人物与思想》，第30页)：即使最伟大的人和最善良的人也总是有缺点的；——不过，他自慰地补充道：

“完美无瑕者循着星辰的冷光在空寂的世界间里孤独地游移，而有缺陷的人则需要我们的援救之爱，并不可抗拒地把这种爱紧紧抓住。”

附　　录

拉德布鲁赫年谱

1878 年	古斯塔夫·拉德布鲁赫在 11 月 21 日生于吕贝克。
1884 年	进入布塞纽斯博士文科中学预科班(三年级)上学。
1892—1898 年	从预科班四年级转入“卡塔琳娜”文科中学高年级班(五年级)学习。
1898 年	在春季,以“甲等全优”的成绩获得文科中学毕业证。 在夏季,作为法科学生入慕尼黑大学学习。
1898—1900 年	在莱比锡大学学习 3 个学期。
1900—1901 年	在柏林大学学习 2 个学期。
1901 年	5 月 20 日,在柏林高等(上诉)法院以“良好”成绩通过第一次法学国家考试。获法院候补司法官资格。
1901—1902 年	在吕贝克任候补司法官。其间,休假参加在柏林由弗朗茨·冯·李斯特主持的刑法研讨班,准备博士论文。

1902 年	5 月 13 日,通过博士口试。5 月 20 日,在柏林由于通过论文答辩而举行隆重的博士典礼。成绩:“甚优”;博士指导人:弗朗茨·冯·李斯特; 论文题目:《相当因果论》。
1903 年	12 月 16 日,在海德堡获教授资格。由卡尔·冯·利林塔尔颁发讲授刑法、诉讼法和法哲学的授课委托许可证书。试讲的报告题为《论罪责的概念》。教授资格申请论文题目为《行为概念:其对刑法体系的意义——兼谈法学体系论》;1904 年出版(1967 年再版)。
1905 年	从 10 月 1 日起,负责管理海德堡法律系图书馆。
1906 年	在夏季学期,在曼海姆商事高等学院受聘授课。 6 月 14 日,与琳娜·格茨订婚。
1907 年	9 月 28 日,与琳娜·格茨结婚(1908 年离婚)。
1908 年	当选海德堡市行政委员会的民主委员。
1910 年	2 月,由巴登邦弗里德里希大公二世委任为编制外副教授。 夏天,出版《法学导论》(直到拉德布鲁赫去世出 7—8 版;殁后出 9—12 版)。
1910—1914 年	担任海德堡市行政委员会委员长及孤儿事务委员会成员。
1913 年	8 月,在苏黎世参加奥古斯特·倍倍尔的葬礼和纪念会。

1914 年	3 月,应聘担任柯尼斯堡大学编制内的副教授。
	夏天,出版《法哲学纲要》。
1915 年	应征担任红十字会志愿兵。
	9 月 8 日,女儿蕾娜特降生。
	11 月 9 日,与莉迪娅·申克结婚。
1915—1918 年	服兵役。先在海德堡接受军事训练,然后出兵上阿尔萨斯,此后出兵瓦伏尔平原。在里堡(勒特兰)接受军官培训。1918 年 7 月,担任少尉。
1918 年	12 月 9 日,儿子安塞尔姆出世。
1919 年	加入德国社会民主党。
	自 10 月 1 日起任基尔大学正教授。
1920 年	当选为德国议会民主党议员党团成员。在海德堡参与修订新社会民主党党纲(1925 年发表)。
	3 月 13—19 日,于卡普政变的几天里在基尔遭拘禁。
	担任德国国民议会宪法制定委员会委员。
1921 年	10 月 26 日,任命为维尔特内阁司法部长。
1922 年	6 月 22 日,瓦尔特·拉特瑙遭暗杀。由此事件而起草《保卫共和国法》。起草《关于陪审员和陪审法官补偿法》、《关于妇女任司法官与职业法官特准法》。10 月,决定制定《德意志通用刑法典草案》。
	11 月 22 日,维尔特内阁倒台。从 11 月 23 日起,返回基尔大学教职。

1923 年	8 月 13 日，再次接手斯特来斯曼第一届和第二届内阁司法部。在 11 月份退出斯特来斯曼内阁后，再次回基尔大学任教授。
1926 年	8 月 11 日，在议会发表纪念宪法日演讲（《共和国的义务论》）。秋天，受海德堡大学招聘。 11 月 13 日，在海德堡发表就职演讲《法律上的人》。
1928 年	回绝汉堡大学的聘请。
1929 年	自 1 月 23 日起，担任布鲁赫扎尔男性监狱顾问。
1931 年	回绝柏林大学的聘请。
1932 年	《法哲学纲要》新修订版以《法哲学》为名出版（第 3 版）；殁后出 4—8 版。
1933 年	5 月 9 日，被解除巴登邦公职。
1934 年	拉德布鲁赫被迫回绝国外的聘任和邀请（考纳斯大学、纽约大学、苏黎世大学、里昂大学）。 在维也纳出版《保罗·约翰·安塞尔姆·冯·费尔巴哈：一个法学家的生平》。
1935—1936 年	作为牛津大学大学院客座研究员，在牛津大学访学一年。
1938 年	11 月 21 日，东京商科大学（一桥大学）出版其 60 周岁祝寿论文集。《论刑法的优雅》在巴塞尔出版。
1939 年	3 月 22 日，女儿蕾娜特在巴伐利亚阿尔卑斯山雪崩事故中遇难。
1942 年	12 月 6 日，儿子安塞尔姆担任少尉在东部前线严重受伤后死亡。

1945 年	口述自传体的札记《心灵之路:我的生活片段》。
	9 月 7 日,恢复教职。担任海德堡大学法学院院长。
1948 年	7 月 13 日,告别(教坛)演讲。
	7 月 14 日,重新加入德国社会民主党。
	11 月 21 日,举行 70 寿辰纪念。被授予海德堡大学和哥廷根大学名誉博士学位。出版祝寿论文集《文化哲学与法哲学论稿》。入选海德堡科学院。
1949 年	11 月 21 日,拉德布鲁赫突发心肌梗塞。
	11 月 23 日,古斯塔夫·拉德布鲁赫在海德堡逝世。
1959 年	11 月 21 日,出版《古斯塔夫·拉德布鲁赫追悼论文集》(阿图尔·考夫曼编)。*
1961—1967 年	在东京,日文版拉德布鲁赫法哲学文集 11 卷本出版。
1987 年	年初,拉德布鲁赫 20 卷本的学术评注全集第 1 卷出版(阿图尔·考夫曼编)。

* 这里标识的出版时间与后文所列参考书所标明的时间不一致。参见本书中文版第 235 页。

参考文献

古斯塔夫·拉德布鲁赫代表作(附缩写符号)*

《论堕胎》(与格罗特雅恩合写),柏林,1921 年版。(《论堕胎》)

Die Abtreibung der Leibesfrucht (zusammen mit Grotjahn), Berlin 1921. (Abtr)

《法律智慧警句集》,阿图尔·考夫曼编,哥廷根,1963 年版。(《法律智慧警句集》)

Aphorismen zur Rechtsweisheit, hrsg. von Arthur Kaufmann, Göttingen 1963. (Aph)

《论启蒙时代的崇高精神:人道主义和共济会主义之思想史论稿》,古·拉德布鲁赫编,慕尼黑,1948 年版。其中,拉德布鲁赫撰写的文章为:《魔笛的刑法》,第 23 页及以下页。(《启蒙时代》)

Vom edlen Geist der Aufklärung; Beiträge zur Geistesgeschichte der Humanität und der Freimaurerei, hrsg. von G. Radbruch, München 1948. Darin Radbruchs Beitrag: "Das Strafrecht der Zauberflöte", 23 ff. (Aufkl)

《拉德布鲁赫书信集》,埃里克·沃尔夫编,哥廷根,1968 年版。(《书信集一》)

* 一个几乎很完整的文献目录,见霍尔格·奥特:《古斯塔夫·拉德布鲁赫在基尔的岁月(1919—1926 年)》,法兰克福/伯尔尼,1982 年版,第 267 页及以下页。

Brief, hrsg. von Erik Wolf, Göttingen 1968. (Br/a)

《拉德布鲁赫书信集》,载《法律家年鉴》第 3 卷,1962—1963 年,第 1 页及以下页。(《书信集二》)

"Briefe". In: Juriten-Jahrbuch, Bd. 3, 1962/63, 1 ff. (Br/b)

《法学导论》(1910 年),7—8 版(定稿本),莱比锡,1929 年版(9—12 版由康拉德·茨威格特修订,斯图加特,1952 年,1961 年,1964 年,1969 年版)。(《法学导论》)

Einführung in die Rechtswissenschaft (1910), 7./8. Aufl. (letzter Hand), Leipzig 1929 (9. bis 12. Aufl. Bearb. von Konrad Zweigert, Stuttgart 1952, 1961, 1964, 1969). (E)

《论刑法的优雅:刑法史研究十四题》,巴塞尔,1950 年 2 版(第 1 版于 1938 年在巴塞尔出版;当时,其内容包含七题)。(《刑法的优雅》)

Elegantiae Juris Criminalis; Vierzehn Studien zur Geschichte des Strafrechts, Basel ^{2}1950 (die 1. Aufl. Ist 1938 in Basel erschienen; sie umfasst sieben Studien). (Eleg)

《作为难题的新教团契》,载《新教团契》,第 32 卷,1927 年,第 2 页及以下页。(《新教团契》)

"Evangelisch-sozial als Problem". In: Evangelisch-Sozial, 32 Bd., 1927, 2 ff. (ES)

《德意志通用刑法典草案》(1922 年),图宾根,1952 年版。(《刑法典草案》)

Entwurf eines Allgemeinen Deutschen Strafgesetzbuches (1922), Tübingen 1952. (EstGB)

《保罗·约翰·安塞尔姆·冯·费尔巴哈:一个法学家的生平》,维也纳,1934 年版(2 版和 3 版由埃里克·沃尔夫编,哥廷根,1957 年版,1969 年版)。(《费尔巴哈》)

Paul Johann Anselm Feuerbach; Ein Juristenleben, Wien 1934 (2. und 3. Aufl., hrsg. von Erik Wolf, Göttingen 1957, 1969). (Fe)

《费尔巴哈纪念演说以及 3 篇学术遗稿》,埃伯哈德·施密特编,图宾根,1952 年版。(《费尔巴哈纪念演说》)

Eine Feuerbach-Gedenkrede sowie drei Aufsätze aus dem wissenschaftlichen Nachlass, hrsg. von Eberhard Schmidt, Tübingen 1952. (FGR)

《特奥多尔·冯塔纳,抑或怀疑与信仰》(1945 年),莱比锡,1948 年 2 版。(《冯塔纳》)

Theodor Fontane—oder Skepsis und Glaube (1945), Leipzig 21948. (Fo)

《法西斯主义刑法》,载《明天》,第 6 号,柏林,1933 年 2 月,第 433 页及以下页。(《法西斯主义刑法》)

"Faschistisches Strafrecht". In: Der Morgen, Nr. 6, Berlin, Februar 1933, 433 ff. (FStrR)

《助产与刑法》,耶拿,1907 年版。(《助产与刑法》)

Geburtshülfe und Strafrecht, Jena 1907. (Geb)

《英国法的精神》(1946 年),海德堡,1947 年 2 版(第 3、4、5 版,哥廷根,1956 年,1958 年,1965 年版)。(《英国法的精神》)

Der Geist des englischen Rechts (1946), Heidelberg ^{2}1947 (3., 4., 5. Aufl. Göttingen 1956, 1958, 1965). (GeR)

《法律的不法与超法律的法》,载《南德意志法律家报》,第 1 期(1946 年),第 105 页及以下页。(《法律的不法》)

"Gesetzliches Unrecht und übergesetzliches Recht". In: Süddeutsche Juristen-Zeitung 1 (1946), 105 ff. (GesUR)

《作为国际法主体的天主教会》,载《国家学杂志》,总第 106 期(1950 年),第 385 页及以下页。(《天主教会》)

"Geistige Mächte als Subjekte des Völkerrechts". In: Zeitschrift für die gesamte Staatswissenschaft 106（1950），385 ff.（GM）

《人物与思想》，斯图加特，1954 年第 2 版（第 1 版于 1944 年在莱比锡出版；新版包含一些新的研究成果）。（《人物与思想》）

Gestalten und Gedanken. Stuttgart ²1954（die 1. Aufl. Ist 1944 in Leipzig erschienen; sie umfasst neun Studien）.（GuG）

《犯罪史》（与亨·格文纳合著），斯图加特，1951 年版。（《犯罪史》）

Geschichte des Verbrechens（zusammen mit H. Gwinner），Stuttgart 1951.（GV）

《法哲学纲要》，莱比锡，1914 年版（第 2 版是 1922 年出版的再版本，但与 1 版有所不同）。（《法哲学纲要》）

Grundzüge der Rechtsphilosophie. Leipzig 1914（die 2. Aufl. Ist ein nicht als socher kenntlich gemachter Nachdruck von 1922）.（GZ）

《行为概念：其对刑法体系的意义——兼谈法学体系论》，柏林，1904 年版（新版由阿图尔·考夫曼编，达姆施塔德，1967 年版）。（《行为概念》）

Der Handlungsbegriff in seiner Bedeutung für das Strafrechtssystem. Zugleich ein Beitrag zur Lehre von der rechtswissenschaftlichen Systematik, Berlin 1904（Neudruck, hrsg. von Arthur Kaufmann, Darmstadt 1967）.（H）

《心灵之路：我的生活片段》，哥廷根，1951 年 1 版，1961 年 2 版。（《心灵之路》）

Der innere Weg; Aufriss meines Lebens. Göttingen 1951, ²1962.（IW）

《你们诸位年轻的法律学生！》，柏林，1919 年版。（《年轻的法

律学生》)

Ihr jungen Juristen!, Berlin 1919.(JJ)

《司法漫画》,海德堡,1947 年 1 版,哥廷根,1957 年 2 版,1963 年 3 版。(《司法漫画》)

Karikaturen der Justiz. Heidelberg 1947, Göttingen ^{2}1957, ^{3}1961.(KJ)

《法律警句集要:致安塞尔姆的格言集》,哥廷根,1954 年 1 版,1955 年 2 版,1962 年 3 版。(《法律警句集要》)

Kleines Rechtsbrevier; Spruchbuch für Anselm. Göttingen 1954, ^{2}1955, ^{3}1962.(KR)

《社会主义文化论》(1922 年),柏林,1949 年 3 版(4 版由阿图尔·考夫曼编,法兰克福,1970 年版)。(《社会主义文化论》)

Kulturlehre des Sozialismus (1922). Berlin ^{3}1949 (4. Aufl., hrsg. von Arthur Kaufmann. Frankfurt/M. 1970). (KS)

《法律思维中的分类概念和秩序概念》,载《法的理论国际杂志》,总第 12 期(1938 年),第 46 页及以下页。(《分类概念和秩序概念》)

"Klassenbegriffe und Ordnungbegriffe im Rechtsdenken". In: Revue internationale de la theorie du droit 12 (1938), 46 ff. (KuO)

《抒情的人生引领》,海德堡,1946 年 1 版,哥廷根,1958 年 2 版。(《抒情的人生引领》)

Lyrisches Lebensgeleite, Heidelberg 1946, Göttingen ^{2}1958. (Ly)

《超越马克思主义?》,载《社会:社会主义和政治国际杂志》,R. 希尔费丁编,第 3 年卷,1926 年,第 2 册,第 368 页及以下页。(《超越马克思主义?》)

"Überwindung des Marxismus?". In: Die Gesellschaft;

Internationale Revue für Sozialismus und Politik, hrsg. von R. Hilferding, 3. Jg. 1926, Bd. II, 368 ff. (Ma)

《法律上的人》,图宾根,1927 年版。(《法律上的人》,1927 年)

Der Mensch im Recht, Tübingen 1927. (MiR/1927)

《法律上的人:有关法的基本问题的报告和文章选集》,第 1—3 版由弗里茨·冯·希佩尔负责整理,1957 年,1961 年,1969 年版(具体版次内容均没有改动)。(《法律上的人》,1961 年)

Der Mensch im Recht; Ausgewälte Vorträge und Aufsätze über Grundfragen des Rechts. 1. Bis 3. Aufl., besorgt von Fritz v. Hippel, Göttingen 1957, 1961, 1969 (die einzelnen Auflagen sind unverändert). (MiR/1961)

《作为法律思维形式的事物的本性》,载《R. 劳恩祝寿论文集》,汉堡,1948 年版,第 157 页及以下页(单行本:达姆施塔德,科学图书协会 1960 年版)。(《事物的本性》)

"Die Natur der Sache als juristische Denkform". In: Festschrift für R. Laun. Hamburg 1948, S. 157 ff. (Sonderausgabe: Darmstadt, Wissenschaftliche Buchgesellschaft 1960). (NdS)

《刑法改革和民族社会主义》,载《新自由新闻》,1933 年 1 月 15 日和 1933 年 1 月 22 日。(《民族社会主义》)

"Strafrechtsreform und Nationalsozialismus". In: Neue Freie Presse vom 15. 1. 1933 und vom 22. 1. 1933. (NS)

《法理念的难题》,载《狄俄斯库里兄弟:精神科学年鉴》,总第 3 期(1924 年),第 43 页及以下页。(《法理念的难题》)

"Die Problematik der Rechtsidee". In: Die Dioskuren; Jahrbuch für Geisteswissenschafen 3(1924), 43ff. (Pid)

《1932 年版卡尔五世刑事法院规则》(《卡洛琳那刑法典》),莱比锡,1939—1940 年(3—6 版由阿图尔·考夫曼编,斯图加特,1967 年,1975 年,1980 年,1984 版)。(《卡尔五世法院规则》)

Die Peinliche Gerichtsordnung Kaiser Karls V. von 1932 (Carolina), Leipzig 1939/40 (3. Bis 6. Aufl., hrsg. von Arthur Kaufmann, Stuttgart 1967, 1975, 1980, 1984). (PGO)

《论这场战争的哲学》,载《社会科学与社会政策档案》,总第44期(1917年),第139页及以下页。(《战争的哲学》)

"Zur Philosophie dieses Krieges". In: Archiv für Sozialwissenschaft und Sozialpolitik 44 (1917), 139 ff. (PhK)

《监禁心理学》,载《刑事科学杂志》,总第32期(1911年),第339页及以下页。(《监禁心理学》)

"Die Psychologie der Gefangenschaft". In: Zeitschrift für die gesamte Strafrechtswissenschaft 32 (1911), 339 ff. (Psych)

《论法的宗教哲学》,载拉德布鲁赫与蒂利希:《文化宗教哲学:两种构想方案》(1919年),柏林,1921年2版(新版:达姆施塔德,1968年版)。(《法的宗教哲学》)

"Über Religionsphilosophie des Rechts". In: Radbruch/Tillich: Religionsphilosophie der Kultur; Zwei Entwürfe (1919), Berlin ^{2}1921 (Neudruck: Darmstadt 1968). (RdR)

《共和国的义务论》,基尔,1926年;引自刊载:《自由与宪法》,1929年,丛书第6期,第24页及以下页。(《共和国的义务论》)

"Republikanische Pflichtenlehre", Kiel 1926; Zitiert nach dem Abdruck in: Freiheit und Verfassung 1929, Heft 6, 24ff. (Rep)

《法的理念与法的质料》,载《法哲学与经济哲学档案》,总第17卷(1923—1924年),第343页及以下页。(《法的理念与法的质料》)

"Rechtsidee und Rechtsstoff". In: Archiv für Rechts-und Wirtschaftsphilosophie 17 (1923/24), 343 ff. (Rid)

《共和国司法部的荣誉和终结》,载《南德意志法律家报》,第3期(1948年),第57页及以下页。(《共和国司法部》)

"Des Reichsjustizministeriums Ruhm und Ende". In: Süddeutsche Juristen-Zeitung 3(1948),57ff.(RJM)

《罗马法与革命》,基尔,1919年版。(《罗马法与革命》)

Römisches Recht und Revolution, Kiel 1919.(RöR)

《司法:格尔利茨纲领释义》,柏林,1922年。(《格尔利茨纲领》)

Rechtspflege: Erläuterungen zum Görlitzer Programm, Berlin 1922.(RPfl)

《法哲学》(1版和2版作为《法哲学纲要》出版),3版(定稿本),莱比锡,1932年版(4—8版由埃里克·沃尔夫编;第8版也由汉斯—皮特·施奈德编,斯图加特,1950年,1956年,1963年,1970年,1973年版;拉德布鲁赫的原文没有改动)。(《法哲学》)

Rechtsphilosophie (1. Und 2. Aufl. Als Grundzüge der Rechtsphilosophie erschienen), 3. Aufl. (letzter Hand) Leipzig 1932 (4. Bis 8. Aufl., hrsg. von Erik Wolf; die 8. auch von Hans-Peter Schneider, Stuttgart 1950, 1956, 1963, 1970, 1973; der Radbruchsche Text ist unverändert).(RPh)

《法哲学补遗》,从第4版起。引自第8版,斯图加特,1973年版。(《法哲学补遗》)

Anhang zur Rechtsphilosophie, ab 4. Aufl. Zitiert nach 8. Aufl., Stuttgart 1973.(RPh-A)

《法哲学和法律实务》,载《法律周刊》,1932年,第3737—3738页。(《法哲学和法律实务》)

"Rechtsphilosophie und Rechtspraxis". In: Juristische Wochenschrift 1932, 3737 f.(RPhRP)

《社会民族国家中的法》,载《新民族共同体的精神:德意志民族纪念专集》,1919年版,第72页及以下页。(《民族国家中的法》)

"Das Recht im sozialen Volksstaat". In: Der Geist der neuen Volksgemeinschaft; Eine Denkschrift für das deutsche Volk, 1919, 72 ff. (RSV)

《作为法律创造的法学:议法律方法之争论》,载《社会科学与社会政策档案》,总第 4 期(1905 年),第 355 页及以下页。(《作为法律创造的法学》)

"Rechtswissenschaft als Rechtsschöpfung; Ein Beitrag zum Juristischen Methodenstreit". In: Archiv für Sozialwissenschaft und Sozialpolitik 4 (1905), 355 ff. (RWSch)

《社会主义与文化》,载《德意志工人青年团汉堡青年联合会》,柏林,1919 年版,第 72 页及以下页。(《社会主义与文化》)

"Sozialismus und Kultur". In: Der Hamburger Reichsjungendtag der deutschen Arbeiterjugend. Berlin 1925, 91 ff. (SK)

《作为学科的公民教育》,载《南德意志法律家报》,总第 3 期(1948 年),第 425 页及以下页。(《公民教育》)

"Staatsbürgerkunde als Lehrfach". In: Süddeutsche Juristen-Zeitung 3 (1948), 425 ff. (StbK)

《19 世纪的三本刑法学教科书》,载《E. H. 罗森菲尔德祝寿论文集》,柏林,1949 年版,第 7 页及以下页。(《三本刑法学教科书》)

"Drei Strafrechtslehrbücher des 19. Jahrhunderts". In: Festschrift für E. H. Rosenfeld, Berlin 1949, 7. Ff. (StrRL)

《公民课程的任务》,载《公民教育》,F. 兰珀与 G. H. 弗朗克编,1924 年版,第 145 页及以下页。(《公民课程》)

"Die Aufgaben des staatsbürgerlichen Unterrichts". In: Staatsbürgerliche Erziehung, hrsg. von F. Lampe und G. H. Franke, 1924, 145 ff. (StU)

《论犯罪学体系》,载《刑法论集:莱茵哈德·冯·弗朗克祝寿论文集》,第 1 卷,图宾根,1930 年版,第 158 页及以下页。(《犯罪学

体系》)

"Zur Systematik der Verbrechenslehre". In: Beiträge zur Strafrechtswissenschaft; Festgabe für Reinhard v. Frank, Bd. I. Tübingen 1930, 158 ff. (SV)

《信仰犯》,载《刑事科学杂志》,总第 44 期(1924 年),第 34 页及以下页。(《信仰犯》[一])

"Der Überzeugungsverbrecher". In: Zeitschrift für die gesamte Strafrechtswissenschaft 44 (1924), 34 ff. (U/a)

《信仰犯》,载《法律评论》,总第 2 期(1926 年),第 865 页及以下页。(《信仰犯》[二])

"Der Überzeugungsverbrecher". In: Juristische Rundschau 2 (1926), 865 ff. (U/b)

《科隆 1926 年德意志法律家第 34 届大会的讨论》,2 卷本,柏林/莱比锡,1927 年版,第 352 页及以下页。(讨论信仰犯罪问题)(《信仰犯》[三])

Verhandlungen des 34. Deutschen Juristentages 1926 in Köln, 2. Bd. Berlin/Leipzig 1927, 352 ff. (Zur Frage des überzeugungsverbrechens). (U/c)

《1928 年 8 月 11 日共和国政府庆典上的宪法演讲》,柏林,1928 年版。(《宪法演讲》)

Verfassungsrede bei der Feier der Reichsregierung am 11. August 1928, Berlin 1928. (VR)

《法哲学入门》,海德堡 1947 年版(2 版和 3 版由阿图尔·考夫曼负责整理,哥廷根,1959 年,1965 年版;拉德布鲁赫的原文没有改动)。(《法哲学入门》)

Vorschule der Rechtsphilosophie, Heidelberg 1947 (2. Und 3. Aufl., besorgt. von Arthur Kaufmann, Göttingen 1959, 1965; der Radbruchsche Text ist unverändert). (VS)

研究古斯塔夫·拉德布鲁赫的文献

(选自德文目录)

亚历山德罗·巴拉塔:《古斯塔夫·拉德布鲁赫思想中的相对主义与自然法》,载《法哲学与社会哲学档案》,总第45卷(1959年),第505页及以下页。

Baratta, Alessandro, "Relativismus und Naturrecht im Denken Gustav Radbruch". In: Archiv für Rechts-und Sozialphilosophie 45 (1959), 505 ff.

保罗·波恩兹曼:《古斯塔夫·拉德布鲁赫的法与国家哲学》,波恩,1970年第2版。

Bonsmann, Paul, Die Rechts-und Staatsphilosophie Gustav Radbruchs, Bonn ^{2}1970.

阿奇博尔德·亨特·坎贝尔:《古斯塔夫·拉德布鲁赫的法哲学与英国法学》,汉诺威—明登,1949年(英文和德文版)。

Campbell, Archibald Hunter, Gustav Radbruchs Rechtsphilosophie und die englische Rechtslehre, Hann. Münden 1949 (englisch und deutsch).

埃伯哈德·艾兴霍弗尔:《古斯塔夫·拉德布鲁赫:社会法的理论家》,载《社会改革杂志》,总第29卷(1983年),第393页及以下页。

Eichenhofer, Eberhard, "Gustav Radbruch; Theoretiker des

sozialen Rechts". In: Zeitschrift für Sozialreform 29 (1983), 393 ff.

黑尔加·艾因塞勒:《古斯塔夫·拉德布鲁赫》,载《刑事执行杂志》,第3期(1952年),第133页及以下页。

Einsele, Helga, "Gustav Radbruch". In: Zeitschrift für Strafvollzug 3 (1952), 133 ff.

卡尔·恩吉施:《作为法哲学家的古斯塔夫·拉德布鲁赫》,载《法哲学与社会哲学档案》,总第38卷(1949—1950年),第305页及以下页。

Engisch, Karl, "Gustav Radbruch als Rechtsphilosoph". In: Archiv für Rechts-und Sozialphilosophie 38 (1949/50), 305 ff.

卡尔·恩吉施:《悼念古斯塔夫·拉德布鲁赫》,载《刑事科学杂志》,总第63卷(1950年),第147页及以下页。

Engisch, Karl, "Gustav Radbruch zum Gedächtnis". In: Zeitschrift für die gesamte Strafrechtswissenschaft 68 (1950), 147 ff.

卡尔·恩吉施:《古斯塔夫·拉德布鲁赫》,载《海德堡科学院大会通讯》,年度丛书1943/55,海德堡,1959年版,第79页及以下页。

Engisch, Karl, "Gustav Radbruch". In: Sitzungsberichte der Heidelberger Akademie der Wissenschaften, Jahreshefte 1943/55, Heidelberg 1959, 79 ff.

米夏埃尔·戈特沙尔克:《古斯塔夫·拉德布鲁赫在海德堡的岁月(1926—1949年)》,博士论文,基尔,1982年。

Gottschalk, Michael, Gustav Radbruchs Heidelberger Jahre 1926—1949, Diss. Kiel 1982.

弗里茨·冯·希佩尔:《作为法哲学思想家的古斯塔夫·拉德布鲁赫》,海德堡/图宾根,1951年版。

Hippel, Fritz von, Gustav Radbruch als rechtsphilosophischer Denker, Heidelberg/Tübingen 1951.

阿图尔·考夫曼:《古斯塔夫·拉德布鲁赫和韩国法哲学》,载《郑钟勗教授追悼文集》,东京,成文堂 1985 年版,第 112 页及以下页。

Kaufmann, Arthur, "Gustav Radbruch und die koreanische Rechtsphilosophie". In: Gedächtnisschrift für Zong Uk Tjong, Tokyo 1985, 112 ff.

阿图尔·考夫曼:《古斯塔夫·拉德布鲁赫》,载《古斯塔夫·拉德布鲁赫全集》,阿图尔·考夫曼编,第 1 卷,海德堡,1987 年版,第 7 页及以下页。

Kaufmann, Arthur, "Gustav Radbruch". In: Gustav-Radbruch-Gesamtausgabe, hrsg. von Arthur Kaufmann, Bd. 1, Heidelberg 1987, 7 ff.

阿图尔·考夫曼:《古斯塔夫·拉德布鲁赫》,载《国家百科词典——法、经济和社会》,第 4 卷,1987 年版 7 版。

Kaufmann, Arthur, "Gustav Radbruch". In: Staatslexikon—Recht, Wirtschaft, Gesellschaft, Bd. 4, ^{7}1987.

金智洙:《古斯塔夫·拉德布鲁赫思想中的"方法三元论"和"事物的本性"》,博士论文,弗莱堡,1966 年。

Kim, Jisu, "Methodentrialismus" und "Natur der Sache" im Denken Gustav Radbruchs, Diss. Freiburg i. Br. 1966.

赫尔曼·克勒默尔:《古斯塔夫·拉德布鲁赫作为刑事政策家思维着的刑罚与刑法》,魏森(齐格),1956 年版。

Krämer, Hermann, Strafe und Strafrecht im Denken des Kriminalpolitikers Gustav Radbruch, Wissen (Sieg) 1956.

阿尔伯特·克雷布斯:《古斯塔夫·拉德布鲁赫把"适宜地对待一切违法者"放在心上:1978 年 11 月 21 日纪念(拉德布鲁赫)诞

辰一百周年致辞》,载《刑事执行杂志》,第 28 期(1979 年),第 35 页及以下页。

Krebs, Albert, “Gustav Radbruch ist ‘an einer zweckmäßigen Behandlung des Rechtsbrechers alles gelegen’; Zum hundertsten Geburtstag am 21. November 1978”. In: Zeitschrift für Strafvollzug 28 (1979), 35 ff.

维尔弗里德·屈佩尔:《作为海德堡法学教师的古斯塔夫·拉德布鲁赫》,载《法律家报》,总第 34 期(1979 年),第 1 页及以下页。

Küper, Wilfried, “Gustav Radbruch als Heidelberger Rechtslehrer”. In: Juristenzeitung 34(1979), 1 ff.

权宁百:《古斯塔夫·拉德布鲁赫法哲学中“事物的本性”学说的发展和意义》,博士论文,萨尔布吕肯,1963 年。

Kwun, Yungback, Entwicklung und Bedeutung der Lehre von “Natur der Sache” in der Rechtsphilosophie bei Gustav Radbruch, Diss. Saarbrücken 1963.

阿道夫·劳福斯:《正派、人道、正义:古斯塔夫·拉德布鲁赫》,载《法律学习》,总第 18 期(1978 年),第 657 页及以下页。

Laufs, Adolf, “Veritas, humanitas, iustitia: Gustav Radbruch”. In: Juristische Schulung 18 (1978), 657 ff.

阿道夫·劳福斯:《古斯塔夫·拉德布鲁赫:生平和著作》,载《海德堡年鉴》总第 23—24 期(1979 年),第 79 页。

Laufs, Adolf, “Gustav Radbruch; Leben und Werk”. In: Heidelberger Jahrbücher 23/24 (1979), 59 ff.

沃尔夫冈·罗曼:《拉德布鲁赫法哲学方法论之争初探:也谈“古斯塔夫·拉德布鲁赫法哲学中的根本改变抑或发展”》,埃斯林根,1964 年版。

Lohmann, Wolfgang, Versuch einer methodologischen Erörterung der Radbruchschen Rechtsphilosophie; Zugleich ein

Beitrag zum Thema "Umbruch oder Entwicklung in Gustav Radbruchs Rechtsphilosophie", Esslingen 1964.

宫泽浩一:《古斯塔夫·拉德布鲁赫与日本法学》,载《古斯塔夫·拉德布鲁赫追悼论文集》,哥廷根,1968 年版,第 366 页及以下页。

Miyazawa, Koichi, "Gustav Radbruch und die japanische Rechtswissenschaft". In: Gedächtnisschrift für Gustav Radbruch. Göttingen 1968, S. 366 ff.

英戈·缪勒:《法律上的法和超法律的不法:古斯塔夫·拉德布鲁赫与德意志国家法学的延续性》,载《利维坦》,1979 年,第 308 页及以下页。

Müller, Ingo, "Gesetliches Recht und übergesetzliches Unrecht; Gustav Radbruch und die Kontinuität der deutschen Staatsrechtslehre". In: Leviathan 1979, 308 ff.

皮特·诺尔:《刑法上的信仰犯:兼与古斯塔夫·拉德布鲁赫的相对主义法哲学商榷》,载《刑事科学杂志》,总第 78 卷(1966 年),第 638 页及以下页。

Noll, Peter, "Der Überzeugungstäter im Strafrecht; Zugleich ein Auseinandersetzung mit Gustav Radbruchs rechtsphilosophischem Relativismus". In: Zeitschrift für die gesamte Strafrechtswissenschaft 78 (1966), 638 ff.

霍尔格·奥特:《古斯塔夫·拉德布鲁赫在基尔的岁月(1919—1926 年)》,博士论文,基尔,1982 年。

Otte, Holger, Gustav Radbruchs Kieler Jahre 1919—1926. Diss. Kiel 1982.

里夏德·施密德:《古斯塔夫·拉德布鲁赫初探》,载《司法评论》,总第 3 期(1970 年),第 63 页。

Schmid, Richard, "Versuch über Gustav Radbruch". In:

Kritische Justiz 3 (1970), 63 ff.

艾伯哈德·施密特:《作为刑事政策家的古斯塔夫·拉德布鲁赫》,载《刑事科学杂志》总第63期(1950年),第150页及以下页。

Schmidt, Eberhard, "Der Gustav Radbruch als Kriminalist". In: Zeitschrift für die gesamte Strafrechtswissenschaft 63 (1950), 150 ff.

艾伯哈德·施密特:《古斯塔夫·拉德布鲁赫》,载《瑞士刑法杂志》,总第65期(1950年),第114页及以下页。

Schmidt, Eberhard, "Der Gustav Radbruch". In: Schweizerische Zeitschrift für die Strafrecht 65 (1950), 114 ff.

汉斯—皮特·施奈德:《古斯塔夫·拉德布鲁赫对当代法哲学的影响》,载古斯塔夫·拉德布鲁赫:《法哲学》,斯图加特,1973年第8版,第351页及以下页。

Schneider, Hans-Peter, "Gustav Radbruchs Einfluss auf die Rechtsphilosophie der Gegenwart". In: Gustav Radbruch, Rechtsphilosophie. Stuttgart [8]1973, 351 ff.

汉斯—皮特·施奈德:《实证主义、民族和主权:黑勒与拉德布鲁赫之间的关系》,载《赫尔曼·黑勒追悼论文集》,巴登—巴登,1984年版,第585页及以下页。

Schneider, Hans-Peter, "Positivismus, Nation und Souveränität; Beziehungen zwischen Heller und Radbruch". In: Gedächtnisschrift für Hermann Heller, Baden-Baden 1984, 585 ff.

雅恩·施罗德:《古斯塔夫·拉德布鲁赫》,载G.克莱因海耶尔、J.施罗德:《五百年来的德意志法学家》,海德堡,1983年第2版,第218页及以下页。

Schröder, Jan, "Gustav Radbruch". In: G. Kleinheyer/J. Schröder, Deutsche Juristen aus fünf Jahrhunderten, Heidelberg [2]1983, 218 ff.

布耶尔恩·舒马赫:《拉德布鲁赫公式的继受与批判》,博士论文,哥廷根,1985 年。

Schumacher, Björn, Rezeption und Kritik der Radbruchschen Formel, Diss. Göttingen 1985.

库尔特·塞尔曼:《古斯塔夫·拉德布鲁赫的社会主义和社会法》,博士论文,慕尼黑,1973 年。

Seelmann, Kurt, Sozialismus und Soziales Recht bei Gustav Radbruch, Diss. München 1973.

库尔特·塞尔曼:《论安东·门格尔、古斯塔夫·拉德布鲁赫和卡尔·雷纳的马克思诠释》,载《佛罗伦萨现代法律思想史手册》,第 3—4 期/1974—1975 年卷(1975 年),第 73 页及以下页。

Seelmann, Kurt, Zur Marxinterpretation bei Anton Menger, Gustav Radbruch und Karl Renner. In: Quaderni Fiorentini per la storia del pensiero giuridico moderno 3—4/1974—1975(1975), 73 ff.

衮特·施本德尔:《古斯塔夫·拉德布鲁赫:一个法学家的生活图景》,汉堡,1967 年版。

Spendel, Günter, Gustav Radbruch; Lebensbild eines Juristen, Hamburg 1967.

衮特·施本德尔:《时代转变时期的法学家:纪念古斯塔夫·拉德布鲁赫诞辰 100 周年》,海德堡,1979 年版。

Spendel, Günter, Jurist in einer Zeitenwende; Gustav Radbruch zum 100. Geburtstag, Hamburg 1979.

郑钟勗:《古斯塔夫·拉德布鲁赫相对主义法哲学之路》,博士论文,波恩,1967 年。

Tjong, Zong Uk, Der Weg des rechtsphilosophischen Relativismus bei Gustav Radbruch, Diss. Bonn 1967.

郑钟勗:《论古斯塔夫·拉德布鲁赫的自然法转向》,载《法哲学与社会哲学档案》,总第56卷(1970年),第245页及以下页。

Tjong, Zong Uk, "über die Wendung zum Naturrecht bei Gustav Radbruch". In: Archiv für Rechts-und Sozialphilosophie 56 (1970), 245 ff.

察巴·瓦尔加:《论古斯塔夫·拉德布鲁赫与格尔奥格·卢卡奇之间的关系》,载《法哲学与社会哲学档案》,总第67卷(1981年),第253页及以下页。

Varg, Csaba, "Beiträge zu den Beziehungen zwischen Gustav Radbruch und Georg Lukacs". In: Archiv für Rechts-und Sozialphilosophie 67 (1981), 253 ff.

汉斯—约亨·福格尔:《作为法律思想家的古斯塔夫·拉德布鲁赫》,载《古斯塔夫·拉德布鲁赫法律政策学、法律科学和法律实践论坛》,卡塞尔,1978年5月20日,第7页及以下页。

Vogel, Hans-Jochen, "Gustav Radbruch als Rechtsdenker". In: Gustav-Radbruch-Forum für Rechtspolitik, Rechtswissenschaft, Rechtspraxis, Kassel, 20.5.1978, 7 ff.

鲁道夫·瓦塞尔曼:《在经济实力构成决定性因素时,我们莫想再有法;从民法制度到社会法制度:古斯塔夫·拉德布鲁赫的遗产》,载《古斯塔夫·拉德布鲁赫法律政策学、法律科学和法律实践论坛》,卡塞尔,1978年5月20日,第26页及以下页。

Wassermann, Rudolf, "Wir wollen kein Recht mehr, bei dem wirtschaftliche Macht den entscheidenden Faktor bildet; Von der bürgerlichen zur sozialen Rechtsordnung: Das Erbe Gustav Radbruchs". In: Gustav-Radbruch-Forum für Rechtspolitik, Rechtswissenschaft, Rechtspraxis, Kassel, 20.5.1978, 26 ff.

汉斯·德·维特:《古斯塔夫·拉德布鲁赫:共和国的司法部长》,科隆,1978年。

de With, Hans, Gustav Radbruch, Reichsminister der Justiz,

Köln 1978.

埃里克·沃尔夫:《古斯塔夫·拉德布鲁赫法哲学中的根本改变抑或发展?》,载《法哲学与社会哲学档案》,总第45卷(1959年),第481页及以下页。

Wolf, Erik, "Umbruch oder Entwicklung in Gustav Radbruchs Rechtsphilosophie?". In: Archiv für Rechts- und Sozialphilosophie 45 (1959), 481 ff.

埃里克·沃尔夫:《古斯塔夫·拉德布鲁赫》,载埃里克·沃尔夫:《德意志精神史上的伟大法律思想家》,图宾根,1963年第4版,第713页及以下页。

Wolf, Erik, "Gustav Radbruch". In: Erik Wolf, Grosse Rechtsdenker der deutchen Geistesgeschichte. Tübingen ^{4}1963, 713 ff.

埃里克·沃尔夫:《古斯塔夫·拉德布鲁赫的生平和著作》,载古斯塔夫·拉德布鲁赫:《法哲学》,斯图加特,1973年第8版,第17页及以下页(在4、5、6、7各版中业已有此内容)。

Wolf, Erik, "Gustav Radbruchs Leben und Werk". In: Gustav Radbruch, Rechtsphilosophie. Stuttgart ^{8}1973, 17 ff. (ebenso schon in der 4., 5., 6., und 7. Aufl.)

《古斯塔夫·拉德布鲁赫追悼论文集》,阿图尔·考夫曼编,哥廷根,1968年版(Gedächtnisschrift für Gustav Radbruch, hrsg. von Arthur Kaufmann, Göttingen 1968)。其中,有关古斯塔夫·拉德布鲁赫的撰稿有:

亚历山德罗·巴拉塔(Alessandro Baratta)

于尔根·鲍曼(Jürgen Baumann)

马里奥·A.卡塔尼奥(Mario A. Cattaneo)

黑尔加·艾因塞勒(Helga Einsele)

卡尔·奥古斯特·埃姆格(Carl August Emge)

阿尔伯特·S. 福尔克斯(Albert S. Foulkes)
温弗里德·哈塞默尔(Winfried Hassemer)
里夏德·豪泽尔(Richard Hauser)
弗里茨·冯·希佩尔(Fritz v. Hippel)
汉斯—亨利希·耶施克(Hans-Heinrich Jescheck)
阿图尔·考夫曼(Arthur Kaufmann)
乌尔利希·克卢格(Ulrich Klug)
赫尔曼·克勒默尔(Hermann Krämer)
阿尔伯特·克雷布斯(Albert Krebs)
惹尼·马契克(Rene Marcic)
宫泽浩一(Miyazawa,Koichi)
沃尔夫·保罗(Wolf Paul)
克劳斯·罗克辛(Claus Roxin)
埃伯哈德·施密德豪伊泽尔(Eberhard Schmidhäuser)
埃伯哈德·施密特(Eberhard Schmidt)
阿格尼丝·史瓦西(Agnes Schwarzschild)
埃里克·沃尔夫(Erik Wolf)
托马斯·森·维尔腾贝格(Thomas sen. Würtenberger)

人名对照索引*

* 人名后所表示的是原德文版页码。

* 原德文本将马克斯·恩斯特·迈耶尔的生卒时间记为“1862—1932 年”,可能有误。经查考,比较有名的英语法学工具书《牛津法律指南》将其记作“1875—1923 年”(The Oxford Companion to Law, ed. by David M. Walker, Clarendon Press, 1980, p. 818);德国当代法学家温弗里德·哈塞默尔为马克斯·恩斯特·迈耶尔写的小传所记其生卒时间亦与此相同(Winfried Hassemer, Max Ernst Mayer, in: Bernhard Diestelkamp/Michael Stolleis [Hrsg.], Juristen an der Universitaet Frankfurt am Main, Nomos Verlagsgesellschaft Baden-Baden, 1989, S. 84.),故二者材料更可采信。

作者简介

阿图尔·考夫曼(Arthur Kaufmann,1923—2001),德国著名法哲学家和刑法学家。1923年5月10日生于德国莱茵兰-法耳茨州。1945年入海德堡大学法学院学习法律,师从古斯塔夫·拉德布鲁赫,兼修卡尔·雅斯贝尔斯、阿尔弗雷德·韦伯诸名家课程。1952—1957年担任德国卡尔斯鲁厄州法院法官。1957年重返海德堡,学习哲学(伽达默尔)兼修人类学(勒维特),并于1960年以《归罪原则》论文获得讲授刑法、刑事诉讼法和法哲学的资格,同年任萨尔布吕肯大学正教授。1969年起担任慕尼黑大学正教授,兼任法哲学与法律信息学研究所所长。曾荣获日本东京庆应大学(1970年)和希腊雅典大学(1987年)法学名誉博士以及其他大学哲学、神学名誉博士学位。担任国际法哲学与社会哲学协会(IVR)名誉主席和该协会德国分会主席,同时尚兼有德国巴伐利亚州科学院院士及国外一些科学院的院士。他于2001年4月11日在慕尼黑的寓所去世。

考夫曼教授一生著作颇丰,是二战后德国法学界最有原创力的法哲学家之一,与于尔根·哈贝马斯、尼克拉斯·卢曼、卡尔·拉伦茨、维尔纳·迈霍菲尔等人同属当代德语国家有影响力的法学理论家。其在法律解释(诠释)学、法律方法论、法的理论及刑法哲学方面均做出了独创性贡献。他的代表作品有:《自然法与历史性》(1957年);《关于超越相对主义法哲学的思考》(1960年);《归罪原则》(1961年1版,1976年2版);《法律与法》(1962年);《法的本体论结构》(1962年);《论当代法哲学的处境》(1963年);《法与伦理》(1964 年);《法律国—法官国—法治国》(1964 年);《自由法运动》(1965 年);《类推与“事物的本性”》(1965 年 1 版、1982 年 2 版);《作为解释学视境的语言》(1969 年);《认同与分歧》(1972 年);《由自然法与法律实证主义到法律解释学》(1975 年);《罪责与刑罚》(1983 年 2 版);《转型中的法哲学》(1984 年 2 版);《正义论》(1984 年);《当代法哲学和法的理论导论》[与哈斯默尔(W. Hassemer)等合著,1985 年 4 版];《正义——通向和平的遗忘之路》(1986 年);《对法律逻辑与关系本体论的前思考》(1986 年);《正义的程序论》(1989 年);《后现代法哲学》(1992 年 2 版);《法哲学》(1997 年);《法律获取的程序》(1999 年)。

译者简介

舒国滢,男,1962 年生,湖北随州市人。1979 年入北京政法学院(现中国政法大学)法律系学习法律,1986 年毕业并获法学硕士学位。1993—1994 年获中国政府奖学金赴德国哥廷根大学(Universität Göttingen)进修法哲学和法社会学。现任中国政法大学教授,博士生导师,法学院法理学研究所所长。兼中国法理学研究会理事、比较法研究会理事、北京市法学会理事、北京市法学会法理学研究会副会长。1995 年首批入选"北京市跨世纪理论人才百人工程"。主要著作:《在法律的边缘》(2000 年);合著出版:《中华人民共和国法制通史》(1998 年)、《中国法理纵论》(1996 年)、《中国法理学研究综述与评价》(1992 年);译著:《法律智慧警句集》(2001 年)、《法律论证理论》(2002 年)。主要研究方向:德国法哲学、法学方法论、法美学、法律论证理论。

译 后 记

我自己也说不清楚,近年为什么特别痴迷拉德布鲁赫:不仅是为了他的法学理论,而更主要的是为了拉德布鲁赫这个人。拉德布鲁赫是有待我们去揭开的一个谜:他创立了法学上的相对主义价值学说,但我们似乎看不透他的理论的体系性和前后一致的关联;他总是试图超越应然与实然、价值与现实、法律实证主义与自然法思想,但却又总在这个二元主义的矛盾中挣扎和游移,有时甚至陷入前后说法不一的尴尬和窘迫之中;他在具体的行文中处处展现对法律现象的深邃洞见和超人的智慧,但却没有承袭德国人那种(特别以黑格尔、康德为代表的)独特的思辨传统,为其理论架构纯粹推论的概念(形式)体系;他天性反感法律学术,却偏偏首先选择需要教义学(释义学)天赋和兴趣的刑法研究作为志业,而且竟然在刑法研究和法哲学这两个法学领域均做出了骄人的成就;他渴望像歌德那样获得圆满的人生,但却生不逢时,在青年和中年的人生经历中接连遭受生活的不幸;他在西方国家受到很多人的批评,但在东亚(日本、韩国)却像神明一样被人信奉,以至于我们可以说,他的著作在日本的译介,重新铸造了日本法学家的心灵和理论旨趣,从而改变了日本在二战以后法学发展的方向。

那么,拉德布鲁赫到底是一个什么样的人?带着这样的疑问,我试图从现有的汉语文献(研究和翻译作品)的阅读中找到一些答案。但很可惜,这种努力的结果却只能使疑问日益加深:一些有关拉德布鲁赫的介绍在需要细微之处则语焉不详。

恰逢其时,我的同事米健教授从德国带回阿图尔·考夫曼教授于1987年出版的《拉德布鲁赫传》,我从中借阅,如获至宝。阿图尔·考夫曼系二战以后德国最重要的法哲学家之一,曾师从拉德布鲁赫,属拉德布鲁赫去世前的关门弟子。应当说,他对拉德布鲁赫的生活、为人与为学了如指掌,另外他有高屋建瓴的视野、高超的概括与精到的评述能力(大家可以从考夫曼的其他作品中发现这一点),由他来为拉德布鲁赫撰写学术评传(目前有关拉德布鲁赫的评传有几十种之多)最为适当。实际上,考夫曼确实不负众多学人的期望,他以灵动活泼的文笔对拉德布鲁赫之所思所想、所进所退做了客观全面而细致入微的描述:他在我们误入迷障处点拨前行的路径,在其本人亦心存疑窦处不过分强加评断,而只是提出问题、启人深思。可以说,考夫曼所展现给我们的是一位栩栩如生的拉德布鲁赫形象:一位把学问与人生圆融一体的智者。我们在阅读这本传记时,将随着考夫曼的引领,而一步一步接近这位大彻大悟的哲人,走进他那鲜为人知的生活和心灵的世界。而这比我们仅仅通过"教科书"了解经过简化的拉德布鲁赫观点要重要得多。我总有一种看法,研究一个人的思想和学说,首先应熟悉他的人生,这样我们才能与研究对象本身达到心灵的契合。在这个意义上,我始终把拉德布鲁赫看做是自己心性养成上的导师之一,他的个人体验也总是我们这个年龄(所谓不惑之年)的人共同的体验。当然,这也是考夫曼教授晚年的心性体验,因为当他于去世前10天为我翻译的拉德布鲁赫《法律智慧警句集》(法制出版社2001年10月版)撰写出那篇包含深情的中文版序言时,我就理解了:他的心灵中已经融入了某些拉德布鲁赫的精神气质。

考夫曼教授对我的翻译工作所给予的关注和支持是我能够顺利完成译事的保证。他于1998年12月3日的来信中表示:"如果我能够为您提供任何一种形式的帮助,请都不要忘记来信告知。"考夫曼教授是一位言而必信的人,当我后来写信解释说先译拉德布鲁赫《法律智慧警句集》,后译他撰写的这本传记时,他不仅表示赞同,而且还积极为之联系版权事宜。但不幸的是 2001 年 4 月 11 日,病魔最终夺走了他的生命,我为他没有能够最终看到其著作中译本的出版,也为失去这样一位学问渊博的指导者而痛感惋惜。

正当由于悲切而情绪低落之时,2001 年 11 月我有幸结识日本札幌学院大学法学部的铃木敬夫教授(Prof. Dr. Keifu Suzuki),他也是一位拉德布鲁赫学问的痴迷者(他尝言:“我本人对拉德布鲁赫的研究是一种精神的宿命。”),当时正在北京的几所大学讲学。据铃木教授介绍,其先师常盤敏太教授(Prof. Dr. Toshita Tokiwa)是拉德布鲁赫生前指教的惟一的日本学生。有这样一层学业渊源,铃木先生倾心拉德布鲁赫之学且颇得拉氏之真精神,则可想而知。其扛鼎之作《法哲学序说》(成文堂,1988 年版)之主要部分在于研究拉氏学说(方法二元论,价值相对主义,法的社会化与“事物的本性”等)。此外,铃木教授还翻译出版拉德布鲁赫著《法律智慧警句集》(日文译本《法思虑への箴言》)和《魔笛的刑法》等著作,足以表明其在日本实属学有专精的拉德布鲁赫研究专家。他在我们交谈的较短时间内为我讲述了拉德布鲁赫访学牛津大学的曲折过程及在日本、韩国有关拉氏研究的概况。更为珍贵的是,铃木先生回日本后,给我提供了考夫曼写的这本传记中所涉及的一些研究者的材料,如 Hans-Heinrich Jescheck 等人编著的《郑钟勗教授追悼集》,郑钟勗教授(Prof. Tjong Zong Uk)的博士论文《古斯塔夫·拉德布鲁赫相对主义法哲学之路》(1967 年,德文),金智洙教授(Prof. Kim Jisu)的博士论文《古斯塔夫·拉德布鲁赫思想中的“方法三元论”和“事物的本性”》(1966 年,德文),台湾大学林文雄教授的《法实证主义》,以及由中义胜和山中敬一两位教授翻译的日文版《古斯塔夫·拉德布鲁赫传》。2002 年 4 月,铃木教授利用访德的机会,专程为我购得拉德布鲁赫《法哲学》(学生版,由德莱尔[Ralf Dreier]和鲍尔森[Stanley L. Paulson]教授编,1999 年德文版),并惠赠由田中耕太郎翻译的拉氏著作日文本。这些材料,对我校订本书重要概念、著作名称的翻译颇有参考价值。

总体而言,移译进展得较为顺利。从2001年9月起利用教学之余,着手译事,到2002年1月本人随政法大学访问团出访欧洲(意大利、德国、法国、荷兰、英国;这次出访收获颇多,其详见拙作:《访欧语丝——从罗马到牛津》,载《比较法研究》2002年第4期)之前业已完成初译。返京之后,根据中义胜和山中敬一的日译本对初译进行审校,至2002年3月16日结束一校。然后将译稿封存至今,因为按照合同,我必须至少在2002年底以前将另一部书(罗伯特·阿列克西的《法律论证理论》)的译稿交付法制出版社出版。稿债逼门,只能将就急者。待急债清偿,缓得气力,再启阅旧稿,心情安闲了许多。初译置案及今日整整一载,又逢此时铃木敬夫教授再度到京访学,真正是令人惊异的巧合!或许,这正应验了拉德布鲁赫所讲的“快乐的不确定性”。一切皆从自然,如微风无形、漫水无边,却也留得几分“偶然天成”的回味。

在本书整个翻译过程中,我还得到了许多友人和同事的无私襄助。费安玲教授、程春明博士、吴日焕、李居迁博士对本书所涉及的意大利文、法文和韩国人文译名一一进行译校,颇费心力。此外,在“当代德国法学名著”编委会组织的翻译研讨会上,德国波恩大学的克努特尔教授(Prof. Rolf Knütel)、弗莱堡大学胜雅律教授(Prof. Harro von Senger)、科隆大学的何意志教授(Prof. Robert Heuser)和帕骚大学的孟文理教授(Prof. Urlich Manthe)就德文翻译本身所做的精深分析,使我获益匪浅;我的同事郑永流教授对译稿做了悉心的审读,使翻译的讹误尽可能减少。初稿完成后,张守东教授和周青峰女士帮助查对《圣经》资料,萧瀚先生寄来利伍兹博士(Heather Leawoods)的英文论文“Gustav Radbruch: An Extraordinary Legal Philosopher”(《古斯塔夫·拉德布鲁赫:一位不平凡的法哲学家》),台湾大学社会学系林端教授惠赠拉德布鲁赫

《法学导论》中译本(王怡苹、林宏涛译,台湾地区商业周刊出版社2000年版),这些对我校订译文亦颇有助益。在译者问学过程中,徐显明教授、王人博教授、龙卫球教授、王涌博士、张生博士、王文杰博士有经年相助之谊,在此一并表示谢意。

最后,我谨就翻译本身有关的问题再做一点必要的说明。常言道,译事惟难。翻译的过程,也是通过阅读和理解来不断贴近原作文义的过程。由于拉德布鲁赫的著作在我国译本稀少,我在翻译中总要花大量的时间斟酌译名,例如 Natur der Sache(事物的本性),Gestalten(人,人物),richtiges Recht(正确法),gezetzliches Unrecht(法律的不法),übergesetzliches Recht(超法律的法)等。这些名词的翻译,在"当代德国法学名著"编委会成员内部至今争议颇大,即使我本人对这些术语的翻译也前后有所变化,细心的读者可能在我所译的拉德布鲁赫《法律智慧警句集》和这本传记的比较中已经发现了这个问题。为了避免理解上的混乱,我尽可能在本书的移译中以脚注的方式把变化的部分(当然也包括中文读者不太熟悉的术语、人物和典故等)做必要的说明。此外,德文版的注释全部采用连码尾注,中译本将其改为连码脚注。但愿这样做不会给读者带来阅读上的不便。译事虽毕,但如履薄冰,惟尽心奉业,安有他途?

舒国滢

2003年3月16日晚

于政法大学风瀛斋

当代德国法学名著计划书目

法哲学·法律理论·法律史

1. 恩吉施:法律思维导论

   K. Engisch: Einführung in das juristische Denken

2. 哈腾豪尔:德国法的思想史基础

   H. Hattenhauer: Die geistsgeschichtlichen Grundlagen des deutschen Rechts

3. 雅科布斯:规范· 人格体·社会——法哲学前思

   G. Jakobs: Norm, Person, Gesellschaft——Vorüberlegungen zu einer Rechtsphilosophie

4. 卡泽尔/克努特尔:罗马私法

   M. Kaser/R. Knütel: Römisches Privatrecht

5. 考夫曼:后现代法哲学——告别演讲

   A. Kaufmann: Rechtsphilosophie in der Nach-Neuzeit

6. 考夫曼/哈斯默尔:当代法哲学和法律理论导论

   A. Kaufmann/W. Hassemer: Einführung in Rechtsphilosophie und Rechtstheorie der Gegenwart

7. 拉德布鲁赫:社会主义文化论

   G. Radbruch: Kulturlehre des Sozialismus

8. 韦森贝格/韦森纳:晚近德国私法史

   Wessenberg/Wesener: Neuere deutsche Privatrechtsgeschichte

9. 维亚克尔:近代欧洲私法史——以德国发展为主要考察对象

   F. Wieacker: A History of Private Law in Europe——with particular reference to Germany

民商法·经济法

10. 鲍尔/施蒂尔纳:德国物权法

F. Baur/R. Stürner: Sachenrecht

11. 卡纳里斯:德国商法

C. W. Canaris: Handelsrecht

12. 弗卢梅:法律行为论

W. Flume: Allgemeiner Teil des Bürgerlichen Rechts, zweiter Band, Das Rechtsgeschäft

13. 哈伯扎克:欧洲公司法

Habersack: Europäisches Gesellschaftsrecht

14. 克茨:欧洲合同法(上卷)

H. Kötz: Europäisches Vertragsrecht (Ⅰ)

15. 弗莱斯纳:欧洲合同法(下卷)

A. Flessner: Europäisches Vertragsrecht (Ⅱ)

16. 屈布勒:德国公司法

F. Kübler: Gesellschaftsrecht

17. 拉伦茨:德国民法通论

K. Larenz: Allgemeiner Teil des Deutschen Bürgerlichen Rechts

18. 梅迪库斯:德国民法总论

D. Medicus: Allgemeiner Teil des BGB

19. 梅迪库斯:德国债法总论

D. Medicus: Schuldrecht Ⅰ (Allgemeiner Teil)

20. 梅迪库斯:德国债法分论

D. Medicus: Schuldrecht Ⅱ (Besonderer Teil)

21. 施瓦布:德国民法导论

D. Schwab: Einfübrung in das Zivilrecht

22. 施瓦布/普律廷:德国物法

K. H. Schwab/H. Prütting: Sachenrecht

23. 里特纳:经济法

F. Rittner: Wirtschaftsrecht

刑法·行政法·国家法·宪法

24. 毛雷尔:行政法学总论

    H. Maurer: Allgemeines Verwaltungsrecht

25. 韦塞尔斯:德国刑法总则

    J. Wessels: Strafrecht, Allgemeiner Teil

26. 毛恩茨/齐佩利乌斯:德国国家法

    T. Maunz/R. Zippelius: Staatsrecht

27. 施莱希/克里奥特:德国宪法法院——地位、程序、判决

    K. Schlaich/S. Korioth: Das Bundesverfassungsgericht——Stellung, Verfahren, Entscheidung

背景系列

28. 奥珀曼:欧盟法

    T. Oppermann: Europäisches Gemeinschaftrecht

29. 雅科布斯:十九世纪德国民法科学与立法

    H. H. Jakobs: Wissenschaft und Gesetzgebung im bürgerlichen Recht——nach der Rechtsquellenlehre des 19. Jahrhunderts

30. 克斯勒:马克斯·韦伯的生平、著述及影响

    D. Käsler: Einführung in das Studium Max Webers

31. 考夫曼:古斯塔夫·拉德布鲁赫传——法律思想家、哲学家和社会民主主义者

    A. Kaufmann: Gustav Radbruch——Rechtsdenker, Philosoph, Sozialdemokrat

32. 克莱因海尔/施罗德:九百年来德国与欧洲法学家

    G. Kleinheyer/J. Schröder: Deutsche und Europäische Juristen aus neuen Jahrhunderten

33. 克尼佩尔:法律与历史——论《德国民法典》的形成与变迁

    R. Knieper: Gesetz und Geschichte——Ein Beitrag zu Bestand und Veränderung des Bürgerlichen Gesetzbuches

图书在版编目(CIP)数据

古斯塔夫·拉德布鲁赫传:法律思想家、哲学家和社会民主主义者/(德)考夫曼著;舒国滢译. —北京:法律出版社,2012.9
(当代德国法学名著)
ISBN 978-7-5118-3842-1

Ⅰ.①古… Ⅱ.①考…②舒… Ⅲ.①拉德布鲁赫(1878~1949)—传记 Ⅳ.①K835.165.19

中国版本图书馆CIP数据核字(2012)第182863号

Gustav Radbruch:
Rechtsdenker, Philosoph, Sozialdemokrat
Arthur Kaufmann

责任编辑/吕丽丽　　**装帧设计**/李　瞻

出版/法律出版社　　**编辑统筹**/学术·对外出版分社
总发行/中国法律图书有限公司　　**经销**/新华书店
印刷/北京北苑印刷有限责任公司　　**责任印制**/吕亚莉

开本/850毫米×1168毫米　1/32　　**印张**/8.875　**字数**/260千
版本/2012年9月第1版　　**印次**/2012年9月第1次印刷

法律出版社/北京市丰台区莲花池西里7号(100073)
电子邮件/info@lawpress.com.cn　　**销售热线**/010-63939792/9779
网址/www.lawpress.com.cn　　**咨询电话**/010-63939796

中国法律图书有限公司/北京市丰台区莲花池西里7号(100073)
全国各地中法图分、子公司电话:
第一法律书店/010-63939781/9782　**西安分公司**/029-85388843　**重庆公司**/023-65382816/2908
上海公司/021-62071010/1636　**北京分公司**/010-62534456　**深圳公司**/0755-83072995

书号:ISBN 978-7-5118-3842-1　　**定价:**26.00元
(如有缺页或倒装,中国法律图书有限公司负责退换)